The Analysis on American Governance
through U. S. Federal Governments' Green
Procurement System

从美国联邦政府绿色采购制度看美国国家治理

赵勇 著

经济科学出版社
Economic Science Press

具有15年一线招标采购实践经验,曾任中化建国际招标公司副总经理。负责世行贷款苏南环保项目、新疆高速公路项目、中国内河项目Ⅲ：湖南株洲航电枢纽项目；主持亚行贷款陕西环保项目、安徽环保项目、烟台港二期项目；国内资金青岛招商局码头、南宁化工集团技术改造项目；参与德国－奥地利政府贷款合武铁路项目；主持多边基金赠款国家环保总局保护臭氧层－清洗行业/化工行业/哈龙行业/泡沫行业计划ODS淘汰等项目的项目管理和招标采购等工作,总金额逾十亿美元。

参与联合国国际贸易法委员会《公共采购示范法》修订和我国《招标投标法实施条例》起草工作,以及招标师职业资格考试论证、大纲及教材设计工作。曾受聘世界银行、联合国开发计划署进行采购评估工作。在2006首届中国招标投标高层论坛、美国律师协会2010年会、美国West政府合同2010年会等重要国际会议做主题演讲。现为国家发展改革委、财政部、中国招标投标协会特聘专家、北京市评标专家。

序

随着我国政府采购法规的完善和政府采购行为规范的逐步固化，政府采购的政策功能和导向作用开始显现，从而引发我们思考：如何根据经济发展新常态制定与之相适应的政府采购政策，如何使现有政府采购政策国民经济和社会发展中发挥其应有的作用？这个问题不仅是政府采购理论研究的重要内容，而且也是国家治理体系和治理能力现代化一个不可或缺的方面。

2015年《中共中央关于制定国民经济和社会发展第十三个五年规划的建议》提出，坚持绿色富国、绿色惠民，推动形成绿色发展方式和生活方式。为国家绿色发展明确了目标任务和战略举措。绿色政府采购政策的研究和制度设计因而成为一个新话题。

在这个大背景下，我的博士研究生赵勇，一名专门从事政府采购理论研究的学者，以绿色采购政策为切入点对美国绿色采购制度乃至国家治理的手段作了全面的研究。该书以美国环境政策和政府采购的发展为主线，深入分析不同时期绿色采购制度的背景、特点、规律及影响因素，从政治经济学的视角探索美国联邦绿色采购制度形成的经验、规律和理论脉络。该书的重要意义在于：深入研究和归纳别国的政策演化过程和特征，不仅充实了政府采购理论内涵，而且对我国现实具有借鉴和指导作用，为我国完善绿色采购的政策体系提出切实并富有创建性的建议。因此我认为，《从美国联邦政府绿色采购制度看美国国家治理》一书尽管是赵勇在其博士论文的基础上形成的，但却是在积累了十余年从事专业工作和教学、科研基础上发展而成，超越一般博士论文的视野与深度，具有从我国现实情况和问题探究政策理论的独特视角，对绿色政府采购方面的政策体系进行对比研究，不仅是绿色政府政策研究方面的专著，也是探寻现代国家治理理论的一个有效补充。因此，本书对于深入探讨经济领域中的绿色采购政策和战略，具有较好的指导和启发作用，在一定程度上填补了该领域问题研究的空白。

政府采购制度建设和改革于我国经济社会发展意义深远。它带来的思想意识以及行为方式的变化，以及由变化发酵形成的最终结果，将会是改革设计者始料未及的。新的政策促进新的变化，不但影响观念、思想和行为习惯，而且引发新的问题和对问题的探索。基于本人长期从事政府采购理论研究的经验，政府采购是一个浩大的研究田野，其中值得研究的理论问题层出不穷，并且受社会新的发展和改革推动而不断变化，提出新的问题，需要一大批学者特别是年轻学者去挖掘、去探索。

作者赵勇具有从事招标采购二十余年工作经验，曾任中化

序

建国际招标公司副总经理,转身成为高校学者,现在是国际关系学院公共市场与政府采购研究所副所长,已经出版有关政府采购多部专著,在政府采购理论领域内具有影响,可谓硕果累累。作为我所指导的政府采购博士生,青出于蓝而胜于蓝,代表了政府采购理论水平的提升和专家队伍的壮大,我为他感到骄傲。

是为序。

刘慧
2015 年 11 月
于国际关系学院

前　言

　　美国联邦政府的绿色采购制度形成原因复杂、影响因素众多、涉及内容广泛。本书旨在通过探寻美国绿色采购制度的成因、内容、特点及演化规律，为完善我国政府采购制度建设提供借鉴。更进一步，本书以深入剖析美国的绿色采购制度为切入点，分析美国联邦政府解决社会问题的传导机制、利益分配机制和权力分配机制，发现美国政府治理国家的特点和手段，推动我国国家治理模式进一步转型，提升政府的执政能力和解决当前中国社会的实际问题的能力。

　　第二次世界大战之后美国经济的高速发展加剧了环境恶化的程度。层出不穷的环境事件以及环保意识的提高促进了公众环境利益的觉醒。在环保组织和研究机构的帮助下，公众的环境利益得以有效表达，促使政治家将环境问题纳入政治议程，在各参与方充分博弈后形成环境政策。从20世纪60年代中期至今，环境政策在美国国家政策中的重要性不断上升、内涵不断变化、价值取向也发生了转变。在同一时期，美国联邦政府的采购政策历经自由化和规范化阶段之后，进入到政策化阶段。环境政策的密集出台期与政府采购的政策接纳期的重叠,为建立绿色采购的法律和行动奠定了基础。

在美国的环境立法的治理体系形成过程中,在宏观上表现为自生路径,在微观上表现为谈判路径。公民、环境保护组织、利益集团、行政机构和国会的小组委员会等参与方在立法的过程中发挥着不同的作用。治理体系的发展体现为渐进式的发展规律,并在演变中实现了各参与方的利益均衡。通过环境立法,联邦政府扩大了自身权力。在政府采购方面,法律日趋完善、目标日益丰富,采购制度的成熟使得社会经济类立法与采购立法的结合成为可能。

由于采购规模大、具有乘数效应以及政治阻力小等原因,美国联邦政府的行政机构在环境立法和采购立法的基础上,开展了一系列绿色采购行动。这些法律基础不同、治理对象各异、治理主体和治理目标有所区别并面临多重挑战的绿色采购行动让我们认识到了治理环境问题的复杂性。

政策、立法和行动,需要落实为负责执行政府采购活动的合同官和供应商的行为,才能实现环境治理的目标。合同官在政策、法律法规和绿色采购行动的指引下,权衡各种采购因素与绿色因素,制订有针对性的绿色采购计划并通过各种方式实施绿色采购,最终通过采购合同实现对供应商的绿色治理。在采购过程中,联邦政府的行政机构、国会、法院和社会公众以不同的形式发挥着管理或监督的职能。

美国联邦政府绿色采购制度以及国家治理的方式对我国的启示是:有必要建立完善环境问题传导机制,建立均衡的利益分配机制,科学推进绿色采购行动,积极主动地参与 GPA 谈判,审慎稳妥地应对气候变化谈判。

赵勇

2015 年秋于国际关系学院

Abstract

The formation of the green procurement system of the U. S. Federal Government is complex, the influence factors being numerous and the contents being comprehensive. This book aims to provide a reference for the improvement of China's government procurement system through exploring the cause, contents, features and evolvement of American green procurement system. Furthermore, by in-depth studying the American green procurement system as a breakthrough point so as to analysising the social problem conduction mechanism, interest distribution mechanism and the power allocation mechanism of the U. S. Federal Government, this book tried to discover the characteristics and means of the American governance, promote transforming the mode of China's Governance and enhance Chinese Governments' ability of governance and solving the practical problems of the current Chinese society.

After the World War II, the rapid development of American economy aggravated the degree of environment deterioration. An endless stream of environmental incidents and the enhancement of environmental awareness have promoted the awakening of public environmental interests. With the help of environmental organizations and research institutions, the public environmental interests can be effectively expressed, which prompted the politicians to address environmental issues into the political agenda. Then the environmental policies were shaped after the multi-player game. From 1960's, the importance of environmental policy in the United States has been rising, with the changing of its connotation and the value orientation. In the same period, the Federal Government's procurement policy stepped into the policy-stage after the liberalization-stage and the standardization-stage. The the overlap of the dense introduction stage of environmental policies and the policy-period of government procurement formed the basis for establishing green procurement laws and actions.

In the process of the formation of the environmental legislation system in America, the macro path is the self-generation and the mirco path is bargaining. Citizens, environmental protection organizations, interest groups, administrative agencies, the sub-committees of the Congress and other parties in the process of the legislation played different roles. The development of the governance system is embodied in the progressive development path, during which the interests' equilibrium of the participating parties in the evolution has been reached. Through environmental legislation, the federal government expanded its powers. In the aspect of government procurement, the laws were becoming more and more plentiful. The objectives were increasingly rich. The maturity of the procurement system makes it possible to combine the the social-economic laws and the procurement laws.

Due to the vast scale of government procurement, the multiplier effect and the little political resistance, the executive branch of the Federal Government launched a series of green procurement programs based on environmental legislation and procurement legislations. By studying the green procurement programs with different legal basis, various objects and goals, diversed implementation bodies and multiple challenges, we could recognize the complexity of governance of the environmental problems.

In order to achieve the objectives of environmental governance, it is nec-

Abstract

essary to transform the policies, laws and programs into government procurement activities by the contracting officers' and suppliers' behavior. The contracting officer will, under the guidance of the policy, laws and the green procurement programs, weigh a variety of the procurement factors and the environmental factors, formulate the green procurement plans and implement green procurement through a variety of procurement tools. Finally, the green governance on the supplier was achieved through the government contract. During the process, the Federal administrative agencies, the Congress, the courts, and the public oversight or supervise the procurement in different forms.

From China's perspective, the enlightenment of the U.S. Federal Governments' green procurement system and the governance mode is: it is necessary to establish and improve the environmental problems transmission mechanism and a balanced interest distribution mechanism; to advance green procurement programs cautiously; to actively participate in the GPA negotiation; and to react the climate change negotiations carefully.

目录

导论 ·· 1
    一、选题缘起 ·· 1
    二、研究目的与意义 ·· 4
    三、研究方法 ·· 6
    四、文献综述 ·· 7
    五、本书结构与安排 ·· 19
    六、本书的创新与不足 ··· 20

第一章　美国联邦政府的绿色采购政策 ·· 21
    第一节　政策、美国联邦政府的环境政策与绿色采购政策 ······ 21
        一、政策 ·· 21
        二、美国联邦政府的环境政策 ······································ 22
        三、美国联邦政府的绿色采购政策 ································ 23
    第二节　从治理视角分析美国联邦政府环境政策 ··················· 23
        一、影响环境利益觉醒的因素分析 ································ 24
        二、环境利益综合及表达的方式 ··································· 32
        三、制定环境政策的本质是调整利益关系和利益结构 ······ 33
        四、美国联邦环境政策的规律及趋势分析 ······················ 35

第三节　美国联邦政府采购政策 …………………… 43
　　　　一、美国联邦政府采购政策的历史演进 …………… 43
　　　　二、影响美国联邦政府采购政策的因素分析 ……… 50
　　　　三、美国联邦政府采购政策呈现钟摆效应 ………… 56

第二章　美国联邦政府绿色采购立法 ……………………… 61

　　第一节　美国联邦政府环境保护立法 ………………… 62
　　　　一、概述 …………………………………………… 62
　　　　二、美国联邦政府环境保护立法博弈的参与方 …… 64
　　　　三、从美国联邦环境立法看环境治理体系的形成 … 74
　　　　四、从美国联邦环境立法看环境治理体系的发展 … 77
　　　　五、美国联邦政府环境立法中的利益均衡 ………… 78
　　　　六、环境问题的治理措施逐步市场化 ……………… 85
　　　　七、美国联邦政府通过环境立法扩大了的自身权力 … 90
　　第二节　美国联邦政府政府采购立法 ………………… 92
　　　　一、《美利坚合众国宪法》为联邦政府采购提供的法律性
　　　　　　安排 ……………………………………………… 93
　　　　二、美国联邦政府采购的两部基础性法律 ………… 94
　　　　三、与美国联邦政府采购密切相关的法律 ………… 97
　　　　四、联邦采购法律和条例的适用 …………………… 115
　　　　五、联邦采购立法的特征分析 ……………………… 120

第三章　美国联邦绿色采购行动 …………………………… 130

　　第一节　绿色采购行动的成因分析 …………………… 131
　　　　一、美国联邦政府巨大的采购规模 ………………… 131

二、政府采购的乘数效应和带动效应 …………………… 133
三、绿色采购行动遇到较小的政治阻力 …………………… 134
第二节 美国联邦绿色采购行动的目标、分类和内容 ………… 136
一、美国联邦绿色采购行动的目标 ………………………… 136
二、美国联邦绿色采购行动的分类 ………………………… 137
三、美国联邦绿色采购行动的内容 ………………………… 139
四、推动绿色采购行动的主责机构及适用范围 …………… 146
第三节 美国联邦绿色采购行动中的治理问题分析 …………… 148
一、治理体系中法律性安排与操作性安排的比较 ………… 148
二、治理对象中单一因素与多重因素的比较 ……………… 149
三、政府与私营部门作为治理主体的比较 ………………… 151
四、治理目标中绿色与"更绿色"的比较 ………………… 152
第四节 绿色政府采购行动面临的挑战 ………………………… 154
一、绿色政府采购行动的绩效难以评估 …………………… 154
二、绿色政府采购行动面临的其他挑战 …………………… 157

第四章 美国联邦政府实施绿色采购的方式及程序 …………… 158

第一节 美国联邦政府采购中的合同官 ………………………… 158
第二节 合同官在美国联邦采购中的作用 ……………………… 159
一、合同官选择采购方式 …………………………………… 160
二、合同官在采购过程和评审中发挥主导作用 …………… 160
三、合同官负责履约能力审核 ……………………………… 161
四、合同官有权单方面变更和终止合同 …………………… 161
五、合同官对供应商的履约情况进行评价 ………………… 162
第三节 合同官在实践中实现绿色采购的途径 ………………… 162
一、定义需求及建立绿色采购计划 ………………………… 162

二、选择适合绿色采购的采购方式……………………… 165
　　三、通过各种采购方式实施绿色采购……………………… 168
第四节　合同官绿色采购实践遇到的挑战……………………… 176
　　一、采购因素与绿色因素的权衡……………………… 176
　　二、使用影响与综合影响的考量……………………… 179
第五节　通过政府采购合同关系进行绿色治理的综合分析…… 184

第五章　美国联邦政府绿色采购监管体制……………………… 188
第一节　行政机构监管……………………… 188
　　一、行政机构通过规章制度进行管理……………………… 189
　　二、行政机构通过监察长进行监督……………………… 189
第二节　立法分支监管……………………… 190
　　一、立法分支通过立法进行管理和监督……………………… 190
　　二、通过总审计长进行监督……………………… 191
第三节　司法分支监督……………………… 192
第四节　其他监督……………………… 192
　　一、社会监督……………………… 192
　　二、举报人监督……………………… 193
第五节　争议解决……………………… 203
　　一、美国联邦政府采购中的争议类型……………………… 203
　　二、投标抗议……………………… 203
　　三、索赔……………………… 206
　　四、美国联邦政府采购中的其他争议……………………… 207

第六章　评价与启示 ·················· 208

第一节　从美国联邦政府绿色采购制度看美国国家治理 ······ 208
　　一、美国联邦政府环境问题的传导机制 ············ 208
　　二、美国联邦政府的环境利益平衡机制 ············ 210
　　三、绿色采购与美国联邦政府权力结构的再造 ········ 213

第二节　美国联邦政府绿色采购制度的国际化 ·········· 219
　　一、美国政府在国际上扩大权力的实力基础 ·········· 219
　　二、美国政府在国际上扩大权力的手段 ············ 221

第三节　美国联邦政府绿色采购制度对我国的启示 ········ 224
　　一、建立完善环境问题传导机制 ··············· 224
　　二、建立均衡的利益分配机制 ················ 225
　　三、谨慎推进绿色采购行动 ················· 226
　　四、关注美国政府绿色采购政策的国际化 ··········· 229

参考书目和文献 ·························· 233
附录一　英文缩写对照表 ····················· 240
附录二　美国联邦政府采购相关法律名称中英文对照表 ······· 241
后记 ······························· 248

导　论

一、选题缘起

（一）我国政府采购规模的快速增长

我国的《政府采购法》自 2003 年 1 月 1 日起实施。十多年来，我国政府采购的法律体系初具规模，政府采购实践日新月异，政府采购改革推陈出新。《政府采购法》的颁布实施，在规范政府采购活动、提高财政资金的使用效益、促进廉政建设等方面发挥了重要作用。我国政府采购总规模从 2002 年的 1009 亿元上升到 2013 年的 16381.1 亿元，占同期全国财政支出和 GDP 的比重分别为 11.7% 和 2.9%。① 尽管同经济发达国家的同类数据相比，这两项比重仍有进一步提升的空间，但无可争议的事实是：当前我国的政府采购已经成为国民经济中不可或缺、无法忽视的重要领域。

（二）我国政府采购制度处于快速变革时期

借鉴西方国家的政府采购制度，我国在 21 世纪初陆续颁布了《招标投标法》和《政府采购法》，奠定了我国公共采购制度的法律

---

① 2013 年全国政府采购规模达 16381.1 亿元，财政部网站，2014 年 7 月 15 日，http://www.mof.gov.cn/zhengwuxinxi/caizhengxinwen/201407/t20140715_1112991.html。

基础，并且在规范化、法制化、政策功能化和国际化等方面都取得了显著的成效。然而，"法律是一种地方性知识"，强制性的制度变迁，不可避免地与我国的实际情况存在偏差，一些做法也缺乏使其发生效力的历史文化传统，不易为人们所接受并成为其行为规范。因此我国的政府采购实践中出现了形形色色的问题，如"天价采购"、质量不高、效率低下等。这些问题引发了社会公众对政府采购制度的质疑。此外，随着我国经济结构的调整和政府职能的转变，服务采购的规模和范围不断扩大，公私合营中涉及的政府采购制度也备受关注。在应对上述问题的过程中，各行业、各地区提出了不同的、甚至方向迥异的思路和解决方案。这些具有中国特色的思路和方案，有的有效果、有的没效果，有的一时有效果，从长期看来却是弊大于利。正是在这样一个采购实践纷繁复杂、发展思路存在争鸣、理论支撑有待完善的时机和背景下，财政部《政府采购非招标采购方式管理办法》自2014年2月1日起施行、《政府采购竞争性磋商采购方式管理暂行办法》和《政府和社会资本合作项目政府采购管理办法》同时自2014年12月31日起施行，《政府采购法实施条例》于2015年3月1日颁布实施。这一批政府采购新制度的建立，标志着我国政府采购制度建设已进入快速变革期。

（三）我国政府采购的政策功能正在不断完善

政府采购使用的是财政资金。各国普遍通过制订政府采购政策来实现特定的社会经济目标。我国《政府采购法》第九条规定，政府采购应当有助于实现国家的经济和社会发展政策目标，包括保护环境、扶持不发达地区和少数民族地区、促进中小企业发展等。但是，实践中政府采购的政策功能没有得到充分发挥，影响了国家特定目标的实现。欧美等国家的政府采购开展较早，为我国的政府采购制度建设提供了丰富的"原料"供给。包括我国《政府采购法》都很大程度上来源于对联合国

《采购示范法》的借鉴。"乱花渐欲迷人眼",充分的制度供给有可能让政府采购制度的研究者和政策的制订者眼花缭乱。而是否采纳一项新的制度,则不仅要看是否有制度供给,还要看是否存在制度需求。制度需求取决于实施这项制度后收益与成本的比较。在收益方面,我们可能有一些似是而非的结论,绿色采购、扶植中小企业、购买国货,肯定都是有收益的。这不仅因为政府采购本身,还因为它对于商业采购、个人采购有乘数效应。但收益到底有多大,却很少有严密的论证。在成本方面呢?由于问题过于复杂,所以国内国际在这方面的研究都不多。在我国当前环境问题日趋严峻的情况下,如何制订绿色政府采购政策、细化绿色采购标准,如何平衡好政策功能与采购其他功能的关系,成为十分紧迫的问题。

(四) 我国正在进行 GPA 谈判

20 世纪中后期,随着经济全球化的加速,世界各国及地区间的经济和政治交往日益密切,国际间合作也日益频繁,整个世界经济发展相关度加大。在政府采购领域,我国加入世贸组织政府采购协议(GPA)的谈判工作正处于关键阶段。由于我国《政府采购法》对政府采购定义、采购方式、采购文件、评审方法、质疑程序等规定与 GPA 规则存在差异,欧美等 GPA 参加方高度关注我国政府采购制度的变革。加入 GPA 对我国政府采购制度的影响是复杂的。一方面是制度的影响,今后完善政策功能方面的制度建设会受到越来越多的限制和约束。另一方面是市场方面,国内的政府采购市场面临与 GPA 参加方政府采购市场的融合。制度的接轨和市场的融合都对我们深入研究美国等 GPA 发起方政府采购政策功能提出了迫切的需求。

美国联邦政府采购经历了 200 多年的发展,形成了目前世界上任何其他国家所无法比拟的空前广泛、复杂的法律制度体系。绿色采购制度是其中的重要内容。

在不同的时期和不同的场合，美国联邦政府的立法、行政和司法三个分支，利益集团和社会公众均以不同的形式推动了绿色采购制度的形成和发展。各种力量优势互补、交替演进，共同促进了美国联邦采购中经济和社会政策的发展。其中蕴含着怎样的规律？会对我国形成哪些机遇和挑战？对完善我国的政府采购制度具有哪些借鉴意义？都是十分值得研究的问题。

二、研究目的与意义

（一）研究目的

制度经济学把制度置于理解各经济体的中心。[①] 本书通过研究美国联邦绿色政府采购的制度演化，探究其中的规律和特征，以期为我国政府采购制度建设提供借鉴。

更重要的是，国家治理所涉及的范围非常广泛、所采用的手段也十分庞杂，本书以美国绿色采购制度及国家治理为视角，从环境政策和采购政策的形成与发展、环境和采购立法中涉及的各方主体、行政机构建立的各种绿色采购行动、直至合同官绿色采购的程序和行为以及绿色采购的监督，深入分析其中的影响因素以及内在规律，为我国推动国家治理现代化提出建议。

（二）研究意义

美国的政府采购制度是市场经济多年来自然演化、变革的产物，绿色采购政策都是各利益相关方充分博弈及妥协的结果。因而某一时期出台、实施的绿色采购政策通常会反映当时社会上最突出的问题。而我国

[①] ［美］道格拉斯·诺斯著，钟正生等译：《理解经济变迁过程》，北京：中国人民大学出版社，2013年1月第1版，第2页。

的政府采购制度是计划经济向市场经济过渡的产物,许多政策是从西方发达国家的制度中移植而来的。按照新制度经济学的观点:制度的演进由制度的供给和需求所决定,制度的需求取决于一项新制度实施后预期的收益与成本的比较,制度的供给取决于人类对相关知识和信息的了解。通过学习西方发达国家的经验、移植相关政策可以使我们了解到相关的知识和信息,即解决了制度的供给问题。但在制度的需求方面,我国当前需要解决的主要矛盾是什么?上述每项政策在我国实施后预期的成本和收益有多大?这些政策中应优先实施哪项政策……对于这类问题的回答应建立在我国的实际情况的深入了解、科学论证和系统分析的基础上,尤其要注意到非采购政策与采购政策之间以及各项非采购政策之间的矛盾。

首先,深入研究美国联邦政府绿色采购制度的发展与演变、意义与影响、实现要素和现实困境以及经验与教训,发现美国联邦采购中绿色采购制度的演变特征和规律,发现美国国家治理的特点和手段,有助于借鉴美国经验,推动我国国家治理模式进一步转型,提升政府的执政能力和解决当前中国社会的实际问题的能力。

其次,推动我国政府采购理论和国家治理理论研究的不断深化。诺贝尔经济学奖获得者诺斯在《理解经济变迁过程》中表达出这样的观点:国家间经济绩效的竞争,归根结底是制度层面的竞争。本书旨在对我国绿色采购制度建设提出对策建议,为我国政府采购的发展提供参考。

最后,发现美国联邦政府的权力结构及其扩张规律,研究其对国际政治经济秩序,特别是对我国的影响,有针对性地提出对策建议,切实维护我国的国家利益和国家安全。

三、研究方法

（一）历史研究法

历史研究方法，即研究分析历史资料，按照历史发展的进程对过去事件进行研究的方法。人类历史的所有制度都在历史的长河中发生、发展和演变，因此不了解历史就无法全面了解制度本身。通过研究制度与历史发展阶段的对应性，有助于了解美国各个阶段不同时期绿色采购制度的背景、特点、规律及影响因素。本书对于美国联邦政府环境政策及立法、政府采购政策及立法以及绿色采购行动进行了系统的梳理，并研究其形成和演化的特征。

（二）系统分析法

本书采用政治经济学的视角，找出美国联邦绿色采购制度形成与发展过程中的博弈主体、治理对象、内生变量及内在规律。本书将参考各种文献资料，对文献资料进行归纳总结，以文献研究法和归纳—演绎法为主，以期达到研究目的。

为了能够全面了解美国与绿色采购有关的政策、法律、行动和程序的影响因素及形成过程，本书运用政治经济学理论来分析绿色采购政策制定背后的力量博弈，把经济学与政治学结合起来，强调政治过程中的经济行为和经济过程中的政治行为，将政治因素作为内生原因来分析经济政策的制定过程，探寻美国政治制度下绿色采购制度制定的影响因素以及美国绿色采购政策博弈各方、特点和规律，发现美国联邦政府对于环境问题的传导机制、利益分配机制和权力结构的再造，通过所发现的一般规律与我国特殊国情的结合，提出政策建议。

四、文献综述

(一) 国外研究状况

1. 对政府采购社会经济功能的综合研究

克里斯托弗·麦克乌登（Christopher McCrudden）对于英国、加拿大、美国、马来西亚和南非的政府采购进行了研究，认为政府采购的社会经济功能是通过立法方式实现社会公平、减少歧视的有效手段。① 作者分析了地区和国际经济一体化对于一国政府采购的影响，讨论了欧盟和 WTO 规制对于缓和政府采购的经济功能与社会目标的矛盾的影响，最终认为欧盟和国际规制已成为在采购的社会和经济方面发挥积极作用、减少消极作用的有效手段。

罗伯特·罗瑟（Robert Rothery）在其"China's Legal Framework For Public Procurement"中对中国政府采购法律体系的发展和演进进行了回顾，作者不仅深入对比分析了中国的《政府采购法》以及更早颁布的《招标投标法》，还对中国第一次把政府采购社会经济功能的实施法制化做了探讨。

2. 政府采购与环境保护研究

哈罗·凡·阿塞特（Harro van Asselt）提出政府绿色采购的重要性和意义，认为政府采购可以被看作是政府实现保护环境政策的工具，但是首要的前提是必须明确绿色采购政策范围以达到和世界贸易组织倡导的非歧视性原则与透明化原则兼容的状态。②

苏姆拉（Simula M.）认为绿色采购是指在采购过程中纳入对环境

---

① Christopher McCrudden, "Buying Social Justice", Oxford: Oxford Univ. Pr, 2007-11.
② Harro van Asselt, "Green government procurement and the WTO", IVM Report, W-03/06.

的考虑，尽量避免不必要采购，当供应商提供同等质量和功能的产品时，应采购更环保产品的行为。① 而理查德·尼古拉斯（Richard-Nicolas）的"Green Procurement and Entrepreneurship"则认为绿色采购是私人采购中对于环保产品的偏好的一种延伸，并且研究了绿色采购如何被利用为一种可以降低风险、降低总成本以及提高供给链素质的工具。作者贡献了一种新的，被其称之为"绿色供给区位决定矩阵"的理论成果。该理论与传统供给区位模型最大区别在于新的理论在考察成本的过程中不再单单只重视采购成本，同时必须把生命周期成本考虑在内。②

瑞肯（Ritchken P.）和泰皮若（Tapiero C.）认为政府作为市场的大消费者，也是关键的消费者，能对市场产生有效调控和引导作用。③ 而 Cooper D R 和 Schindler 发现绿色产品价格较高。④

3. 对于治理的研究

英语中的治理（Governance）源自拉丁语和古希腊语，表示控制、引导、协调、操纵和管理。在很长一段时间，治理与统治混同使用。但20世纪90年代以后，西方政治学家和经济学家为"治理"赋予了新的含义。全球治理委员会1995年在《我们的全球伙伴关系》中给"治理"做了具有代表性和权威性的界定：治理是公共或私人机构管理共同事务的诸多方式的总和，它是一种持续的过程，在这一过程中，不同利益者和冲突者的矛盾得以调和并能够联合起来共同行动。它也是一种制度安排，既包括各种正式制度和规则，也包括各种

---

① Simula M.，"Public procurement polices for forest products and their impacts"，http://www.fao.org/forestry/11153-1-0.pdf.

② Richard-Nicolas Lacroix，"Green Procurement and Entrepreneurship"，sky.hua.gr，（Jan. 2008）.

③ Ritchken P, Tapiero C.，"Contingent claims contracting for purchasing decisions in inventory management"，Operations Research，（1986），34（6），pp. 864-870.

④ Donald R. Cooper Pamela S. Schindler：《企业研究方法（英文版．第六版 Business research methods)》，北京：机械工业出版社，1998年10月第1版。

非正式的制度（这种制度安排必须获得人们的同意或符合人们的利益）。在此之后，"治理"逐渐越来越多地出现在公众和学者的视野中。比较有代表性的观点有：

詹姆斯·罗西瑙（J. N. Rosenau）从治理和统治的区别与联系角度界定：治理与统治一样，都是建立社会秩序。但二者不同的是，治理的内涵更加丰富。首先，治理的主体具有多样性，不一定是政府行为，未必依靠国家强制力保证实施，也不必要迫使别人屈从。同时，治理是基于共同目标下的活动，既包含正式机制，也包含非正式机制。

格里·斯托克（Gerry Stoker）从五个角度刻画治理：（1）治理的主体是一套社会公共机构和行为者，范围包括但限于政府组织体系；（2）治理是在为社会和经济问题寻求解决方案时，多个行动主体分管，造成行动界限和责任方面的模糊点；（3）治理是各社会公共机构之间权利的相互依赖关系；（4）治理的各行为主体自成网络，自主自治管理；（5）政府的能力和责任在于使用新的治理工具和技术来控制和引导政府与公民社会之间的联系，进而把事情办好。

奥兰·扬（Oran R. Young）认为治理是一种致力于引导和激励人类群体——小到地方团体，大到国际社会——的行为，使得理想目标得以实现、非理想后果得以远离的社会功能。[①] 他同时强调了非政府组织在环境治理中的作用，认为政府的存在对于治理发挥效力既不是充分条件，也不是必要条件。

保罗·肯尼迪（Paul Kennedy）认为 16 世纪以来东方和俄罗斯落后于西方是专制制度的结果，而西方取得进步的原因不是表面上的装备和技术的先进，而是内部治理体制的不同。[②]

[①] ［美］奥兰·扬著，赵小凡、邹亮译：《直面环境挑战：治理的作用》，北京：经济科学出版社，2014 年 6 月第 1 版，引言第 3 页。

[②] ［英］保罗·肯尼迪著，王保存等译：《大国的兴衰》，北京：中信出版社，2013 年 1 月第 1 版。

罗伯特·罗茨（R. Rhodes）认为治理是管理社会的方式、统治过程和政府管理模式的一种新的内涵。他从治理的应用的六个方面来解释"治理"的含义：（1）最小国家的治理，国家应该追求小而精的政府目标，以最低的成本谋求最大的收益；（2）从公司的层面而言，强调一种有效、公平、公开的组织体制，指导、控制企业的运营；（3）在公共管理领域，提倡借鉴市场机制和私人管理手段来提高公共管理的效率；（4）从善治的角度，期待更广泛的公共事务管理，包括系统意义上的、政治意义上的和行政管理意义上的；（5）就社会控制而言，强调建立中央政府与地方政府、志愿部门和私人部门的信任与合作；（6）自组织网络的治理，在这里，网络是指那些提供服务的组织为了追求自身利益最大化而相互自主自愿交换资源。治理在其中充当一种建立在自愿基础上的社会协调网络。

其他国外学者对"治理"这一概念也做了不同角度的分析，如皮埃尔从权利和职能的角度区分政府统治和社会治理，詹·库伊曼从方法论上研究统治和治理的区别，但这些对于"治理"的研究普遍认为"治理"是在统治基础上主体的多元化，社会结构或秩序的自主自愿化，且执行方式由政府自上而下的号令发布向多方向的互动合作转变。

综上所述，以及对其他政府采购相关的外国文献的阅读，发现国外学者对于传统采购理论、采购管理研究较深入，在政府采购规制方面又有诸如世界最顶尖的经济学家让·雅克·拉丰和让·梯若尔为政府采购所贡献的《政府采购规制与激励理论》等，可以说西方发达市场经济国家已经形成了一套较完备的政府采购理论，包括政府采购法律与规制、政府采购管理、政府采购具体操作流程等。而在政府绿色采购政策方面，法学、采购管理理论居多，很少看到经济学与法学相结合，以绿色政府采购研究国家治理的视角。

（二）国内研究状况

1. 对于绿色采购的研究

在绿色采购方面，国内的学者也有较多的研究成果。

关于绿色采购的概念，张得让（2003）认为：绿色采购是指人们购买和使用环保产品、绿色产品的活动。它是人类面临着生存危机、针对传统采购观进行反思而提出来的有别于以前采购模式的崭新的采购观。① 盛辉（2010）认为政府绿色采购，就是在政府采购中特意选择那些符合国家绿色认证标准的产品和服务。② 何红锋（2007）认为所谓政府绿色采购就是指政府在依法采购规定的产品时，要高度重视环境保护和生态平衡，将环境标准、评估方法和实施程序纳入并贯穿于整个政府采购体系之中，优先选择符合国家绿色认证标准的货物、工程和服务，确保采购到环境友好型产品，以推动社会与人类的可持续及和谐发展。③

关于绿色采购的范围，刘焱（2008）认为政府采购的绿色标准不仅要求末端产品符合环保技术标准，而且规定产品的研制、开发、生产、包装、运输、使用、循环再利用到废弃的全过程均需符合环保要求。④

关于法律体系的构建过程，唐东会（2007）认为绿色采购行政法规的颁布遵循了循序渐进原则。先易后难，在条件成熟的领域先行制定颁布，逐步拓展政府绿色采购范围。⑤

---

① 张得让、陈金贤：《试论基于环境保护理念的政府绿色采购》，《财政研究》2003年第4期。
② 盛辉：《国外政府绿色采购的经验借鉴》，《改革与战略》2010年第3期，第167~170页。
③ 何红锋：《政府绿色采购方兴未艾》，《经济》2007年第6期，第108~109页。
④ 刘焱：《我国政府绿色采购研究》，《合作经济与科技》2008年第11期，第127~128页。
⑤ 唐东会：《美国联邦政府绿色采购经验与借鉴》，《改革与战略》2007年第3期，第31~34页。

对于政府采购的跨学科性，刘慧（2009）认识到政府采购理论的跨领域、跨学科研究问题。政府采购实践中的问题是多方面的，如财政资金问题、贸易程序问题、机构和行政管理问题、合同问题、竞争理论和方式问题、诉讼和救济问题等。对这些问题的研究涉及多学科，包括：宏观经济学、贸易学、财政学、法学、管理学、行为学。可见，政府采购问题研究并非一个独立的学科领域可以覆盖，它需要一个创新的跨学科领域作为平台。特别是在中国宏观经济政策需要尽快落实、在诸多理论研究领域存在空白的情况下，政府采购的理论体系的创新就显得格外重要。①

关于绿色采购标准体系，唐东会（2007）发现美国联邦政府把绿色采购划分为七个部分，分别为：含可回收成分产品；保护臭氧层产品；节能节水产品；替代燃料交通工具；生物基产品；更有利于环境的产品；有毒化学物质替代产品。对每一类产品都制定绿色采购标准，使之成为一个完整的体系。他还发现美国政府绿色采购标准相当严谨且是动态变化的。对各类产品采购标准的制定往往经历了较长时间，在实践中不断改进和不断完善。②

关于低碳的概念。较早研究低碳经济的学者庄贵阳（2005）认为，低碳经济的基本含义是指通过技术创新和制度创新实施一场能源革命，从根本上改变人类对化石能源的依赖，减少以二氧化碳为表征的温室气体排放，走以低能耗、低排放、低污染为特征的可持续发展道路。③而韩玉玲和付大壮则认为政府的"低碳"绿色采购是指政府购买和使用符合低碳认证标准的产品和服务的行为。④

---

① 刘慧：《我国政府采购创新研究》，《中国物流与采购》2009年第14期，第74~75页。
② 唐东会：《美国联邦政府绿色采购经验与借鉴》，《改革与战略》2007年第3期，第31~34页。
③ 庄贵阳：《中国经济低碳发展的途径与潜力分析》，《国际技术经济研究》2005年第8期。
④ 韩玉玲、付大壮：《利用绿色政府采购促进中国经济模式向"低碳"转型》，《齐鲁师范学院学报》2012年第6期，第60~66页。

马海涛（2009）对于激励企业实现内部闭路循环可采取的主要财税政策手段：排污费、税收优惠、环境税、排污权交易和政府采购进行了系统的分析。①

关于政府绿色采购的意义，秦鹏（2007）认为政府作为国家的象征和代表，其因采购而实施消费行为对全社会具有极大的影响力。特别是20世纪90年代以来，在为了保护生态环境而进行的政府采购改革浪潮中，发达国家都无一例外地将政府绿色采购纳入了其中，并将政府绿色采购法律制度作为环境资源保护体系中的重要组成部分，以充分发挥政府消费的带动与示范效应，引领社会公众变革传统消费行为，塑造有利于环境保护和资源节约的生态消费模式。政府采购涉及到政府行为也有判断其正当性的价值准则，因而也有其特定的价值取向。维护和提倡公共利益，可以说是现代政府的积极任务，也是政府政策行为的价值取向。换言之，政府行为广泛以公益作为其行为合法性的理由和行为动机。②

关于政府绿色采购的作用，马海涛（2006）认为政府采购在保护环境方面的作用，主要体现在采购对象的选择上，政府应该拒绝采购对环境污染和危害较大的产品，如尾气排放超标汽车，农药含量过高的农产品，不符合环境保护标准的装修等。此外，如果有些供应商被政府有关部门认定是污染严重产业，必须限期改正的，在其改正之前，政府也应该拒绝采购其产品。政府采购要考虑环保要求，通过将政府采购形成的商业机会向符合环境保护要求的企业或产品倾斜，鼓励和支持这类企业的发展。③秦鹏（2007）认为绿色政府采购具有示范效应与扶持效

---

① 马海涛、仇晓洁：《节能减排财税政策研究——以循环经济角度分析》，《地方财政研究》2009年第1期，第42~46页。
② 秦鹏：《政府绿色采购：逻辑起点、微观效应与法律制度》，《社会科学》2007年第7期，第69~76页。
③ 马海涛：《政府采购政策功能探析》，《中国政府采购》2006年第1期，第16~19页。

应①。姜爱华（2007）研究了政府绿色采购的经济效应。她认为从短期看，绿色采购可以通过厂商的竞争，替代普通产品，减少财政支出的增加量；从长期看，可以吸引更多厂商进入市场，降低成本。②许光（2011）认为政府绿色采购的生态效应突出表现在它体现了一种价值导向，即在购买和消费商品时注重商品的环境因素，使采购行为与社会的环保要求一致，避免公地悲剧的发生。③马海涛（2007）认为绿色政府采购是对国际趋势的积极应对。同时，绿色政府采购有利于促进环保技术进步。④

关于政府采购的政策功能。于安（2005）认为政府采购公共政策功能，可以分为宏观经济管理和采购合同授予原则两类。并且政府采购合同授予原则意义上的公共政策功能应当是研究的重点。因此，公共政策根据的最大特点是对市场自由竞争和商业收益原则的背离，不完全按照自发的供求关系作为是否授予政府采购合同的根据，是以损失经济效益为代价实现普遍性公共利益的制度。由于公共政策不以提高采购经济效益为目的，对这种公共政策的执行必然带来经济效益损失，这一损失由国家财政支出来负担。⑤

关于法律法规和政策，鞠美庭（2013）等人对于我国的法律法规、宏观政策、绿色产品政策、技术政策、管理政策进行了系统的梳理。⑥

对于绿色采购面临的挑战，刘沁哲（2010）等人认为当前评价方

---

① 秦鹏：《政府绿色采购：逻辑起点、微观效应与法律制度》，《社会科学》2007年第7期，第69~76页。

② 姜爱华：《政府绿色采购制度的国际比较与借鉴》，《财贸经济》2007年第4期，第37~40页。

③ 许光：《生态文明视角下政府绿色采购的效应分析与障碍突破》，《生态经济》2011年第3期，第121~125页。

④ 马海涛、程岚：《构建和完善我国绿色政府采购制度的思考》，《中国政府采购》2007年第9期，第44~48页。

⑤ 于安：《论提高政府采购的公共政策功能》，《中国政府采购》2005年第10期，第8~11页。

⑥ 鞠美庭、杨娟展、刘洋：《我国政府绿色采购政策的完善建议》，《生态经济》2013年第6期（总第268期），第95~98页。

法的缺陷：由于我国传统的政府采购仅考虑购买成本，并未进行产品的生命周期成本分析，导致绿色产品在"价格战"中缺乏竞争优势。因此，价格问题是影响中国政府绿色采购实施的主要障碍，而且缺乏有效的技术支持。① 于安（2010）认为原有立法对政府采购政策功能定位较低和规定不够。首先，《政府采购法》把提高政府采购资金的使用效益置于主导性宗旨的地位，具体采购制度主要是基于供应商经济技术能力的竞争制度，致使节约财政性采购资金成为评价政府采购工作的主要标准；其次，作为政府采购重要法律依据之一的《招标投标法》和《合同法》，则难以发现关于政府采购公共政策功能的规定。② 刘慧（2007）认为我国还面临着如社会各界对政府采购制度的地位和作用的认识参差不齐、地区封锁和行业垄断、对今后工作的阻力会越来越大、政府采购的规模和范围与发达国家相比还处于初级阶段以及采购目标单一等问题。③ 朱庆华、田凤权（2011）通过数据分析结果和实际的调研访谈说明，不完善或粗线条的绿色政府采购法造成了实际的政府采购活动不能很好地将环保因素考虑到招投标中。法律法规是绿色政府采购真正实施最主要的制约因素，完善的绿色政府采购法是绿色政府采购活动有效实施的重要保证。④

在对策建议方面，刘沁哲等（2010）建议协调各利益相关方的关系。⑤ 刘慧（2012）建议拓展政府采购的"网络系统"，让更多的政府

---

①⑤ 刘沁哲等：《基于SWOT分析的我国政府绿色采购实施探讨》，《生态经济》2010年第12期，第65~68页。
② 于安：《关于政策性政府采购的立法问题》，《中国政府采购》2010年第2期，第15~16页。
③ 刘慧：《政府采购改革十年回顾、思考与展望》，《中国政府采购》2007年第1期，第4~7页。
④ 朱庆华、田凤权：《影响绿色政府采购制约因素的实证分析》，《科技与管理》2011年第3期，第25~31页。

部门政府采购管理和制度建设的群体之中。① 闫鲁宁、何红锋（2006）建议建立政府绿色采购法律制度、明确政府采购环境政策目标。②

对于国外绿色政府采购制度的特点，马海涛、程岚（2007）发现绿色采购制度的建立都经历了一个不断发展和完善的过程。大部分国家都利用法律作为绿色政府采购的制度保障。有专门的组织和机构对绿色政府采购进行管理。注重绿色政府采购的信息和环境建设，发展信息服务中介机构。③ 徐焕东（2006）认为德国十分注重环境保护。因此，政府采购作为贯彻国家政策意图的重要工具，不可避免地会带有浓厚的环保倾向。④ 徐焕东（2005）还发现虽然世界各国政府采购都存在"绿色"倾向，都寻求通过政府采购在一定程度上促进节约能源与环境保护，但是在实际操作中，各国的方式与方法却有很大的不同，导致实际的效果也产生很大的差别。他根据政府采购节能与环保采购的情况，归纳了政府在促进节能与环保采购方面值得我们认真研究和参考实施的几种方式：绿色清单法（指导性、强制性、禁止性）、绿色标准法（参考性、强制性）、绿色权值法、绿色优惠法、绿色成本法、绿色资格法、周期成本法。对于各类方法的优缺点进行了系统的比较，并且提出了选择的三条原则：政府绿色采购方式的选择，必须遵行一些基本原则：（1）尽量避免单一方式，而是多种方式扬长避短、优势互补。由于各种方式都有自身的特点，但可能又有局限性，采用一种方法可能不利于全面实现节能控制目标。例如"清单法"的局限性在于清单是否能全

---

① 刘慧：《深化政府采购功能发挥的三个重要节点》，《中国政府采购》2012年第1期，第17页。

② 闫鲁宁、何红锋：《国外政府绿色采购现状及对我国的启示》，《中国环境管理》2006年第12期，第5~8页。

③ 马海涛、程岚：《构建和完善我国绿色政府采购制度的思考》，《中国政府采购》2007年第9期，第44~48页。

④ 徐焕东、李玥：《德国政府绿色采购及其启示》，《中国政府采购》2006年第12期，第11~13页。

面覆盖各种节能产品,其清单是否是最权威的结论等;(2)在采取某种方式实现某种目标时,应该避免影响政府采购实现其他的甚至是更重要的政策目标。政府采购不仅有节能环保的政策目标,而且还有保护国货、扶持中小企业发展的目标。在不同目标发生矛盾时需要兼顾考虑,而不是只强调达成节能环保一种目标;(3)自主选择使用。因为节能环保采购有多种方式,且各有特点,因此政府可以提出总体的节能环保需求,不宜过于局限某一两方式的限定,而是允许实践中自主选择运用,特别是地方采购机构可以选择适合地方自身的有效方式。①

对于美国绿色政府采购,闫鲁宁、何红锋(2006)认为美国法律制度具有双轨性,其地方政府在实行绿色采购上要先于联邦政府。在联邦层次上,美国政府主要以联邦法令与总统行政命令作为推动政府绿色采购的法律基础。②

2. 对于治理问题的研究

关于"治理"的含义,在辞海中,治理与管理意思接近,如《商君书·更法》中"治世不一道"。国内现代的研究中,"治理"理念主要来源于学者对国外文献的研究和总结。学者俞可平在对国外治理理论研究过程中,编撰《治理与善治》一书,全面分析国外治理理论。他认为:治理是指在一个既定的范围内,在不同的制度关系中利用权威维护秩序,引导、控制和规范公民的活动,以最大程度实现公共利益,满足公众的需要。王焱总结"统治"和"治理"的区别在于,"治理"对事不对人,目的在于解决技术和操作层面的问题以及解决保障技术所需要的体制、机制。毛寿龙则认为 Governance 应翻译为治道,其关键是政府如何界定自己在有效运行的市场机制下的角色,如何引进公共领

---

① 徐焕东:《政府采购在环保与节能中的功能及方式选择》,《环境保护》2005年第8期,第64~67页。
② 闫鲁宁、何红锋:《国外政府绿色采购现状及对我国的启示》,《中国环境管理》2006年第12期,第5~8页。

域基本理念，建设开放有效的公共管理体系。

关于国家治理。"国家"一词较早出现在意大利思想家马基维的著作中。但马克思主义创始人的国家理论影响较大：国家从社会中产生但又居于社会之上，是同社会日益脱离的力量。基于马克思主义国家的认识，国家治理即作为政治统治机器的国家，运用政权的力量来配置和运作公共权力，通过对社会事务的管理，构建国家和社会关系的理想状态，从而引导或促进公共利益的最大化。随着20世纪末期治理内涵的转变，国家治理从传统的统治模式转变——国家之外的力量被强调。国家治理转为国家通过配置和运作公共权力，执行一定的政治理念，始终围绕着特定秩序，对公共事务进行调控、引导和支配，保持良性和可持续发展的善治状态和过程。

关于美国制度治理，郭宇立将其定义为：美国政府三个部门在人民的授权下，按照宪法所规定的原则和程序对国家进行管理，以实现《独立宣言》中设定政府的目的——保障人民的天赋人权——"生命权、自由权和追求幸福的权利"不受侵害。[①]

综合以上，国内对于绿色政府采购从理论和制度层面已经有了比较多的研究，但对于美国联邦政府绿色采购以及对国家治理的影响方面的深入研究尚比较缺乏。

综合国内外的研究成果，结合本书所研究的问题。作者对相关概念进行定义如下：

绿色产品或服务：是指与同类产品或服务的平均或标准水平相比，对于生态环境和人类健康具有明显小的负面总体影响。

绿色采购：是指采购人获得绿色产品和服务的一系列过程。

需要注意的是，在本书中如无特殊说明，"绿色产品和服务"包括

---

① 郭宇立：《美国的大国成长道路——制度治理与战略选择》，北京：北京大学出版社，2011年7月第1版，第177页。

工程。

美国国家治理：针对社会公众所关注的公共问题，美国的政府部门在非政府部门的补充配合下，通过一系列的问题传导和决策机制，建立并执行一系列政策、法律、行动和程序以激励和引导人们的行为以解决公共问题的过程。在此过程中，利益相关方的矛盾得以调和，联邦政府的权力得以巩固和扩大。

五、本书结构与安排

首先是导论，对于研究背景、研究目的和意义、国内外研究成果、研究方法进行概括。

第一章是对美国联邦采购环境保护政策和采购政策的分析，分别研究了这两类政策历史演变中的影响因素、逻辑规律和发展趋势。

第二章是美国联邦政府环境立法和政府采购立法沿革及分析。本章详细梳理美国联邦政府环境和政府采购立法的过程和结果，用政治经济学等理论分析其中的特征及规律。

第三章研究行政机构的绿色采购行动，分析将法律转化为行政机构具体绿色采购项目的着眼点、特征及困难。

第四章研究美国联邦环境法律及采购法律以及绿色采购行动对于合同官具体实施绿色采购方式及程序的影响，以及合同官如何通过政府采购合同实现绿色治理。

第五章研究美国联邦政府采购的监管体制，分析政府立法、行政和司法分支以及社会公众如何对美国联邦政府采购实施监督管理，梳理了政府采购不同的争议解决方式。

第六章是本书的结论与启示。通过此前对美国绿色采购制度研究，分析出美国治理环境问题的措施和特点，推导出对我国国家治理和完善政府绿色采购制度的对策建议。

六、本书的创新与不足

本书的创新点主要体现在以下几个方面：

研究视角的创新。本书以美国绿色采购制度的建立和演变为切入点，分析美国国家治理的方式和特征。相对于宏观的、理论上的研究方法而言，能够更加深入、直观地发现其制度变革的历史原因、影响因素和变革路径，这可以使我们更清楚地看到美国国家治理的优点以及存在的问题，有利于我国更加客观和准确地看到未来国际绿色采购制度的变革趋势，有针对性地提出对策建议。

研究内容的创新。本书对美国绿色采购制度中涉及的环境与采购方面的政策、法律、行动和措施进行了广泛和深入的梳理和分析，发现其中的环境问题传导机制、环境利益分配机制和权力结构的再造模式，在国内尚属首次。

本书的研究不足主要表现在以下几个方面：

从研究方法上看，本书重点采用规范分析的方法，分析过程中侧重于依据国内外学者的相关文献进行理论研究。但国家治理涉及社会生活的各个领域，资料可谓汗牛充栋，本书仅选取了与美国联邦绿色采购有关的部分资料，资料选取存在疏漏。由于本人能力和精力的限制，实证研究的内容有限，分析不同问题时所取得的数据在时间和范围上不能完全对应，从而削弱了相关结论的说服力。

在国内国外的比重上，本书将重点放在对美国绿色采购制度的研究，对于国内绿色采购制度的现状的把握不够全面，所下的结论和建议难免会存在偏颇和武断之处。对于国内治理方式的改进，提出的政策建议也十分简单，没有就具体如何通过政策、立法、行动和措施改进我国的问题传导机制和利益分配机制提出非常详细的方案。

第一章

美国联邦政府的绿色采购政策

第一节 政策、美国联邦政府的环境政策与绿色采购政策

一、政策

"政策"一词是将"政"和"策"的含义结合在一起,既包含"政"所代表的核心与标准,也包括"策"所指的策划、策略。真正的"政策"蕴含一种对正向目标勉励、激励、鼓励、奖励和对逆向目标限制、禁止、惩罚等行为的机理。在辞海中,政策的解释为"国家、政党为实现一定历史时期的路线和任务而规定的行动准则。具有鲜明的阶级性"。

在国内外的公共管理研究中,学者对"政策"的理解有狭义和广义之分。如美国学者伍德罗·威尔逊(Woodrow Wilson)将政策界定为法律和法规,这些法律法规由拥有立法权的政治家制定,由行政人员执行。托马斯·戴伊(Thomas R. Dye)将"政策"定义为政府决定的事情。又如中国学者宁骚将政策总结为公共权力机关或政党,为解决公共问题,达成公共目标和实现公共利益通过政治过程选择的方案。这些理解将

"政策"主体的范围着眼于政府或公共权利机构,因此是狭义的"政策"。

广义的"政策"概念对主体的范围认定更宽,如美国学者詹姆斯·安德森(James E. Anderson)认为,政策是一个或一批行为者,为解决具体问题而制定的一个有目标的活动过程。卡尔·弗里德里希(Carl J. Friedrich)总结"在特定环境下,个人、团体或政府有计划的活动过程,旨在实现某个特定目标。"中国学者林水波(1997)也认为政策是行动的指引,是一个人、团体或政府拟定的行动计划。

综合以上,政策是为了解决一定的社会问题,实现某种目标而制定的一定时期的行为准则。政策主要包括几个基本要素:政策主体——政策的制定者和执行者,即政治性组织;政策客体——政策指向,即某种社会问题、政策目标以及政策约束。[①]

二、美国联邦政府的环境政策

参考上一节中政策的概念,本书将美国联邦政府的环境政策定义为:美国联邦政府为解决环境问题,在一定时期内所采取的行动的总纲领。公众对于环境问题的关注,形成了对政府环境政策的需求。政府在环境问题与其他各种社会问题之间以及各种环境问题之间,及各自对应的不同解决方案之间进行权衡和取舍,形成了一定时期内比较稳定的优先解决对象和解决思路,并成为相关立法、行动和具体措施的基础。

环境问题伴随着人类的产生和发展的全过程。当欧洲第一批移民踏上北美大陆的那一历史时刻,就给北美带来了环境问题。在殖民地时期的土地、水资源、森林、矿产等一系列开发利用政策和环境政策紧密相关。19世纪美国的环境政策以公共土地政策为核心。从19世纪末期开始,美国各级政府开始实施保护水、森林、矿产等自然资源的环境政

---

① 莫旭麟、韦剑峰:《论政策的起源和本质》,《社会科学家》1990年第2期。

策。这些环境政策,为美国现代环境政策的发展奠定了基础。① 由于本书主要研究联邦绿色采购制度,所以将研究的重点集中在对联邦采购有直接影响的环境政策和法律,而这些政策和法律均在"二战"之后形成和建立,从时间范围上,本书的研究范围局限在 20 世纪 40~90 年代;在政策客体方面,本书主要研究与绿色采购直接相关的能源、资源、空气和水的环境政策。

三、美国联邦政府的绿色采购政策

根据前文中绿色采购的定义,即绿色采购是指采购人获得绿色产品和服务的一系列过程。相应地,美国联邦政府的绿色采购政策是指美国联邦政府作为采购人,为获得绿色产品和服务,在一定时期内所采取的采购行动的总纲领。由于政府职能的划分,美国联邦政府中并没有一个专门的部门或机构负责制定绿色采购政策。所谓的绿色采购政策是由环境政策和采购政策两者叠加的结果。本章首先分析美国联邦政府的环境政策,继而分析其采购政策。

第二节 从治理视角分析美国联邦政府环境政策

治理作为一种社会功能,可以通过改变利益分配机制来引导、改变人们的行为,使得理想目标得以实现。② 从治理的视角进行研究,特别

---

① 徐再荣等:《20 世纪美国环保运动与环境政策研究》,北京:中国社会科学出版社,2013 年 10 月第 1 版。
② Oran R. Young, "Governance for Sustainable Development in a World of Rising Interdependencies," in Magali A. Delmas and Oran R. Young, eds., *Governance for the Environments: New Perspectives*, Cambrifge: Cambrige University Press, 2009, pp. 12 – 40.

是分析利益分配机制的变化,有利于更加深入地理解美国联邦政府的环境政策。任何社会中都存在着利益关系和利益结构。环境问题是社会上不同群体之间有关环境利益分配的矛盾所导致的,解决环境问题的实质则是有关环境利益关系和利益结构的调整。由于经济的发展和环境的恶化,破坏了人与人之间、人与环境之间原本和谐的关系。这就对环境政策产生了需求。执政者根据社会整体利益及其自身利益针对解决环境问题作出今后一段时期内调整利益关系和利益结构的总纲领,即是环境政策的制定过程。

从利益运行的流程看待美国环境政策的制定,可将其分为环境利益觉醒、环境利益综合及表达、环境政策制定三个阶段。

一、影响环境利益觉醒的因素分析

(一)经济发展水平

经济发展对环境问题的影响是双重的:一方面,经济的快速发展加剧了环境恶化的程度;另一方面,经济发展带来的财富增长也为治理环境问题提供了更多的手段。

1. 经济发展加剧环境恶化

(1)美国战后经济的高速发展。从第二次世界大战后到20世纪60年代,美国经济以令全世界瞩目的速度高速发展。表1-1列出了1945~1990年主要经济指标。

表1-1　　　　　　1945~1990年选定的战后经济指标

年份	当前价格				转换为2000年美元			
	GDP总量	GDP人均	个人消费	GPDI	GDP总量	GDP人均	个人消费	GPDI
1945	223.1	1672.0	120.0	10.8	1786.3	13387.1	902.7	67.0
1946	222.3	1580.1	144.3	31.1	1589.4	11297.6	1012.9	172.1

续表

年份	当前价格				转换为2000年美元			
	GDP总量	GDP人均	个人消费	GPDI	GDP总量	GDP人均	个人消费	GPDI
1947	244.2	1694.9	162.0	35.0	1574.5	10927.7	1031.6	165.3
1948	269.2	1834.7	175.0	48.1	1643.2	11198.8	1054.4	211.2
1949	267.3	1790.3	178.5	36.9	1634.6	10948.1	1083.5	161.2
1950	293.8	1929.5	192.2	54.1	1777.3	11672.0	1152.8	227.7
1951	339.3	2190.8	208.5	60.2	1915.0	12364.6	1171.2	228.3
1952	358.3	2274.2	219.5	54.0	1988.3	12619.9	1208.2	206.5
1953	379.4	2368.5	233.1	56.4	2079.5	12981.9	1265.7	216.2
1954	380.4	2333.4	240.0	53.8	2065.4	12669.1	1291.4	206.1
1955	414.8	2499.8	258.8	69.0	2212.8	13335.7	1385.5	256.2
1956	437.5	2590.2	271.7	72.0	2255.8	13355.6	1425.4	252.7
1957	461.1	2681.1	286.9	70.5	2301.1	13379.7	1460.7	241.7
1958	467.2	2671.5	296.2	64.5	2279.2	13032.8	1472.6	221.2
1959	506.6	2848.8	317.6	78.5	2441.3	13728.3	1554.6	266.7
1960	526.4	2913.6	331.7	78.9	2501.8	13847.3	1597.4	266.6
1961	544.7	2965.3	342.1	78.2	2560.0	13936.4	1630.3	264.9
1962	585.6	3139.3	363.3	88.1	2715.2	14555.7	1711.1	298.4
1963	617.7	3265	282.7	93.8	2834.0	14979.7	1781.6	318.5
1964	663.6	34559.5	411.4	102.1	2998.6	15632.3	1888.4	344.7
1965	719.1	3701.9	443.8	118.2	3191.1	16427.7	2007.7	393.1
1966	787.8	4009	480.9	131.3	3399.1	17297.5	2121.8	427.7
1967	832.6	4191	507.8	128.6	3484.6	17540.1	2185.0	408.1
1968	910.0	4534.9	558.0	141.2	3652.7	18203.0	2310.5	431.9
1969	984.6	4858.6	605.2	156.4	3766.4	18585.8	2396.4	457.1
1970	1038.5	5066.3	648.5	152.4	3771.9	18401.1	2451.9	427.1
1971	1127.1	5429.5	701.9	178.2	3898.6	18780.3	2545.5	475.7
1972	1238.3	5901.2	770.6	207.6	4105.0	19562.0	2701.3	532.1
1973	1382.7	6526.6	852.4	244.5	4341.5	20492.5	2833.8	594.4
1974	1500.0	7015.4	933.4	249.4	4319.6	20202.5	2812.3	550.6

续表

年份	当前价格				转换为2000年美元			
	GDP总量	GDP人均	个人消费	GPDI	GDP总量	GDP人均	个人消费	GPDI
1975	1638.3	7588.6	1034.4	230.2	4311.2	19969.3	2876.9	453.1
1976	1825.3	8373	1151.9	292.0	4540.9	20829.9	3035.5	544.7
1977	2030.9	9223.3	1278.6	361.3	4750.5	21574.2	3164.1	627.0
1978	2294.7	10312.1	1428.5	438.0	5015.0	22536.7	3303.1	702.6
1979	2563.3	11392.3	1592.2	492.9	5173.4	22992.5	3383.4	725.0
1980	2789.5	12255	1757.1	479.3	5161.7	22676.6	3374.1	645.3
1981	3128.4	13606.7	1941.1	572.4	5291.7	23015.7	3422.2	704.9
1982	3255.0	14022.4	2077.3	517.2	5189.3	22355.3	2470.3	606.0
1983	3536.7	15098.2	2290.6	564.3	5423.8	23154.1	3668.6	662.5
1984	3933.2	16644.4	2503.3	735.6	5813.6	24601.8	3863.3	857.7
1985	4220.3	17701.4	2720.3	736.2	6053.7	25391.3	4064.0	849.7
1986	4462.8	18549.2	2899.7	746.5	6263.6	26034.0	4228.9	843.9
1987	4739.5	19524.1	3100.2	785.0	6475.1	26673.8	4369.8	870.0
1988	5103.8	20834.6	3353.6	821.6	6742.7	27524.8	4546.9	890.5
1989	5484.4	22178.4	3598.5	874.9	6981.4	28232.0	4675.0	926.2
1990	5803.1	23208	3839.9	861.0	7112.5	28444.6	4770.3	895.1

注：GPDI是指国内私人部门投资总量。GDP、个人消费和GPDI单位为十亿美元。

资料来源：美国商务部经济分析局网站 https://www.bea.gov/natio.nal/cr2003articles.htm；GDP and Other Major NIPA Series, 1929—2003, SCB, February 2004.

从表1-1可以看出，1945~1960年，美国的GDP总量增长了136%，到1990年增长了2500%！如果扣除通货膨胀因素，统一转换为2000年美元，1945~1960年，美国的GDP总量增长了40%，到1990年增长了298%。

（2）环境恶化是经济发展的副产物。第二次世界大战后美国经济发展的主要特征是工业化和城市化。从发展历史上看，工业文明的发展和进步，总是伴随着环境问题日趋严重。按产业部门划分，在农林、制造业、批发零售业、承包建筑业和服务业五大行业中，美国制造业在1950年的国民收入为794亿美元，居于首位。承包建筑业从1950～1990年的国民收入增长了1800%。可见，从规模上看，第二次世界大战后美国经济发展的最主要支柱是制造业；从速度上看，发展速度最快的则是承包建筑业。而这两个行业的快速发展都伴随着能源和自然资源的大量消耗和各类污染物的积累。

表1-2　　美国部分年度按产业部门划分的国内生产总值

年份	1950	1955	1960	1965	1970	1975	1980	1985	1990
农业、林业、渔业和畜牧业	19.9	18.8	19.9	22.4	27.3	51.3	62.1	76.6	95.7
采掘业	7.6	10.1	10.1	11.2	12.1	34.2	90.8	106.2	88.4
制造业	79.4	115.1	113.4	184.8	235.6	337.3	558.3	751.4	968.9
批发零售业	44.7	58.5	76.4	102.6	150.6	241.6	384.6	578.3	748.1
承包建筑业	12.8	18.4	23.1	33.3	49.5	73.7	131.5	177.0	243.6
运输仓储业	16.8	21.0	23.2	29.7	40.2	60.0	102.6	137.1	172.8
信息业	8.7	12.4	17.1	24.4	37.4	60.3	108.3	176.4	235.6
服务业	25.1	36.9	51.5	75.4	122.2	205.8	390.2	673.8	109.3
政府	31.6	50.9	69.3	96.9	158.3	246.8	383.3	582.9	806.2
总计	293.8	414.8	526.4	719.1	1038.5	1638.3	2789.5	4220.3	5803.1

注：单位为十亿美元，其中服务业包括：Professional and business services; Educational services, health care, and social assistance & Arts, entertainment, recreation, accommodation, and food services.

资料来源：U. S. Bureau of Economic Analysis, "Value Added by Industry," http://www.bea.gov/iTable/index_industry_gdpIndy.cfm (accessed April 6th, 2015).

2. 环境资源和环境容量制约经济发展

能源、资源都是工业生产必不可少的生产要素，随着能源和资源的消耗及余量的减少，会导致能源资源价格上升，继而导致成本的上升和需求的减少，从而制约经济发展。另一方面，随着污染物排放量的增加和环境的恶化,会超过环境承载能力,使得人们在经济发展和环境保护两者的平衡关系中作出倾向于环境保护的选择。最典型的例子是爆发于1973年的第一次石油危机,对美国经济造成了沉重打击。美国道琼斯指数从1973年的1067点下跌495点,跌幅46%。受危机影响,美国工业生产下降了14%。危机提高了美国对于石油在国家安全中重要性的认识。为此,美国开始调整能源政策,逐步加强国家对石油资源的储备、生产和销售的直接控制。1974年2月在美国的倡议下,13个西方发达国家在华盛顿召开了石油消费国会议,决定成立能源协调小组来协调各国的能源工作。该小组成为在1976年成立的国际能源署的前身。[①]

3. 财政收入的增长为政府解决环境问题提供更多的手段

经济的高速发展为联邦政府带来更多的财政收入。1945~1990年,美国联邦政府的财政收入从415亿美元增加到10815亿美元,财政支出从705亿美元增加到12535亿美元。财政收入的增加为政府使用税收政策和政府采购政策调控国家经济、解决社会问题提供了更多的政策选择。当然,伴随着经济增长的,是富裕人群的增多以及对环境问题的关注,将在下一节进行分析。

表1-3　　　　　1945~1990年政府财政、货币和通货膨胀

年份	收入	支出	净值	M_1
1945	41.5	70.5	-29.0	99.2
1946	39.5	44.5	-5.0	106.5
1947	42.8	37.6	5.3	108.5
1948	42.4	38.8	3.6	109.0
1949	37.9	43.5	-5.7	107.8
1950	48.8	43.3	5.5	110.8

---

① 陶坚、林宏宇主编:《中国崛起与全球治理》,北京:世界知识出版社,2014年6月第1版,第384页。

续表

年份	收入	支出	净值	M_1
1951	62.9	53.3	9.6	115.9
1952	65.8	62.1	3.7	121.9
1953	68.6	66.8	1.8	125.0
1954	62.5	64.2	-1.6	127.0
1955	71.1	65.3	5.7	131.0
1956	75.8	68.3	7.6	132.8
1957	79.3	76.0	3.3	133.4
1958	76.0	81.4	-5.4	135.0
1959	87.0	83.6	3.3	140.4
1960	93.9	86.7	7.2	140.3
1961	95.5	92.8	2.7	143.1
1962	103.6	101.1	2.5	146.5
1963	111.8	106.4	5.4	150.9
1964	111.8	110.8	1.0	156.8
1965	120.9	117.6	3.3	163.5
1966	137.9	135.7	2.2	171.0
1967	146.9	156.2	-9.3	177.7
1968	171.2	173.5	-2.3	190.1
1969	192.5	183.8	8.7	201.4
1970	186.0	201.1	-15.1	209.1
1971	191.7	220.0	-28.3	223.2
1972	220.1	244.4	-24.3	239.0
1973	250.4	261.7	-11.3	256.4
1974	279.5	293.3	-13.8	269.2
1975	277.2	346.2	-69.0	281.4
1976	322.5	374.3	-51.8	297.2
1977	363.4	407.5	-44.1	320.0
1978	423.5	450.0	-26.5	346.3
1979	486.2	497.5	-11.3	372.7

续表

年份	收入	支出	净值	M_1
1980	532.1	585.7	-53.6	395.7
1981	619.4	672.7	-53.3	424.9
1982	616.6	748.5	-131.9	453.0
1983	642.3	815.4	-173.1	503.2
1984	709.0	877.1	-168.1	538.6
1985	773.3	948.2	-174.9	587.0
1986	815.2	1006.0	-190.8	666.4
1987	896.6	1041.6	-145.0	743.5
1988	958.2	1092.7	-134.5	774.8
1989	1037.4	1167.5	130.1	782.2
1990	1081.5	1253.5	172.0	810.6

注：单位为十亿美元。

资料来源：U. S. Department of the Treasury; & Board of Governors of the Federal Reserve System (US)。

综合以上，环境问题伴随着经济的高速发展而产生，环境问题的恶化会制约经济的进一步发展同时导致人们环境利益的觉醒，同时经济发展也为解决环境问题提供了更多的政策选择。

(二) 环境问题的极端性、能见度和持续时间

环境利益的觉醒开始于极端的环境污染事件，成为公众短期关注的对象，于是对政府作出反应形成了压力。然而，制定环境政策是需要时间周期的。需要通过政策解决的问题，必须也只能是在所有的政治共同体成员看来都值得公众关注的问题，以及所有处于政府合法管辖范围内的事情。这也是政府最广泛的议程。最初的热情过后，是对现有政策选择的成本以及制定有效政策的困难的理性思考，之后公众的兴趣会下降。此时如果环境领域有新的类似问题出现，就能持续不断地激发公众

的关注，从而最终推动环境政策形成。有三个主要因素影响一个问题能否最终成为国家政策：问题的极端性、问题的能见度以及问题受关注的持续时间。哪些领域的问题可以被提上政策议程？最根本的原因这些领域的问题得到公众的持续关注，而且这些领域的问题只有通过公共行动才能解决。

一般来说，公众的关注对象总是离自己生活最近的、对生活影响最大的事情。对于环境问题的关注也是如此。能源价格问题、食品安全问题、空气污染和水污染问题，离公共日常生活最近，而且不需要太多的专业知识就可以理解。最重要的是，越是与公众生活贴近的环境问题，越容易引发公众对于自身健康乃至生命安全的担忧，从而成为急需解决的环境问题。相反，土壤污染、资源匮乏、人口问题、气候变化、生物多样性等问题，虽然也是环境问题，哪怕事实上对人类的生存的影响更大，但是由于离公众日常生活的距离稍远，从而难以成为需要优先解决的环境问题。

1943年发生了洛杉矶光化学烟雾事件，洛杉矶市汽车排放的大量尾气在紫外线照射下产生化学烟雾，使大量居民出现眼睛红肿、流泪、喉痛等，死亡人数急剧增加；1948年美国宾夕法尼亚州多诺拉镇，因炼锌厂、钢铁厂、硫酸厂排放的二氧化硫及氧化物和粉尘造成大气严重污染，致使5900多名居民患病，事件发生的第三天就有17人死亡；[①] 1977年，当时纽约布法罗附近拉芙河里的垃圾进入了附近的居民区，最终导致几百名居民永久地离开了自己的家园；1982年，密苏里州泰晤士海滩城镇受到剧毒化学物质二恶英的污染[②]……这些严重的环境污染事件，使得环境问题满足了极端性、能见度以及问题受关注的持续时间三个条件。

---

① ［美］盖伊·彼得斯著，顾丽梅、姚建华等译：《美国的公共政策——承诺与执行（第六版）》，上海：复旦大学出版社，2008年5月第1版，第478~479页。

② 同上，第482页。

（三）公众的环保意识

经济的高速发展不仅在国家层面增加了财政收入，美国人民的生活水平迅速提高，而且催生了一大批中产阶级。按照马斯洛的需求层次理论，人们的需求是有结构、分层次、递进发展的。人们在满足了最基本的温饱需求后，所关心的目标会转为对于安全、社交等更高层次的需求，这会在两方面体现为环保意识：一是对产品质量，特别是产品毒副作用的担心。随着生活水平的提高，"能否吃饱饭"不再是人们关注的问题，而如前文所述，粮食、水果、蔬菜中的化肥、农药、杀虫剂残留则会引起人们的极大关切。二是对生活环境的关注。生活质量的提高导致公众对于周边的空气、水、自然风光等越来越在意。这种关注给政府的政策制定带来了压力。

有几组数据可以体现出美国民众环保意识的提升：在全国性的民意测验中，20世纪80年代，表示会不计代价地支持环境保护法律的被调查者不到50%，而到了1990年，支持者比例上升到71%，反对者则只有21%[1]。

二、环境利益综合及表达的方式

美国是多元主义国家，不但利益主体是多元的，而且每个主体的利益需求也是多元的。此时，不同的个体与群体的利益既有分歧与矛盾，又存在一致性。利益综合是政策客体对于自身利益的选择、调整和整合的过程。在复杂的社会体系中，个人的力量是渺小的。个人为表达自己的利益，需要与其他有类似利益诉求的个体联合、协商和妥协，形成有

---

[1] Riley E. Dunlap, "Trend in Public Opinion toward Environmental Issues, 1965—1990", *Society and Natural Resources* (Apr. 1991), pp. 285 – 312.

一致利益诉求的团体。这个过程，既是寻求团体一致利益的过程，也是放弃个体特殊利益的过程。在综合环境利益的过程中，各类环境组织应运而生。

环境组织表达环境利益的方式包括请愿、申诉、环境诉讼、游行集会、宣传呼吁等方式，以行为表达为主。

另一类环境利益的表达方式是文字表达。研究机构和专家学者通过撰写文章和书籍有条理地表达环境利益。最典型的事例是1962年，蕾切尔·卡森的《寂静的春天》向人们揭示了一个令人惊骇却又无法回避的事实：人们用来对付被认为有害的昆虫的技术最终竟对准了自己。仅仅用了半年时间，这本书就发行了50万册，不仅唤起了更多人对环境问题的关注，同时还引发了美国的环境运动。[①]

无论通过何种形式，在环境利益综合及表达阶段，每个利益主体都试图通过各种表达方式争取自身利益的最大化。

三、制定环境政策的本质是调整利益关系和利益结构

公共政策是政府管理公共事务、解决社会问题的工具。公共政策同时也是对全社会的价值做有权威的分配。[②] 在新古典经济学家看来，政策的制定者追求社会福利的最大化，将政策工具和制度设计作为外生变量来看待。美国三权分立的政治制度使得政策的制定过程充满了利益之争。在政策的形成过程中存在着大量的政治力量，政策的决策过程往往是各种政治力量相互博弈的产物。

美国环境政策的决策权主要集中在国会和总统手中。此外一些相关

---

① 王庆安："从保护主义到环境主义——20世纪60年代美国环境保护运动及其影响"，《淮阴师范学院学报》（哲学社会科学版）2008年5月（第30卷），第634页。
② ［美］戴维·伊斯顿著，马清槐译：《政治体系》，北京：商务印书馆，1993年5月第1版，第4页。

的行政机构在法律授权范围内可以参与环境政策的制定。作为行政机构的最高领导人，美国总统需要通过各种渠道发现社会问题和利益冲突，对于各种问题的重要程度进行评估，并将最重要的问题纳入政策议程，然后通过一系列政策实现整个社会福利的最大化从而获得选民支持，进一步增强公众威信、提升职业声望。总统因此成为全体美国公众所共同关注问题的第一位传导者。

与总统主要关心国家和公众的整体利益有所不同，国会议员关心的自己所在选区的利益以及相应的资金和选票支持。如果所在选区中化工等污染制造行业的人数较多，该议员就越倾向于反对严格的环保政策；如果选区中新能源占经济较大比重，该议员则倾向于支持可再生能源政策，等等。

在美国，党派政治在包括环境政策在内的各种政策制定过程中发挥着重要的作用。美国的两大党派民主党和共和党分别是不同利益集团的代表，因而政府的党派属性会对美国环境政策产生重大影响。通常来讲，美国的共和党代表和维护大企业的利益，与石油、煤炭、汽车、钢铁、化工等传统产业的关系密切。民主党则更多地代表平民百姓利益。在面临同一环境问题时，两党的解决思路会有所不同。例如在应对传统能源不足的问题上，共和党倾向于对传统能源企业进行补贴以扩大传统能源供给；而民主党则倾向于加强新能源的开发减少对传统能源的需求。因此，总统和国会议员在选择环境政策时也会受所在党派政策倾向的影响。

总的来说，不同利益主体在利益需求方面存在分歧与矛盾，在利益表达方面存在竞争。每个利益集团为实现自身利益的最大化，在进入政策议程之前需要实现集团内部以及与其他利益集团的一定程度的妥协，并对政策的制定者施加影响和压力。当环境问题越来越突出，成为社会各界所普遍关注的问题时，它就会在与其他社会问题的竞争中脱颖而出，成为美国总统和国会制定的国家政策中的重要内容。总统和国会作为政策的主导者，是公共利益的代言人，在理想状态下，不应有自己的利益，而且在调节利益关系的过程中最好能够在不损害任何利益群体的情况下，通过增加利益总量改善全部或部分群体的利益。然而在现实社会中，政策的制定者有自己的执政理念、执政目标和利益诉求，而且由于资源的有限性，一项政策的出台很难做到让所有人的利益都不受损。此时，需要政策制定者对于各种政策选择进行取舍，选择成本最低、收益最大、推行阻力最小的政策。因此，随着政策主体和政策客体的不断变化，美国联邦政府的环境政策在不同的时期就表现出了不同的特征与趋势。

四、美国联邦环境政策的规律及趋势分析

（一）环境政策在美国国家政策中的重要性逐步提升

环境政策正式成为美国总统推行的政策中开始于约翰逊总统的"伟大社会"政策。1964年5月22日，约翰逊在密西根大学毕业典礼发表演说称"美国不仅有机会走向一个富裕的社会和强有力的社会，而且有机会走向一个伟大社会。"1965年1月，约翰逊在国情咨文中，提出了"伟大社会"立法计划，要求国会在教育、医疗、环境保护、住房、反贫困和民权等领域采取广泛的立法行动。[①] 约翰逊政府把保护环境定为全国性目标，侧重保护及美化环境，首次将控制污染成为联邦政府对地方政府和私人市场进行干预的重要内容，这是美国环境政策的重要变化。

约翰逊的继任者尼克松是共和党的保守派，因此原本对环保问题并不热衷。但是美国20世纪60年代开始风起云涌的环保运动迫使尼克松政

---

① 徐以骅：《林登·约翰逊"伟大社会"述评》，《世界历史》1986年第4期，第23~32页。

府在环保问题上加大力度,并形成了美国 70 年代环境政策发展的重要特点:联邦政府在法律、机构和行动上都正式参与了环保问题的解决过程。① 1970 年 1 月,尼克松在向国会提交的第一篇国情咨文中,用了近 1/3 的篇幅讨论环境问题,并称其为"仅次于我们对于和平的希望,很可能成为美国人民在 70 年代所关心的主要问题。"② 在 1971 年 2 月向国会提交的第二份环境咨文中,大大增加了联邦政府在环保方面的拨款,并不断提醒国会还需要作出进一步的努力,以此展示政府对环保问题的重视。③ 尼克松总统签署《国家环境政策法》后宣布"环境十年"已经到来!环境保护在 70 年代逐渐成为民主党和共和党的共识。

到 20 世纪 70 年代中后期,环境保护已经成为总统施政纲领中必不可少的内容。环境政治势不可挡。④ 吉米·卡特在 1977 年指示环境质量委员会和国务院会同其他联邦机构共同研究"到本世纪末,世界人口、自然资源和环境可能发生的变化",将其作为"长期规划的基础"。⑤

尼克松总统执政后期,美国国民经济陷入以增长停滞和通货膨胀为主要特征的危机之中,标志着以凯恩斯主义经济理论为指导的国家干预政策的挫败。根据环境质量委员会的统计,为了履行联邦环境保护规章条例,美国每年要花费 400 多亿美元。这对于当时严峻的经济形势来说,是巨大的经济负担。在这种经济形势下 1980 年共和党竞选纲领提出了经济增长优先的原则:"对国家的国防和社会福利来说,没有比经

---

① 徐再荣等:《20 世纪美国环保运动与环境政策研究》,北京:中国社会科学出版社,2013 年 10 月第 1 版,第 206 页。

② 摘自 Richard Nixon, *The Public Papers of the President of the United States*, 1970, Washington: U. S. Gove. Printing Off., 1971, P. 32.

③ 徐再荣等:《20 世纪美国环保运动与环境政策研究》,北京:中国社会科学出版社,2013 年 10 月第 1 版,第 222 页。

④ Robert Gottlieb, *Forcing the Spring: The Transformation of the American Environmental Movement*, P. 130.

⑤ 美国环境质量委员会著,郭忠兰译:《公元 2000 年的地球》,北京:科学技术文献出版社,1981 年版,前言第 5 页。

济增长更重要的！"里根政府认为环境保护与经济增长和繁荣存在冲突，寻求改变或削弱前10年实施的许多环境政策，放松联邦政府对企业的管制。由于担心修改法律会遭到国会的反对，里根政府主要通过行政手段绕过国会调整其环境政策。但由于缺乏法律基础，从长远的角度看，无法从根本上改变20世纪60～70年代形成的环保政策和法律体系。里根政府环境政策的一大变化是从命令管制型的环保政策转化为利用市场机制解决自然资源和污染问题。标志着美国环境政策从一个单一追求环境质量目标的时代过渡到寻求更有效率、更加灵活多样的环保方法和机制的时代。[1] 放松管制政策还带来了一个意想不到的后果：全国环境非政府组织性的成员在80年代后期猛增。环保组织在一定程度上取代政府成为环境保护的重要力量。

乔治·布什在1988年竞选中公开宣布要做一位"环境总统"，以显示与里根的区别，但总体而言，作为共和党的布什在环境政策上乏善可陈。

作为"新民主党人"的克林顿不仅继承了民主党重视环保的传统，而且在方法和范围上都进行了拓宽。1992年，克林顿就任总统后发表了"地球日"演说，表示了他对保护环境的支持。他顺应国际环保潮流，将可持续发展思想融入环保政策之中。[2] 克林顿政府改变了里根政府将环境保护与经济增长相对立的观点，认为环境保护可以创造就业机会、促进新技术开发、提升美国经济的竞争力。克林顿政府改变了原先政府监督为主的监督方式，支持公民诉讼方式，同时还提倡加强排放许可证交易制度等市场化工具在环境政策中的运用。克林顿政府环境政策的更重要突破是：提出了比较完整的环境安全战略，在总体国家安全战略中给予环境问题更多的考虑。1996年公布的《美国国家安全战略》中强调：

---

[1] 徐再荣："里根政府的环境政策变革探析"，《学术研究》2013年第10期，第125页。
[2] [美]比尔·克林顿著，金灿荣等译：《希望与历史之间：迎接21世纪对美国的挑战》，海南：海南出版社，1997年1月版，第76页。

"环境退化、自然资源的耗竭、人口剧增以及难民潮,现在对我们的繁荣构成了威胁并对目前和长期的美国政策都具有安全意义。"[①] 1997年,美国国会发布的《环境外交:环境和美国的对外政策》提出:在全球性问题中,美国将直接影响到美国人民健康、国家安全和经济发展的五个领域作为其环境战略的优先领域,包括全球气候变化、有毒化学品和农药、生物多样性、全球森林减少、全球海洋污染和海洋资源保护等。

环境政策的重要性得以提升,除了经济发展带来的环境恶化、人们更多环境利益的觉醒及表达等原因外,还有一个十分重要的原因:它与美国国家象征的关系联系得十分密切。美国作为世界上政治、经济和军事的第一强国,在环境、可持续发展问题的话语权有助于增强其软实力,巩固其霸主地位。这种价值观层面的内容有助于在立法的辩论中取得多数人的支持。

(二) 环境政策的内涵不断变化

1. 环境政策客体的变化

美国建国前,殖民地的环境问题是土地资源的浪费、对森林的破坏及野生动物的屠杀。相应地,环境政策的内涵其实是农业、森林、野生动物、矿产、水资源的开发政策。这种以开发资源为主导的环境政策一直延续到19世纪,主要目的是通过对环境资源的开发,推动美国经济发展,实现工业化。到19世纪中后期,美国兴起的城市公共卫生运动及后续的城市环境改革运动,使得环境政策的治理对象依次转向了自然资源的保护以及垃圾、水污染和大气污染。进入20世纪以后,随着经济的发展、技术的进步以及人们生活水平及环境意识的上升,环境政策的治理对象不再是人们能直接感受到的简单的环境问题,而是延伸到越

---

① "1996 U. S. National Security Strategy", *EGSP Report* 2, http://www.fas.org/spp/military/docops/national/19htm.96stra.

来越多的对人类健康和生存有短期或长期影响的外部因素，包括生物多样性的减少、排放到土壤、河流、海洋和大气中的各类化学品、地球大气构成的变化等。

2. 环境政策主体的变化

美国最初的土地利用和城市垃圾等环境问题，是由城市和地方政府主导的。20世纪60年代，大量的水污染和空气污染问题主要由州政府负责监督治理。从70年代开始，美国联邦政府在环境治理政策中开始占据了越来越重要的地位。20世纪末期，生物多样性、海洋污染、臭氧层空洞、全球气候变化等问题使得各国政府认识到：在全球化的浪潮下，一国的环境影响可能并不孤立地局限于特定的地区，有可能引起连锁反应，单靠一国政府，甚至单靠多国政府的努力都是不够的，需要各国政府、国际组织、民间组织和每位公民的共同努力，站在全球的视角加以综合分析才有可能找到有效而可行的解决办法。伴随在环境政策主体多元化的，是治理体系的内涵不断丰富，不仅仅是政府制定的法律制度，而且还应包含影响人们行为的认知、文化以及技术等内容。

3. 环境政策措施的变化

在解决能源问题方面，有两种截然不同的措施：一种是通过节约降低对能源的需求；另一种是通过扩大生产来增加供给。通过对20世纪70年代的石油危机之后能源政策的分析可以看出这种转变。卡特政府的主要政策是节约用能，如在节能建筑商采用了税收调节政策。而继任的里根政府的能源政策则偏重市场和生产，认为可以通过放松价格管制促进市场生产更多的能源。①

在对污染物的治理措施上看，美国政府从最初的命令—控制型政策，发展到使用税费等财政手段，再到引入排污权交易等市场手段，以

---

① ［美］盖伊·彼得斯著，顾丽梅、姚建华等译：《美国的公共政策——承诺与执行（第六版）》，上海：复旦大学出版社，2008年5月第1版，第466-467页。

及结合宣传教育、公众压力等措施,形成了在治理环境问题上自律与他律相结合的多种途径。不同的治理措施导致了各主体的环境利益分配结构的变化,详细内容见下一章的分析。

4. 从美国联邦环境政策看国家治理价值取向的变化规律

(1) 基本价值重要性的变化。

苏珊·斯特兰奇认为,不同的国家,以及一个国家在不同的历史时期,通过国家的制度和政策等工具,为人们提供不同的基本价值组合。每个社会都需要财富、安全、自由和公正这四种基本价值,其区别这四种基本价值在于不同社会相对重要性的不同。① 有的国家最先安排物质财富的生产,有的国家把秩序和安全放在首位,以免受到来自国内或国外的暴力侵害,等等。美国传统价值观崇尚个人自由和财富。发源于启蒙运动时期的个人自由资本主义是美国立国初期主流的政治思潮,是当时的新兴资产阶级挑战殖民者的思想武器。这种价值观强调个人奋斗和个人权利,认为政府的干预越少越好,对政府的权力持警惕和怀疑态度。个人自由资本主义的价值观直至20世纪60年代发展到顶峰。然而,越来越严重的环境问题让公众认识到,大企业对于自然资源的破坏以及污染物的排放是对个人权利的侵犯,破坏了居民居住地的选择权。这与提倡个人自由的传统哲学背道而驰,这成了环保主义者的基本认识。于是在财富增长与健康安全的平衡中,人们越来越倾向于牺牲一定的财富,换取更多的健康安全。人们渐渐发现个人自由不是绝对的,需要与公众利益取得平衡。到了约翰逊时代的伟大社会运动时期,反贫穷和社会公正的价值观逐渐为公众所接受,并且因有几千年基督教义作为支撑而迅猛发展。在个人自由与社会公正的平衡中,人们愿意让渡更多的个人自由给政府,以更大限度地实现公共利益。1969年《财富》进

---

① [英]苏珊·斯特兰奇著,杨宇光等译:《国家与市场》,上海:上海人民出版社,2012年1月第2版。

行了一项关于是否应该加强美国联邦政府干预和制定全国统一的污染标准的调查。结果显示，57%的被调查者希望美国联邦政府加强规划措施，53%的人支持单一的全国性机构，88%的人愿意接受禁止采用特定产品的禁令，85%的人愿意为改善环境而牺牲利益。① 这种基本价值观的变化成为美国制定环境政策的基础和前提。

（2）从当代少数人到全体成员代际公平的演变。

在《独立宣言》中，托马斯·杰斐逊写道："人人生而平等，造物主赋予他们若干不可让与的权利，其中包括生存权、自由权和追求幸福的权利。"其实，他那时所指的"人人"是成年白人男子，而不是整体人类。② 到了20世纪60年代，伴随非洲裔美国人的民权运动、妇女解放运动等一连串民权运动兴起"人人平等"的价值观覆盖到了妇女和有色人种。到60年代末期，子孙后代的健康权已经纳入环境政策的考虑范畴，1969年颁布的美国《国家环境政策法》③ 中提到："联邦政府与各州和地方政府以及有关的公共和私人团体合作……实现当代美国人及其子孙后代对于社会、经济和其他方面的要求。"④ 到了80年代，"代际公平"的概念被正式提出，其基本含义是：人类社会是作为一个世代延续的状态而发展的，今世代的成员与过去和将来世代的成员作为一个整体共同拥有地球上的自然和文化资源，共同享有适宜生存的环境。在特定的时期，当代人既是未来世代地球环境的管理人或受托人，同时也是以前世代遗留的资源和成果的受益人。代际公平的价值观赋予了当代人保护环境的义务，同时也给予当代人合理享用地球资源与环境

---

① Robert S. Diamond, *What Business Thinks about Its Environment*, Editors of Fortune: *The Environment, A National Mission for the Seventies*, pp. 55 – 62.
② ［美］彼得·S·温茨著，朱丹琼、宋玉波译：《环境正义论》，上海：上海人民出版社，2007年6月第1版，第137页。
③ National Environmental Policy Act of 1969.
④ 王曦：《美国环境法概论》，武汉：武汉大学出版社，1992年9月第1版。

的权利。① 这为解决当代人与后代人之间如何进行资源与环境的公平分配的问题提供了理论依据。

（3）人与自然、人与人之间价值取向的转变。

1940年之前，指导美国环境政策的主导价值观是以人类中心主义价值观为主的，即认为人类是地球的主宰，是生物圈的中心，是唯一的伦理主体和道德代理人，地位优越于其他物种，因而生活和生产方式以及环境政策都以人类利益的最大化为核心。但随着美国各类环境问题的日益突出，生态学等学科的发展，逐步把自然置于环境的中心地位，重新思考人类价值观和自然生态系统的关系。正如卡逊在《寂静的春天》里所写的："在摧残这个星球的路上，我们已经走得太远了。"② 此时，人们认识到"治理环境问题"、"治理污染"的概念是有误导性的。真正需要"治理"的，不应该是环境或生态系统，而是人类的行为。20世纪70年代环境政策的指导思想是生态中心主义的价值取向，自然保护则变得更加服从于生态学为依据的"保留主义"，人们不再单纯强调保护自然资源，而是更加强调人与自然关系的重新定位。人们思想意识在反省中逐步提升，指导环境政策的价值观在潜移默化中扭转，人类在大自然面前变得更加谦逊。到了90年代，价值取向提升为人本主义，强调不同社会阶层平等享有免受环境侵害的权利，注重保护弱势人群的环境权益。如何平衡权利与义务、效率与公平、自由与约束……对于环境问题的讨论逐步从技术层面上升到哲学层面。③

---

① 傅剑清："论代际公平理论对环境法发展的影响"，《信阳师范学院学报》（哲学社会科学版）2003年4月，第23卷第2期，第33页。

② ［美］蕾切尔·卡逊著，吕瑞兰译：《寂静的春天》，北京：科学出版社，1979年版，第ii~iii页。

③ ［美］彼得·S·温茨著，朱丹琼、宋玉波译：《环境正义论》，上海：上海人民出版社，2007年6月第1版，第137页。

第三节 美国联邦政府采购政策

一、美国联邦政府采购政策的历史演进

美国联邦绿色采购政策是环境政策和采购政策共同作用的结果。美国联邦政府采购从联邦政府成立至今已有 200 多年历史，对此过程中的采购政策进行梳理，发现其中的规律，有助于深刻理解其绿色采购政策。作者根据对相关文献的研究，将美国联邦采购的历史划分为四个阶段。

（一）自由采购阶段（1778~1867 年）

自美国独立之后，美国所进行的都是直接的自由采购。在这一阶段，还未形成系统的政府采购体系，政府采购主要是以商业性质为目的，政府采购的社会性功能还未得以发挥，政府采购行为也缺乏有效的监督和制约。

1778 年美国大陆会议批准采购委托人的任命，有了第一次有记载的采购行为。按照为大陆军队垫资价值的 2% 比例对委托人的采购工作进行补偿。但是到这年底，因为这种安排导致了超额成本和欺骗的可能性，把补偿改为给采购官员发放工资。直到 1792 年美国国会通过了第一个规范采购法令，授权国防部和财政部代表国家签订合同。1795 年第一个综合性采购立法《政府供应商法》产生，成为军事采购的基础。此阶段的政府采购，带有较重的商业色彩，政府采购由各部门、单位自由购买。采购权分散、缺乏必要的监督机构和执行者，政府采购的效率时常难以得到应有的保障。主要问题有：一是价格高；二是购买的物品不一定很适用；三是采购中往往发生腐败行为。

过度分权导致的行为不当和滥用权力又导致了1808年《政府合同法》颁布，要求在政府采购中进行竞争。美国国会通过1809年《采购法》建立了通过使用正式公告进行采购的一般要求。它也允许其他采购选择，如公开采购和公告征集报价。

1861年《民用综合拨款法》是第一个规定正式公告，即竞争性密封招标（以下简称为"密封招标"，类似我国的"公开招标"）为法定优先采购方式的法律；它规定了除了劳务采购和公共紧急采购外应优先使用这种选择方法。通过立法形式，规定每一项一定额度以上的采购，必须密封招标和必须有三个或三个以上的投标人，进一步将此确定为政府采购的合同授予的根据，同时还明确规定了采购机构、官员应遵循的程序和方法。不久，联邦法律要求签订合同官员必须用有记录责任的书面证据，而且要求超过拨款金额的采购不能支出资金。但经过一段时间的实践，发现政府采购行为仅仅只是密封招标还不够，特别是在评标和授标过程仍然存在暗箱操作行为，价格高、腐败等弊端还是难以消除。

（二）规范化采购阶段（1868~1946年）

1868年，美国国会通过了一项法律规定政府采购必须密封招标和公开授予合同的程序。政府各部门的政府采购活动，在遵循公开发布公告、密封招标、评标和公开授予合同的原则，由政府和部门和单位自主进行。从初步引入市场化的密封招标原则到正式确立为一项基本的准则，美国的这一步跨越用了90年时间。

1916年《国防法》授权美国总统在战争期间或者战争即将来临期间把军事供给订单优先于其他所有订单和合同。在第二次世界大战期间，国会暂停了《民用综合拨款法》，但是通过行政命令，罗斯福富兰克林总统成立战时生产委员会。这个行政命令赋予了委员会极大的采购权力。国会在战争结束后恢复使用《民用综合拨款法》。1940年《转让赔偿法》规定对政府索赔可以转让给金融机构。在1941年美国议会组成国防项目特别调查委员会，主席是来自密苏里州的参议员杜鲁门。该委员会认定国防采购中的丑闻，帮助杜鲁门获得了政治筹码，不久后入住白宫。战争结束后，杜鲁门对政府采购改革的兴趣不减，推动了《战争资产管理》和《通用服务管理》两部法律。在联邦政府层面，始于第二次世界大战的许多采购变革依然存在。通过这段历史可以使我们看到：政府采购制度设计是权力博弈的结果，而政府采购的改革就意味着权力的再次分配。

在19~20世纪，采购人接受委托实施采购活动。采购人员只受过很少的教育或培训即可上岗。采购功能一般被认为是财政或资金支付者的助手，因为采购人员们对于采购记录比如何更好地实施采购更感兴趣。公众关心的只是采购中是否存在贪污。

公开、公平广泛的竞争中获得利益，以保证政府采购的公平和高效以及减少公共支出中的官员腐败现象。在以后的一百年里，密封招标一直是美国政府采购的基本方式。然而随着社会经济的不断发展，密封招标方式的理想与政府采购现实之间出现不适应：一方面，"最低报价决定"的原则过于死板，政府采购自身复杂多变的情况，要求产品差异不能仅以价格作为唯一的决定标准；另一方面，采购项目规格的复杂性和技术要求的不确切性使法律所规定达到的采购要求十分模糊，政府有时也不能确定最低报价的供应商能否满足政府自身的采购要求，甚至政府采购实体有时对采购目标也不甚了解（如武器采购、公共工程采购）。因此两次世界大战间，在军事采购中将密封招标采购要求逐步取消了。

（三）政策化采购阶段（1933~1993年）

1933年美国国会通过了《购买美国货法》。以此为起点，越来越多的社会经济政策被附加到政府采购之中，环境政策也是在这一时期被加入到采购政策之中。

直到通过1947年《军事采购法》和1949年《联邦财产行政服务法》（美国的"两法"）为止，1861年《民用综合拨款法》一直规范着联邦采购。1947年和1949年这两部法律通常分别适用于军事和民用部门的大部分采购，而且将正式通告、密封招标作为优先的采购方式。

1947年美国国会在制定《军事采购法》中列举了政府采购过程中就军事采购问题的若干例外规定。该方式仍旧尊重市场经济的基本原则，但同时在双方达成初步一致的情况下，可以对经由市场化上取得的共识进行部分的协商或更正，以此来弥补前一阶段可能存在的问题。特别是在第二次世界大战期间，美国放弃了密封招标的强制要求，可以根据《第一战争权力法》通过协商谈判方式签订采购合同，且第二次世界大战时期的采购经验也表明，采购程序应更具有灵活和建设性。

1962年颁布了《诚实谈判法》，要求供应商提供真实有效的成本和价格信息，以使政府获得公平价格。

从1972年政府采购委员会的产生，美国联邦政府进行了一系列的改革以促进政府采购质量的提高。1972年国会建议逐步以竞争性谈判方式取代密封投标的主导地位。

1972年，美国国会的《政府采购委员会报告》指出，"竞争性谈判应当被确认为一种正常有效的方法，在公开招标不适用的情况下优先使用"，第一次试探性建议取消了密封招标的优先地位。不过为了防止取消密封招标优先地位后，对非竞争性授予合同缺乏限制，政府也相应加强了对采用非竞争性采购方式的例外条件的审查和监督管理。

1984年美国国会通过《合同竞争法》第一次修正了《军事采购法》和《联邦财产行政服务法》，使这两部法案的规定尽可能趋向一致。对于联邦政府采购方式的主要内容进行了改变，最为重要的变化是废除了正式公告的传统偏见，明确取消了密封投标作为政府优先选择的采购方式，而且批准各种竞争采购程序的使用。由此改变了长期以来国会坚持的密封投标方式优先，协商谈判不属于竞争方式的观念。

依据《军事采购法》和《联邦财产行政服务法》制订了政府采购政策和操作规则,也相应产生了适用于军事和民用采购机构的《军事采购条例》和《联邦采购条例》。1984 年颁布的《联邦采购条例》几经修改后,明确军品采购和民用采购均要遵循此条例的相关规则。由此形成了依据联邦采购政策办公室和预算管理办公室的宽泛政策指南,由联邦事务总局局长、国防部长和国家航空航天局局长联合权力机构发布的、适用于所有联邦行政机构购买货物或服务活动的协调一致的联邦采购法规体系。

(四) 商品化采购阶段 (1994 年至今)

随着美国国力的增强,联邦采购的规模不断增长。相应地,也出台了更多的法律对于政府采购进行规范。层出不穷的法律法规以及社会各界的关注与监督给采购官员戴上了一道道"枷锁",几乎使得他们失去了腐败的机会和可能。但作为代价,采购的效率也在不断降低。

早在 20 世纪 60 年代起,政府采购的低效率问题开始受到注意。1970 年联邦会计总署(GAO)的研究报告显示国防采购中超预算的现象十分明显,认为其中重要的原因就是政府制订了过于特殊的采购需求和技术规格。为说明问题,报告揭示某个水果蛋糕的技术规格书长达 18 页。但显然,无论这份报告还是国会专门成立的委员会关于"政府采购应当提高经济、效益及效率"的建议,都没有得到立法者的真正关注。这导致了美国 80 年代初"天价采购"丑闻的不断爆发。

帕卡德委员会的报告以及 1990 年成立的立法建议组(专门致力于梳理采购相关法律的小组,依据《国防授权法》第 800 章而成立,被称为"800 章小组")的报告都强调了"商品化"的重要意义,认为在政府采购中无论中间产品还是最终产品,都应尽量采购市场中的现有商品。

这两份报告引发了美国 20 世纪 90 年代中期的政府采购改革。1994 年《联邦采购优化法》鼓励在政府采购中采购市场中现有的商品及服务,而不是由政府提出特定的采购需求。改革还简化了采购流程,使得政府采购能够享受到商品市场中的新产品、新技术以及与技术相关的服务。同时还授权美国联邦服务总署(以下简称 GSA)拓展协议供货采购方式,以解决在商品市场中采购而导致程序性、规范性不足的问题。从那时起到今天,美国的协议供货采购一直飞速发展。但是也开始暴露出一些问题,美国的相关机构及学者目前正在对商品化、协议供货制度进行检讨和反思。

在《联邦财产与行政服务法》中又规定了联邦总务管理局可以向行政机构授权采购,并允许行政机构授权或委托其他机构采购,或者几个机构联合或授权采购。这又从采购权限上明确了联邦总务管理局的集中采购权利走向分散的趋势。

1996 年《联邦采购改革法》进一步细化了采购程序,它的这些改革进一步简化了 10 万~500 万美元商品采购以及允许可以分两阶段的施工选择程序。

与此同时,政府采购受到最主要的挑战之一是如何充分利用信息技术或称为信息高速公路。1993 年克林顿关于电子商务简化政府采购令,要求 1994 年 9 月前,建立基本的政府采购电子化程序,使联邦政府和私人卖主能够通过电子商务化交换标准的询价、报价、采购订单、合同授予的通告等标准化的要求和开始政府范围执行;1995 年 7 月,开始进行全范围的联邦电子商务系统,2000 年 9 月,美国政府开通"第一政府"网站(www. Firstgov. gov)这个超大型电子网站,将政府采购的需求信息以及供应商的信息在该网站发布。2001 年,布什总统上台后出台了政府采购电子化方面的规定:到 2002 年年底之前,凡是 25000 美元以上的政府采购项目,联邦政府各部门必须使用联邦政府统一的电子采购平台,并于 2002 年颁布了《2002 电子政府法》(E-Government Act of 2002)。2003 年 4 月,联邦一级的政府拨款网站开通,专门负责美国联邦政府的项目拨款。美国政府采购电子化构架基本实现。

（五）美国联邦政府各个时期采购政策的特征分析

通过以上对美国联邦绿色采购政策的梳理，将这段历史进行高度浓缩，可以分为四个阶段：自由化阶段经历了90年，采购方式与一般的商业采购无异；规范化阶段经历了63年，采购方式主要为密封招标；政策化阶段经历了63年，采购方式主要为竞争性谈判；目前处于商品化阶段，电子招标、协议供货等新型采购方式被引入政府采购中。每一阶段所要解决的主要问题不同，颁布的法律不同，相应地也就具备了各自不同的特点。

表1-4　　　　　　　　美国的政府采购政策的不同阶段

阶段	自由化阶段	规范化阶段	政策化阶段	商品化阶段
年代	1778~1867年历时90年	1868~1946年历时79年	1933~1993年历时61年	1994年至今
起点	1778年大陆会议批准采购委托人的任命，有了第一次有记载的采购行为。	1868年，国会通过法律规定政府采购必须公开招标和公开授予合同。	1933年国会通过《购买美国货法》，成为第一部将社会经济功能附加于政府采购的法律。	1994年《联邦采购优化法》，要求政府尽可能从商品市场进行采购，简化了采购程序。
面临的主要问题	购买价格高；购买的物品不很适用；交易中发生腐败行为。	采购人员素质不高；只追求程序，不追求效果；部分采购需求不明，公开招标难以满足要求。	经济萧条、就业问题、社会不平等、环境问题、国际贸易问题等，政府采购成为政府解决上述问题的工具之一。	层出不穷的法律法规以及社会各界的关注与监督使得采购程序越来越复杂，政府采购的效率越来越低。
主要法律	1795年《政府供应商法》；1808年《政府合同法》；1809年《采购法》。	1916年《国防法》；1940年《转让赔偿法》。	1933年《购买美国货法》；1947年《军事采购法》；1949年《联邦财产行政服务法》；1962年《诚实谈判法》；1974年《联邦采购政策办公室法》；1984年《合同竞争法》。	1994年《联邦采购优化法》；1996年《联邦采购改革法》。

续表

阶段	自由化阶段	规范化阶段	政策化阶段	商品化阶段
主要特征	建立了通过使用正式公告进行采购的一般要求;确立了美国政府签订合同的权利。	各部门实行分散采购;在采购方式方面,确立了密封公开招标的主导地位。	确立了集中采购制度;竞争性谈判成为主要采购方式;政府采购被赋予越来越多社会经济功能。	分散采购与集中采购相结合;采购人员能力提高;许多小额商品直接从市场采购;采纳电子手段、协议供货等方式。

可以看出,包含采购权力的分配和采购方式的采纳在内的采购制度的设计是在特定的历史时期和社会环境下,针对采购人员和管理人员的能力素质以及采购的需求作出的选择。当上述条件发生重大变化时,原有的采购制度不再能适应新的形势,就产生了制度变革的需求,继而形成了不同时期的采购政策。

二、影响美国联邦政府采购政策的因素分析

(一) 美国联邦政府的财政政策

美国联邦采购政策是财政政策中财政支出的重要内容,财政政策对于政府采购的规模及内容都有决定性的影响。在第二次世界大战结束前,美国的经济总量有限,而且奉行小政府的自由市场经济,政府采购主要是为了满足政府部门办公的需要,因此也不具有很多社会经济功能。在20世纪50~70年代,美国政府受凯恩斯主义的影响,实行积极扩张的财政政策刺激经济增长。在经济萧条时期,缩减税收、增加财政支出;而在经济繁荣时期,则通过增加税收和减少财政支出的方法抑制需求。这种财政政策起到了经济缓冲器的作用。70年代末和80年代,美国经济陷入衰退和通货膨胀,经济学家建议减少国家对经济过程的干预,刺激个人积极性和经营活动。相应的财政政策是:缩减税收、减少

国家支出。进入80年代以后,美国经济增速放缓、失业率大幅增加,联邦政府再次采纳了供给经济学理论。1981年2月,里根政府宣布实行新的经济政策,标志着联邦财政政策再次强调通过增加财政支出拉动经济增长。随着时代的发展,美国联邦政府的职能不断增加、通过财政政策调节国家经济整体运行的动机不断加强,导致联邦财政支出的规模不断扩大。例如,1901~1994年,美国联邦财政支出增加了2782倍,而即便从第二次世界大战后的1946年开始算,1994年联邦财政支出为14609亿美元,是1946年联邦财政支出345亿美元的42倍。美国联邦政府1946~1994年财政支出状况详见表1-5。可以看出,第二次世界大战后美国联邦政府的财政支出,无论从绝对数量上看,还是从占国内生产总值比重上看,都呈稳步上升的趋势。

表1-5　美国国家支出及其占国内生产总值的比重(1946~1994年)

年份	国内生产总值（亿美元）	国家支出			
		总计		联邦政府支出	
		（亿美元）	占国内生产总值比重（%）	（亿美元）	占国内生产总值比重（%）
1946	2229	454	20.4	345	15.5
1950	2658	613	23.1	426	16.0
1960	5048	1318	26.1	922	18.3
1970	9854	2922	29.7	1956	19.9
1980	26441	8342	31.5	5909	22.3
1990	54815	18098	33.0	12527	22.9
1994	66336	21688	32.7	14609	22.0

资料来源:郭连成:《美国联邦财政支出与财政赤字:变化及发展趋势》,《财经问题研究》2000年第9期,整理自 Economic Report of the President. 1988, Wash., Samuelson P., Nordhaus W. Economics, 14th Ed. 1992, P. 792.

(二) 美国联邦政府采购的对象

采购对象随着国家经济的成熟程度和发展的不同而发生变化。从

20世纪50年代到80年代,第一产业的GDP比重和就业比重不断下降,从1950年7.0%和12.5%下降到1980年的2.5%和3.5%;第二产业的GDP比重和就业比重略有下降,到1980年分别为33.4%和30.8%;第三产业的GDP比重和就业比重一直呈上升趋势,从1950年的55.0%和56.6%,上升到1980年的64.1%和65.7%。在1900年,第三产业的就业占劳动力总数的28.2%,到1950年上升到47.8%,到1980年上升到66.7%,到2004年则为76.6%,一直呈上升趋势。[1] 随着产业结构的变化,联邦政府采购的对象从传统的以货物采购为主逐步过渡到目前的以服务采购为主。服务项目具有无形性和异质性等特点[2],所谓无形性是指采购人很难用一种标准量化的手段来客观评判一个服务项目的好坏,比如顾客在购买服务前总是需要通过观察、触摸来测试产品,甚至只能依赖服务企业的声誉;所谓异质性是指服务供应者提供给每名顾客的服务各不相同,服务一般会根据消费者的需求做出适当的个性化调整。采购对象的变化对采购政策的影响主要表现为采购方式的变化。服务采购在采购文件编制、评审以及合同的执行和监督方面都要比一般的货物采购要复杂得多。即便是货物采购,日新月异的高新技术产品、含有知识产权的产品、绿色产品等货物采购也与传统的一般货物采购大相径庭,对采购政策中采购方式的演变提出了新的要求。

(三) 政府采购人员的能力

根据美国联邦采购政策办公室依据《联邦采购政策办公室法》及《增强国防采购人员能力法》等法律于2005年向所有行政机关的最高

---

[1] [美] 乔纳森·休斯、路易斯·P. 凯恩著,邸晓燕、邢露等译:《美国经济史(第7版)》,北京:北京大学出版社,2011年1月第1版,第581页。

[2] [美] 詹母斯·A. 菲茨西蒙斯著,张金成、杨坤译:《服务管理:运作、战略与信息技术(原书第7版)》,北京:机械工业出版社,2003年3月第1版。

行政长官发出的政策函《发展和管理采购人员能力》①，政府采购人员包括完成政府任务而实施各种与采购活动有关功能的所有个人。政府采购人员的能力包括采购人员的数量和素质两方面的内容。

采购人员数量对采购政策的影响是关于采购活动是否外包的决策。当联邦政府采购人员数量不足时，采购活动不得不委托给私营企业或个人来完成。联邦审计总署在对国防领域中的重点项目进行绩效审计后，于2008年向国会进行了报告。报告中发现由于此前的外包政策，导致国防部门过度依赖承包商，采购人员数量下降。联邦审计总署认为：没有适度规模并具备相关技能的采购人员，今后出现错误、浪费和腐败的风险将会增大。② 在20世纪80年代中期之前，对采购人员重视不足，很多采购工作者是混杂在一般行政或技术人员里面的。在法律法规层面对采购人员没有统一的定义，在管理层面也没有对采购人员单独的分类，尤其是国防和民事机关的统计口径也大不相同，导致各种统计数据的结果千差万别。尽管如此，以下结论还是得到了各方的公认：第一，从事国防采购的人员占采购人员总数的大多数。按不同的统计口径可以占到总数的54%～70%，通常认为占2/3左右。第二，国防机关的采购人员从90年代初开始大规模削减。其主要原因是冷战结束后，国防机关进行了人员削减。因为当时对采购工作的重要性认识不足等原因，采购人员首当其冲，成为了被削减的对象。第三，民事机关的采购人员数量基本保持稳定略有增长。美国联邦采购协会于1999年建立了采购职业管理信息系统。截至2008年2月，该系统中已收集了民事机关25000名采购人员的信息，其中包括10000名合同官、7000名采购官、900名计划经理以及11000名合同官技术代表。③ 据估计，近年来美国

---

① Policy Letter 05-01, Office of Federal Procurement Policy.
② GAO, "Defense acquisitions Assessments of Selected Weapon Programs", Mar. 2008.
③ 赵勇："谈美国联邦采购人员能力建设及对我国的借鉴意义"，《中国政府采购》2011年第1期，第58页。

联邦采购人员中合同官的数量稳定在30000名左右。

采购人员的素质对于采购政策也有很重要的影响。当采购人员的采购能力无法满足采购程序对采购人员的要求时，会发生采购错误，从而迫使采购政策的制定者缩减采购规模、采用采购外包或者更简易的采购程序。美国联邦政府对于采购人员素质的重视开始于国防采购领域。20世纪80年代初期，随着国防采购规模的急剧增加，国防采购领域陆续爆发出一系列采购丑闻。比如一个名为"监督政府项目"的民间组织揭露了国防采购中出现的7600美元的咖啡机和436美元的锤子等现象。① 这类丑闻导致公众对公共采购的信心急剧下降，里根总统下令组建了以曾任国防部副部长的戴维·帕卡德为主席的国防管理蓝绶带授衔委员会，对美国国防采购的管理职能进行了全面的研究和梳理，并对从事国防采购人员的综合素质进行了比较全面的调查和分析。帕卡德委员会于1986年4月完成了题为《行动公式》的报告。② 该报告的重要发现之一是"天价采购"的背后并不是通常认为的不诚信或腐败，而是采购人员技能的不足。因此解决采购领域的问题关键在于提高采购人员的素质，这一建议直接促成了国防采购大学的创办以及后来《增强国防采购人员能力法》③ 的颁布。美国陆军组建了以前国防部次长杰克·甘斯勒为主席的出征行动中的采购及项目管理委员会，于2007年10月发布了题为《急需改革》的报告。④ 委员会对于美国陆军包括内部控制在内的采购流程、人员、机构、培训、政策和法规进行了深入的调查研究。该报告认为陆军的采购人员配备、培训和授权都存在不合理之处，无法满足21世纪国防采购的需要。尽管国防部近年来在采购人员能力

---

① 赵勇："美国的政府采购及其启示"，《宏观经济管理》2015年第5期，第90页。
② David Packard, *the President's Blue Ribbon Commission on Defense Management*, *A Formula for Action: A Report to the President on Defense Acquisition* (Apr. 1986).
③ Defense Acquisition Workforce Improvement Act.
④ Dr. Jacques S. Gansler, "Urgent Reform Required-Report of the 'Commission on Army Acquisition and Program Management in Expeditionary Operations'", Oct. 31 2007.

建设方面做了大量的研究工作,但是联邦审计总署在其2009年4月发布的题为《采购人员:国防部应该有更多的行动和数据以提高管理和监督水平》的报告中仍然对国防部采购人员的管理提出了批评,认为国防部缺乏其采购人员综合素质的全面信息。[①]

在民用采购领域,对于采购人员素质方面的研究工作相对起步较晚,但是起点高、覆盖面广,在调研过程中大量应用了信息技术手段、在数据处理方面亦采用了先进的统计学工具,因而得出的素质分析结论比较可靠而且非常具有说服力。始于1985年,美国联邦采购协会就通过跨部门的工作组鉴别出一套采购人员应当具备的素质。2002年,在联邦采购政策办公室的指导和支持下,联邦采购协会对合同官所应当具备的素质再次进行了专项研究,并于2003年公布了报告。通过对16个行政机关的合同官的问卷调查以及之后的数据分析,鉴别出合同官所应当具备的24项通用素质和16项专业素质。在此基础上,联邦采购协会于2007年进行了更大规模的对民用采购人员素质的调查研究,该次调查历史上第一次对采购人员的业务水平进行了基础数据调查和分析。通过对采集到的超过100万条数据进行分析后发现:在项目管理、确定采购需求、基于绩效的采购以及谈判等方面,采购人员的专业素质与实际需要之间存在差距。2008年,联邦采购协会按照联邦采购政策办公室政策函05-01中对采购人员的新的定义扩大了调查研究的范围,新纳入了采购计划经理和项目经理以及合同官技术代表。调查综合了采购人员数量分析和素质分析的两方面内容,并与2007年的调查研究结果进行了对比分析和趋势预测。在素质分析方面通过数量分析方法发现:对于合同官,除基于绩效的采购的业务水平保持不变外,其他所有专业素质的业务水平都比2007年有所提升;与2007年相比,17项采购专业

---

① GAO, "DOD Can Improve Its Management and Oversight by Tracking Data on Contractor Personnel and Taking Additional Actions", Apr. 2009.

素质中的9项专业水平提高了0.50分以上；从时间占用的角度看，分数越高的技能在实际工作中应用得越多；被调查的合同官在基于绩效的采购、财务管理、争议解决和确定采购需求方面需要进行培训；按照目前的专业水平，合同官的谈判方面的专业素质需要进行培训。对于合同官技术代表，其平均专业水平超过预期；在市场调研、确定采购需求和谈判方面需要进行培训；对于采购计划经理和项目经理，其中多数具备硕士以上学历同时还具备相关证书，如联邦采购证书——采购计划经理和项目经理序列、商业证书或者具有部门特殊性的合同官技术代表证书等。调查对象在采购签约及商业、成本估计方面需要进行培训。

三、美国联邦政府采购政策呈现钟摆效应

随着美国联邦政府财政政策、采购对象和采购人员素质的变化，其采购政策呈现出钟摆效应。具体表现为以下两个方面。

（一）联邦政府采购政策中的分权与集权

采购权力的分配，在本质上是对组织内部权力结构的构建。一个组织在采购模式上的选择，既体现出其对于组织内部权力结构的主动设计与构建，也体现出组织内部权力分布的事实特征与历史影响。

从美国联邦采购政策的建立之初一直到第二次世界大战结束后，美国联邦政府一直采用分权化的采购模式，将采购权限下放到有直接需求的下级部门。这种模式的优点在于自主和灵活，并通常导致采购活动本地化，有利于下级部门与地方建立良好的合作；在相同或相近标的物的采购中，能够带来不同下级部门之间的竞争，这种竞争如果保持在适度范围之内，往往能起到良好的效果。这种模式的缺点在于，采购的分权通常带来采购的分散，容易造成供应商的混乱、技术人员的短缺和重复采购，并容易带来财务管理的紊乱。18世纪末期，美国联邦采购史上

第一个大规模的采购是为海军采购6艘护卫舰。当时迫于地方政府的政治压力把采购6艘船只的合同授予6个不同州的6个不同供应商。不久，由于没有及时供货和成本超支，国会取消了其中三家的合同。① 这成为暴露分权采购弊端的经典案例。

1949年，胡佛委员会在对政府采购的状况进行调查的基础上，提出规范和统一政府采购的建议报告，指出分散采购组织管理的弊端。根据《联邦财产与行政服务法》的规定：财政部的联邦供给局、其主管、该局职员以及财政部分管部长的职责都划归联邦总务管理局；财政部的合同管理办公室及其主任职责划归联邦总务管理局；同时，还将合同管理监督委员会、合同申诉委员会并入联邦总务管理局；联邦工程机构及其直属所有职责以及联邦工程机构主管、公共建筑管理委员会和公共道路管理委员会的所有职责都归属于联邦总务管理局。实行政府采购的范围为货物、工程和服务三项，并在明确规定集中采购的政策、方法等的同时正式引入了竞争性谈判采购方式。《联邦财产与行政服务法》统一了政府采购的政策和方法，确立了美国联邦政府集权化采购的管理体制。

集权化的采购模式其本质是通过把采购权与有需求的较低层级剥离开来，以强化较高层级对于较低层级的监督与控制，这其实体现出一定程度的家长制特征。集权模式的优点在于：易于产生规模效应；易于实现标准化采购；有利于财务管理；有利于采购战略的实施；能够避免组织内部不同部门对于同一采购对象的竞争。其缺点在于：易带来过高的管理费用；下级的自主权受到限制；对市场微观信息反应较慢。

如前所述，过度集权的采购制度的低效率问题引发了20世纪90年代中期的政府采购改革。

---

① ［美］詹姆斯·M. 莫里斯著，靳绮雯、蔡晓惠译：《美国海军史》，长沙：湖南人民出版社，2010年7月第1版。

1994年的《联邦采购优化法》提高了联邦机构包括军用和民用的自主采购的门槛价,并列出不大于门槛价采购的撤销管制法律目录,并强调了这部分合同为小企业的预留规定。《联邦采购条例》也相应地列出了不适用法目录,以及不大于门槛价的采购项目的简化采购方法。这些简化采购方法主要包括政府采购卡、采购订单以及无确定价格的订单。简化了商品购买程序,把小额采购限额提高到10万美元,要求到2000年实现电子化采购以及鼓励在选择供应商中考虑其过去的业绩。尽管这部分程序和方法的规定鼓励竞争,但是并不强制,而且这些程序和方法本身就加大了各单位的采购的自主权。

1996年《联邦采购改革法》简化了10万~500万美元商品采购以及允许可以分两阶段的施工选择程序。可见,《联邦采购优化法》和《联邦采购改革法》主要通过提高采购门槛价和简化购买程序扩大分散采购范围,成为美国政府采购由高度集中走向分散的标志性法律。而修订后的《联邦财产与行政服务法》则通过采购授权下放采购权限,以实现采购权力的分散。

经历的集权与分权的摇摆,美国联邦采购当前的政策体现为适度集中采购的混合模式,采取了设置"门槛价"的方式来决定政府采购过程中"集中"和"分散"的方式选择。"门槛价"制度,就是指采购活动因某种数量限制而必须采取某种采购方式的制度。门槛的实质是上下级政府在采购权上分权的边界。美国联邦政府的"门槛价"主要分为4档:A. 单笔低于2500美元的,一般用采购卡进行采购,有需求部门直接采购,可以不用竞争性方式;B. 一次性采购额在2500美元~10万美元之间的,一般采用"报价竞争",要求供应商之间有一定的竞争,但由于采购程序的灵活性,可以兼顾采购效率;C. 对于10万~500万美元的大额项目,一般采用竞争性谈判采购方式,竞争的程序相对比较规范;D. 对于超过500万美元以上的超大额项目,则一般要求采用公开招标方式。

在联邦采购政策的设计中，究竟采取集权还是分权的选择，必须结合具体的实际情况。并不是集权就一定能够带来规模效应，也不是分权就一定能够更加灵活。分散采购要发挥作用，关键在于控制寻租风险。上级对于下级的分散采购不仅要建立有效的监督体制，而且还要健全有效的激励机制。而集中采购要真正发挥效用，关键在于上级部门要具备良好的全局视野、战略眼光和出色的统筹能力，否则集中反而会降低采购的绩效。混合采购综合了集权采购与分权采购模式的优点，既有大批量、成规模的采购，也允许一定范围的自主购买，兼顾了不同层级组织集中购买的不同需要和不同区域组织采购目的上的差异性，在操作上具有较强的灵活性。在混合模式中，由高层级的采购中心负责部分常规商品、大型工程和服务的采购，其他部分如特殊商品和小额采购由需求部门自行采购，以提升采购的灵活性与高效率。另一方面，对于价格高、风险大的采购行为由高层级采购中心业务素质与综合素质较高的专业人才执行。对于可能牵涉到组织整体目标的招标采购，由上级部门从宏观层次上进行计划和调控，把握组织整体目标，实现组织的战略设计。这种模式符合当代社会专业化分工的客观要求。

（二）联邦政府采购政策中的政策化、规制化与商品化

联邦政府采购作为采购中的形式之一，也应当实现低价、及时、高质量等与其他采购一样的目标。然而，由于采购主体是政府而非一般的个人或企业，其"公共利益代言人"的特殊身份使得前文述及的扶持中小企业、绿色采购等社会经济政策被叠加在采购之上，使得美国联邦政府采购的采购过程以及采购合同都会与通常的个人及企业采购有所区别。就政府采购合同的属性而言，学者们通过研究发现其同时具有两种属性：一种属性被 Joshua I. Schwartz 教授称为"一致性"（Congruence），即认为政府采购合同的解释和执行与由两方私人个体签署的合同完全一样；另一种属性被称之为"例外主义"（Exceptionalism），则

强调与私人合同相比，由于政府特殊的职责所在，使得政府采购的解释和执行不可避免地带有很强的政策性。[①] 这两种属性在美国联邦政府采购政策中长期共存。纵观美国联邦采购政策的发展历史，存在三股截然不同的潮流：第一股是商品化潮流，即让政府向企业学习，尽量简化采购流程、提高采购效率，让政府采购回归采购的本源；第二股是规制化浪潮，用越来越多的法律法规和制度约束政府采购的过程，使之变得更加公开、透明和诚信；第三股是政策化浪潮，将联邦政府的其他本与采购不直接相关的职能叠加到政府采购之上，让联邦政府在通过采购满足自身需求之外实现诸如扶持中小企业、保护国货、刺激经济发展、促进劳动保护、保护环境等其他职能。当规制化发展到一定程度，汗牛充栋的规章制度会极大地降低采购的效率，于是商品化的呼声会越来越响；当商品化浪潮席卷联邦政府采购领域，使得政府采购与商业采购无异时，政策化的支持者会对商业化的政府采购提出严厉的批评；由于政策功能太多，政府采购活动的透明度越来越低，贪腐行为会大量出现，于是要求规制的声音会越来越响……概括地说，美国联邦政府采购似乎也没有逃离"一抓就死、一放就乱"的魔咒。联邦政府采购政策的制定者，一直在法律、经济、政治中寻找平衡点，使得美国联邦政府采购的历史显现出政策化、规制化与商品化交替演进的过程。

绿色采购政策正是环境政策和采购政策两者相结合的产物。特别值得注意的是：美国联邦采购的政策化阶段（1933~1993年）与美国20世纪60年代环境运动的爆发期及70年代环境政策的密集出台期正好存在重叠，这一时期的环境政策和采购政策对于绿色采购的立法、行动和程序产生了重要而且深刻的影响。

[①] Joshua I. Schwartz, "Learning from the United States' Procurement Law Experience: On 'Law Transfer' and Its Limitations", 11 *Public Procurement Law Review* (2002), P. 124.

第二章

美国联邦政府绿色采购立法

　　法律是社会公认的规则，是社会治理的主要工具。法律首先是设定义务，要求人们去做或不做某种行为，而不管他们愿意与否。① 从规则的内在性来看，任何规则都是人们自觉遵守的行为标准。立法，即承认规则的过程是法律制度的最基础的层面。政府有权制定权威性的法律，并用国家力量来支持法律的实施。立法的推动主要由政治家、公务员和其他权威人士进行。立法的结果成为公共权力直接影响企业的行为和公民的生活。美国作为联邦制国家，国会和各州的议会分别享有联邦政府和州政府的立法权。本书中的立法特指美国联邦政府的立法。如无特殊说明，本书中的"法律"仅指经过国会参众两院批准、总统签署的以国家强制力保证实施的文件。美国联邦政府十分强调利用法律来调节经济和社会关系。就与环境有关的法律而言，法律调节维护及改善环境资源的成本分担以及收益分配。法律条款的不同设置，往往会给一些组织和个人带来更多收益的同时，增加其他人的成本。政府的权力和合法性常常被用来增进社会中个体或团体的利益，而不是更广泛的公共利益。

---

　　① ［英］哈特著，张文显等译：《法律的概念》，北京：中国大百科全书出版社，1996年1月第1版，第83页。

美国联邦政府绿色采购政策是环境政策与采购政策叠加的结果。相应地，绿色采购立法也由环境立法与采购立法两部分组成。其目标是通过联邦政府采购，实现保护环境的公共政策目标。由于美国联邦政府的采购经费来自于纳税人上缴的财政资金，故政府采购主体必须向公众保证税收资金的花费是节俭、合理、合法和诚实的。政府在合同中代表的是公共利益，政府采购活动中被赋予的专门权力也是为了最大限度地保护公共利益，而非政府部门或供应商的私利。为此，美国颁布和出台了一系列法律法规，以特定的方式和程序进行政府采购并严格管理政府采购合同。从根本上说，联邦政府绿色采购立法的基础是环境政策和采购政策，并以直接或间接地维护公众健康及有效利用财政资金为目标。

第一节　美国联邦政府环境保护立法

一、概　述

随着工业化的发展，资源和环境日益成为政府和公众所关注的问题。美国经历了从对自然资源的消耗、对自然环境的破坏到逐步通过立法进行保护的过程。从20世纪60年代开始，国会就颁布了一系列有关环境和能源的法律。[1] 这些法律使用联邦政府采购作为政策工具实现保护环境和节约能源的功能。例如，1969年颁布的《国家环境政策法》[2] 要求与所有"联邦政府显著影响人类环境有关的活动"必须提交环境影响评价。1970年的《清洁空气法修订案》[3] 和1972年的《控制水污

---

[1] JOHN CIBINIC & RALPH NASH, *Formation of Government Contract*, 3rd ed, Chicago, Illinois: Wolters Kluwer, 1998, P. 1450.

[2] The National Environmental Policy Act, 42 U.S.C. § 4332.

[3] The Clean Air Amendments of 1970, Pub. L. 91-604, 42 U.S.C. § 7401 et seq.

染法修订案》①要求美国联邦环境保护署(以下简称"环保署")列出破坏空气和水质的设备清单,而特定(比如,金额超过10万美元)的联邦政府合同的承包商必须保证不使用清单内的设备。1972年颁布的《噪音控制法》②要求联邦政府机构必须对达到一些低噪音条件的产品给予优惠。这些产品必须经过环保署的测试。而1975年颁布的《能源政策与节约法》③要求拓展了总统的权利,要求总统指令或协调政府部门开发关于节约能源和提高能效的强制性标准。这些标准应影响采购政策和采购决定。④这一要求后来被落实在《联邦采购条例》中。⑤1976年的《资源节约和能源法》⑥要求政府部门尽量采购使用再生材料的产品。

从资源环境经济学的角度分析,环境问题分为两个方面:资源稀缺和积累的污染物。为便于对环境问题的立法进行梳理,并与后文中绿色采购立法及行动相衔接,本书参照环境与自然经济学的方法对于环境问题进行分类⑦。

美国联邦政府关于资源和环境的法律不胜枚举⑧,本书仅对于联邦政府采购有直接影响的环境保护立法进行分析。联邦政府应对资源和环境问题的立法,受到政治、党派、利益集团、经济发展水平、技术水平

---

① The Water Pollution Control Act Amendments of 1972, Pub. L. 92 – 500, 33 U.S.C. §1251 et seq.

② The Noise Control Act of 1972, Pub. L. 92 – 574, 42 U.S.C. §4901 et seq.

③ The Energy Policy and Conservation Act, Pub. L. 94 – 163, 42 U.S.C. §6361.

④ 42 U.S.C. §6361 (a) (1).

⑤ FAR 23.203 (a).

⑥ The Resource Conservation and Energy Act of 1976, Pub. L. 94 – 580, 42 U.S.C. §6901.

⑦ [美]汤姆·蒂滕伯格著,金志农等译,《环境与自然资源经济学(第七版)》,北京:中国人民大学出版社,2011年12月第1版,第1~16页。

⑧ 对于美国环境立法的详细梳理,详见王兆旭《美国环保政策的立法沿革》、钟玮《美国的空气污染控制政策》、《美国谁污染治理的公共政策》及《美国环境保护政策中对危险废弃物的管理》,蓝志勇、孙春霞主编:《实践中的美国公共政策》,中国人民大学出版社2007年10月第1版,第234~318页。

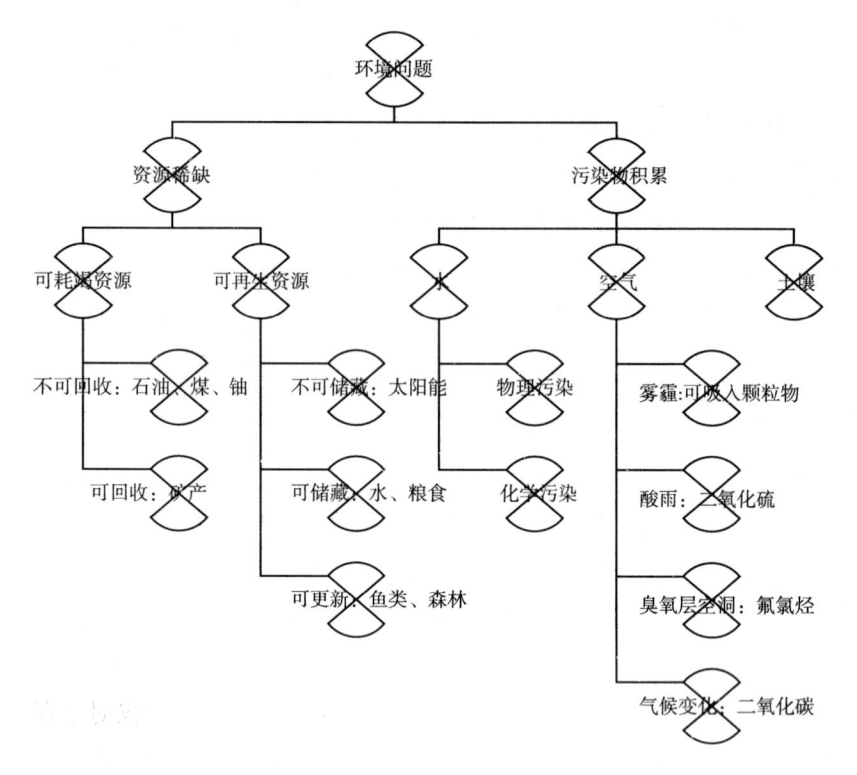

```
                          环境问题
                 ┌───────────┴───────────┐
              资源稀缺                污染物积累
          ┌──────┴──────┐        ┌──────┼──────┐
       可耗竭资源    可再生资源     水     空气    土壤
         │            │          │      │
    不可回收:石油、煤、铀  不可储藏:太阳能  物理污染  雾霾:可吸入颗粒物

    可回收:破产     可储藏:水、粮食  化学污染  酸雨:二氧化硫

                  可更新:鱼类、森林          臭氧层空洞:氟氯烃

                                          气候变化:二氧化碳
```

图 2-1 环境问题分类图

等多种因素的交叉影响，最终形成的法律也是各利益相关方博弈的结果。

二、美国联邦政府环境保护立法博弈的参与方

一部法律，从无到有，再到最后终结，要经历漫长的过程。查尔斯·琼斯（Charles O. Jones）对此进行了详细的论述，认为由以下步骤组成：观念的形成和定义；观念的集聚；组织；寻求政策的政治代表人；让政策议题进入决策议程；政策形成；合法化；资源配置；政策执

行；评估；改进或调整/终结。①

作者通过对联邦政府环境保护立法领域的研究发现，一些参与方在上述过程中发挥着重要的作用，但其相对重要性在立法的不同阶段是不同的：公民及环境保护组织主要在观念的形成和定义、观念的集聚和组织阶段发挥作用；环境保护组织和利益集团在寻求政策的政治代表人阶段发挥主要作用；政府的行政机构和国会的小组委员会在让政策议题进入决策议程阶段发挥主要作用；国会及小组委员会在合法化和资源配置阶段发挥主要作用；政府的行政机构在政策执行、评估、改进或调整/终结阶段发挥主要作用，见表2-1。

表2-1　　　　　　各类组织在立法中发挥作用一览表

	步骤	观念的形成和定义	观念的集聚	组织	寻求政策的政治代表人	让政策议题进入决策议程	政策形成	资源配置	合法化	政策执行	评估	改进或调整/终结
主要团体或组织	公民	●	●									
	环保组织	●	●	●	●							
	国会					●	●	●	●			●
	小组委员会					●	●	●			●	
	行政机构				●	●	●	●	●	●	●	●
	利益集团				●	●						

（一）公众及环境保护组织

公众参与政治过程是美国民主政治的本质特征之一。在影响公众生活的诸多问题中，环境问题之所以能够在20世纪60年代以来成为美国

---

① Charles O. Jones, "An Introduction to the Study of Public Policy", Wadsworth Pub. Co., Belmont, Calif, 1970.

公众一直关注的领域,并形成、定义并聚集对应的环保观念,是由以下几方面原因造成的。

第一,环境中容易感知的某些状况的恶化威胁了公众的安全感。人们在基本的生理需求得到满足之后,安全需求递进成为主要需求。当公众观察到视野中的森林和草场被损毁、河流和海洋中充斥着垃圾和油污、城市周围堆砌着固体废物、空气中弥漫着黄沙和雾霾、能源的价格持续上涨、食品和饮用水中含有大量化学品等现象时,他们会感受自身的安全受到了威胁。1965～1970年的盖洛普民意调查显示:认为空气污染非常严重的公众比率从28%增加到69%;认为水污染非常严重的公众从35%增加到74%。[①]与此同时,公众还发现个体的努力在这些问题方面无济于事,此时要求政府通过立法解决这类问题成为必然的选择。在同一项调查中,认为政府应该关注的三件大事中包括减少空气和水污染的公众从17%增加到53%。[②]

第二,对环境的期望值及衡量标准随时间的推移而提高。公众对环境的不满情绪来自于期望值与所观察到的实际环境状况的比较,因此随着时间的推移的期望值的提高会加剧这种不满情绪。有学者曾对于期望值的增长现象进行了绘声绘色的描述:100年前,美国白人毫无顾忌地消灭了整个印第安部落。今天,许多美国公民煞有介事地从鸣鹤、大灰狼和其他珍稀物种的潜在灭绝中寻找重要的政策议题。[③]

第三,环境问题总能以新的形式引起公众的关注。公共政策理论认为重要议题的兴趣涨落存在周期性变化规律。一个问题,源于它的固有属性以及通过媒体与公众的互动,可以分为五个阶段:前问题阶段、问题惊现与热情高涨阶段、困难与成本认知阶段、热情逐渐消退阶段、后

---

①② Riley E. Dunlap and Angela G. Mertig, eds., *American Environmentalism: The U. S. Environmental Movement*, 1970-1990, P. 91.

③ Anthony Downs, *Up and Down with Ecology: The "Issue Attention Cycle"*, The Public Interest, No. 28 (Summer 1972), pp. 38-50.

问题阶段。① 然而，环境问题与其他一次性或短时间危机的不同之处在于：它总能被注入新的内涵，从荒野、自然资源，延伸到空气质量、水质、职业健康与安全、工业污染、城市污染，再到臭氧层空洞、生物多样性、全球气候变化等一些已知的和潜在的影响人类健康和生存的一切外部因素，从而一次次地挑起公众的关注热情，即对前一个环境问题的关注尚未消退，后一个或几个环境问题又出现在人们的视野之中。

第四，尽管在决策过程中扮演一定角色一直是美国的传统，但人们不得不承认，政治过程不是没有代价的，而且在很多时候是昂贵的。因此，只有随着生活水平的提高、闲暇时间的增多，才能使公众参与政府决策的愿望成为可能。1980年的一项民意测验显示，7%的美国人自认为积极参与环境保护，此外55%的人表示他们认同环保运动的目标。②

然而，对美国这样一个大而分权的政治系统中，处理像环境这样的复杂问题，每名公民都有效地参与政治过程是不现实的。环保组织因此应运而生，除了少数像山峦俱乐部这样成立较早的组织外，多数环保组织是从20世纪60~70年代环境运动开始在美国各地涌现出来的，如国家野生动物保护联盟与地球之友等。③ 环保组织的数量从70年代初期的几百个增加到70年代末期的3000个。伴随着环保组织数量增加的是，一些重要的环保组织的人数的大幅度增加，在1970~1980年的11年时间，塞拉俱乐部的人数从11.3万人增加到16.5万人；全国也是动物联合会的人数从54万人增加到81.8万人；奥杜邦协会的人数则从12万人增加到40

---

① Anthony Downs, *Up and Down with Ecology: The "Issue Attension Cycle"*, The Public Interest, No. 28 (Summer 1972), pp. 134-135.

② Kirkpatrick Sale, *The Green Revolution: The American Environmental Movement*, 1962-1992, P. 44.

③ [美] 盖伊·彼得斯著，顾丽梅、姚建华等译：《美国的公共政策——承诺与执行（第六版）》，上海：复旦大学出版社，2008年5月第1版，第474页。

万人，增幅达230%。① 到21世纪初，全国性的环保组织的成员约有950万人，地方的人数则更多。② 伴随着环保组织规模的增大，是其专业性的增强，许多知名学者和各类专业人才参与其中，这使得他们在立法中的组织和寻找政治代言人等阶段得以发挥不可替代的作用。

（二）国会及小组委员会

美国联邦政府的权力被立法、司法和行政分支一分为三，任何一种权力都可以制衡另外的权力，也受到另外两种权力的制衡。而在每一个分支，联邦政府、州政府和地方政府则进一步分权。

就联邦政府环境保护的立法而言，特别是在立法的让政策议题进入决策议程及政策形成阶段，国会及其国会委员会或小组委员会无疑在其中扮演者最为重要的角色。

国会是立法的关键参与方。美国总统富兰克林·罗斯福在1937年的一次记者招待会上的讲话很好地诠释了主要由总统推动的政策和主要由国会形成的立法之间的关系："总统有义务提出建议，而如何处置建议则属于国会的特权。"③ 国会最关注程序合法性，并且就立法过程确立了详细的步骤。④ 一项议案通常必须得到小组委员会的通过、委员会通过，最后是众参两院辩论及表决、两院协商和总统签署等多个步骤才能成为法律。

常设委员会是国会中负责处理某一特定主题范围内的提案的一种正式委员会。目前，两院各有20个左右常设委员会。民主党和共和党各

---

① Kirkpatrick Sale, *The Green Revolution: The American Environmental Movement*, 1962 – 1992, P. 44.
② Christopher J. Bosso, *After the Movement: Environmental Activism in the 1990's*, in *Environmental Policy in the 1990s*, 3rd ed, Washington D. C.: CQ Press, 1997.
③ ［美］盖伊·彼得斯著，顾丽梅、姚建华等译：《美国的公共政策——承诺与执行（第六版）》，上海：复旦大学出版社，2008年5月第1版，第192页。
④ Walter J. Oleszek, *Congressional Procedures and the Poliy Process*, Washington D. C.: CQ Press, 1988.

自有一个资格委员会负责推荐常设委员会的推荐方案。每届国会成立之初，议员们首先向各自的资格委员会表达分配意向，然后由资格委员会起草并通过各委员会成员的候选分配名单，并将该名单提交两院协调委员会批准。各委员会中两党的比例，取决于两院中的多数党。常设委员会的职责是审核某一领域的立法议案，并为众议院或参议院提供建议。

事实上，国会的权力实际掌握在小组委员会之中。以下几方面因素使得常设委员会及其下设的各种小组委员会、特别委员会和协调委员会在立法方面拥有实质性权力：第一，什么样的领域能成为立法的重点领域？如果问题不能被提上日程，那么永远不会形成法律。国会在对一项议案进行辩论和投票之前，必须把一个社会问题作为政策制定系统的议程加以接受。小组委员会在让政策议题进入决策议程这一环节发挥着不可替代的作用。一旦被提上议事日程，该议题就正式进入了国会的立法议程，尽管这个议题可能仅仅是公众所关心的众多议题中的沧海一粟。第二，小组委员会经过一段时间拥有了某种专长，使得人们相信他们比整个委员会或者整个国会更胜任政策制定。第三，国会没有足够的时间、人员和精力制订大量理性的决策，使得接受小组委员会的决策可以减少立法工作量。正如美国总统伍德罗·威尔逊所说："国会开会不过是装装门面，而国会在委员会的房间里才正式工作。"[①] 第四，委员会可以通过不采取行动或者否决，使一个议案夭折。由于议员们来源、利益及关注问题的广泛性，提案要在有限的时间内得到大多数人的支持是非常具有挑战性的。美国国会议员每年都会提出上万件的议案，每届国会提出的提案如果不能在本届任期内得到处理就会自动失效，真正获得国会通过并经总统签署成为法律的仅占议案总数的5%左右。[②] 难度之

[①] ［美］伍德罗·威尔逊著，希龄、吕德本译：《国会政体：美国政治研究》，北京：商务印书馆，1986年3月第1版，第4页。
[②] 杨玲："美国国会的决策过程"，转引自蓝志勇、孙春霞：《实践中的美国公共政策》，北京：中国人民大学出版社，2007年10月第1版，第32页。

大使得立法的过程中充满了沟通、争论、妥协、博弈和交换，也使得小组委员会的议员们得以在其间纵横捭阖。

在环境领域比较重要的委员会及其小组委员会如下。①

参议院中的拨款委员会，及其下设的能源和水源开发小组委员会。

参议院中的财政委员会，及其下设的能源和农业税小组委员会。

参议院中的能源及自然资源委员会，及其下设的能源研究和开发；公共土地、国家公园和森林；矿产资源开发和生产；再生能源；能源效率和竞争性及水和电力小组委员会。

参议院中的环境保护与公共工程委员会，及其下设的净化空气和核管理；清洁水源、渔业和野生动物；储备、再利用和固体废弃物管理；有毒物质、研究和开发；水资源、运输、公共建筑和经济发展5个小组委员会。

众议院中的拨款委员会，及其下设的能源和水源开发小组委员会。

众议院中的能源和商务委员会，及其下设的能源和电力；健康和环境保护及监督和调查小组委员会。

众议院中的政府工作委员会，及其下设的环境保护、能源和自然资源小组委员会。

众议院中的农业委员会，及其下设的环境保护、贷款和农村发展；农产品；特别农作物和自然资源小组委员会。

众议院中的自然资源委员会，及其下设的能源和矿藏资源；国家公园、森林和公共土地及监督和调查小组委员会。

（三）政府的行政机构

行政机构是受立法机构委托监督美国经济活动的各个具体部门的总

---

① 吕其昌、汤磊磊：“美国国会各委员会职能介绍”，《国际研究参考》1993年第9期，第8~14页。

称,它通过制定行政法规、实施行政法规并通过行政裁决等手段贯彻国会通过的立法,因此通常被认为是法律的执行部门。然而,行政机构在环境立法中重要的作用也是不容忽视的。

首先,总统作为行政机构的最高长官,在立法方面被宪法赋予立法创议权和法案否决权。立法创议权指的是总统有权向国会提交立法建议并由国会审议,总统每年都要向国会提交有关环境方面的国情咨文,建议国会制定相应的环境政策。立法否决权指的是总统有权对国会两院通过的法案政策进行否决,国会两院一致通过的法案要经过总统签字才可以成为法律。总统可以通过否决文书或搁置来否决议案,除非参议院以2/3 的赞成票再次推翻总统的否决。除法定权力之外,总统还具有一项隐性的权力:说服力。美国政府机构的分立以及横向、纵向权力的分享,为作为美国最高行政长官的总统以其地位以及所掌握的资源说服议员们提供了更多的条件。

其次,就环境政策而言,如后文所分析,具有很强的技术性。仅仅有了民众、环境组织和政治家的关注,而没有具体的治理措施和选择方案,是无法形成法律的。解决一个环境问题,不仅需要民意基础,但如果解决它的议案庞大、复杂、晦涩并缺乏可操作性,将无法通过漫长的立法程序。议员们通常忙于树立公众形象、协调人际关系、建立政治同盟,缺乏足够的时间、精力和能力认真研究并仔细推敲、权衡立法的细节,使得好的立法意愿由于没有恰到好处地转化为切实可行的法律而无法实现。而行政机构,由于其掌握的强大行政资源,可以组织研究、咨询、听证、撰写、试行、修改等活动,因此在让政策议题进入决策议程和政策形成阶段掌握了很大的话语权。

从宪法的角度讲,行政机构并没有被赋予立法的权力,但是随着社会规模的日益扩大和复杂化,行政机构的权力也有所扩大,国家的具体治理和管理掌握在行政人员的手中,国会不可能亲自去关闭一家污染企业。据估计,国会每通过一项法律,联邦政府的行政机构便会宣布与之相关的二十多条规则或规定。① 不仅如此，行政机构可以通过参与立法来提升自身的利益。其主要利益是自身的生存和预算。未必是无限制地扩大预算，而是在预算规模扩大或缩小时得到公平的对待。行政机构有将政策转化为具体的可操作法律及行动的想法，通过国会委员会或小组委员会采取行动，使其想法付诸实施。

（四）利益集团

按照杜鲁门在《政治过程》中的定义，利益集团是指具有共同态度的集团，它向社会中的其他集团提出一定的要求。当它通过或者向任何政府机构提出要求时，它就变成了公开的利益集团。② 法律并不是抽象的事务。环境立法将现实地调整社会各成员在环境问题上的责任、权利和义务的分配。洛维（T. J. Lowi）发现美国从20世纪30年代到70年代政治的特点之一是多元政治和利益团体政治风行，中央政府强大且全面干预市场和社会。③ 比尔德在分析美国宪法时发现，强有力的利益集团必然要促使政府制定某种法律，以便它们得以继续其经济活动，从而实现其目的。④ 达尔也发现，比起权力精英，相互竞争的联盟和集团对政治决策有更大的影响。⑤ 在美国政治中，利益集团通过操纵媒体影响公众关注的议题，通过影响或游说政府官员或国会议员在寻求政策的政治代表人及让政策议题进入决策议程来推进或阻碍对自己有利或不利

---

① ［美］托马斯·R. 戴伊著，鞠方安、吴忧译：《自上而下的政策制定》，北京：中国人民大学出版社，2002年8月第1版，第178页。

② ［美］杰伊·沙夫里茨、卡伦·莱恩、克里斯托弗·博里克编，彭云望译：《公共政策经典》，北京：北京大学出版社，2008年7月第1版，第73页。

③ T. J. Lowi, *The End of Liberalism：The Second Republic of the United States*, 2nd ed, New York：Norton，1979.

④ ［美］查尔斯·A. 比尔德著，何希齐译：《美国宪法的经济观》，北京：商务印书馆，2010年11月第1版，序言第2页。

⑤ ［美］达尔著，范春辉等译：《谁统治——一个美国城市的民主和权力》，江苏：江苏人民出版社，2011年12月第1版。

的立法进程。这些活动不仅是合法的,而且被认为是有益的。正如约翰·卡尔霍恩在《政府专论》中所论述的:理想的统治应该能够应付所有的利益集团,因为他们代表着公民的合法利益。如果所有利益集团在某种程度上能够平等地参与到政策制定过程之中,那么,所有人的利益都将得到决策者的认可。①一些利益集团如石油、新能源、农业及工会集团与国会有密切的联系,不仅熟悉国会议员,而且有的与国会委员会的成员长期合作,为议员们提供资金支持,而国会议员们也力争符合利益机构的环境政策。利益集团正是通过这样的方式来影响美国联邦政府的立法进程。

在环境领域,以汽车、钢铁、石油、化工的行业巨头为代表的利益集团通常被认为是阻碍环境立法的绊脚石。事实也是如此,因为日趋严格的环境立法毫无疑问地会增加他们的环境治理成本。例如,卡特政府的能源计划在民主党占多数席位的国会似乎很容易通过。但是该议案却在参议院受到很大的阻力,原因是石油工业和产油州的势力在参议院更强大,参议院议员为了维护石油工业的利益而并不完全支持卡特能源计划。②

但是,有两方面的因素通常容易被忽视:一是环保问题催生了新兴利益集团。这些集团对于持续增长的反污染事业具有强烈的投资兴趣,有越来越多带有"生态"或"环境"字样的企业跃跃欲试地涉足这个新兴的行业。③新兴的环保利益集团同样会通过资本的力量影响立法,从而与阻碍环保立法的利益集团形成了制衡。二是绿色观念对传统利益集团的影响。从20世纪70年代以来,环保产品越来越受到消费者的欢迎,在市场上的竞争力逐步提升。在需求的引导下,许多传统企业开始

---

① [美]杰伊·沙夫里茨、卡伦·莱恩、克里斯托弗·博里克编,彭云望译:《公共政策经典》,北京:北京大学出版社,2008年7月第1版,第72页。
② 徐孝明:"石油危机与美国石油安全政策研究",《中国社会科学出版社》(2012),第208~209页。
③ 同①,第143页。

研发环保技术,从环境保护的反对者变成了支持者,几乎所有的企业都标榜自己是环境保护的支持者。从这个意义上说,利益集团及其利益也不是一成不变的,会受到价值观念以及公众需求的影响。

三、从美国联邦环境立法看环境治理体系的形成

从理论上分析,治理体系的形成有三种路径:自生、谈判以及强加。[①] 其中自生是指在没有人策划的情况下,人们在社会实践过程中逐步形成了与参与者预期一致的社会规范和惯例。谈判是指具有不同利益诉求的参与者通过协商和妥协达成一致的协议并从协议中获利。强加是指部分参与者将其偏好强加于只能听从权势者摆布的其他参与者。

在现实中,治理体系的形成往往是上述三种路径的混合体,只是在不同的国家或者同一国家的不同时期中,三种路径所占的比例不同而已。在传统社会中,自生的成分居多;在现在民主社会中,谈判的成分居多;在现代专制社会中,强加的成分居多。在美国联邦环境立法的治理体系中,三种路径都有所体现,但从宏观上和整体上看,以自生路径为主;从微观上即具体法律的制订过程上看,以谈判路径为主。

(一)美国联邦环境立法宏观上的自生路径

美国联邦环境的法律多如牛毛,所管辖的范围、治理的手段、实施的主体、监督的方式各不相同,没有表现出连贯性、一致性和明显的规律。经分析发现,这是由于环境立法体系中在宏观上的自生路径,即缺乏"顶层设计"造成的。而进一步分析缺乏顶层设计的原因,则是由环境问题的技术复杂性以及人们认识环境问题需要长时间的过程所导致的。

---

① [美]奥兰·扬著,赵小凡、邹亮译:《直面环境挑战:治理的作用》,北京:经济科学出版社,2014年6月第1版,第8页。

如前文所述,环境问题经过层层分解,主要包含能源、资源、水、空气、污染物等具体问题,而每个具体问题的成因和所涉及的技术属性是十分复杂的,这就决定了管辖相关问题的法律没有通行的模式,只能一事一议地处理。

能源是最重要的资源之一,能源一旦被利用,就耗散为热能,无法再回收利用。美国的主要能源来自石油、天然气、煤和铀。它们都属于不可回收资源。

金属等矿产资源在使用过程中能保持其基本物理属性和化学属性不变,而且在一定条件下可以再回收利用,因而被称为可回收资源。通过回收利用可回收资源,可以减少矿产的开采量和处置废弃物的负荷,相当于增加了资源总量。

水的问题分为数量问题和质量问题。在数量方面,水的有效供应有两个不同来源:地表水和地下水。根据联合国环境规划署的报告,全世界可利用的水资源中,90%是地下水,其中只有2.5%可以得到补充,而其余的都属于可耗竭资源。[①] 由于地表水和地下水分布不均,很多地方都存在水资源短缺。在质量方面,一旦化学物质、放射性物质或者细菌进入到供水系统,就会造成污染,使水失去饮用、浇灌或其他功能。

污染物,是指排放到空气、水或土壤中并改变它们物理或化学性质的废弃物。废弃物的排放数量造成了对环境的压力。压力的大小取决于环境吸收和消化这些废弃物的能力。如果排放的废弃物超过了环境的吸收能力,污染物就会在环境中积累。

在工业化的不同时期,产业结构、产品类型、生产工艺和技术水平的不同导致上述问题有各自不同的表现形式。同时,无论是能源和资源从发现到耗竭,还是污染物从排放、积累到为公众所关注,为科技工作者、经济学家和法学家研究并提出系统性的解决方案,都是需要时间

---

① "UN Environment Programme", 2002.

的。而不同的环境问题发生时间的不同,决定了治理该类环境问题的立法是采用出现问题、解决问题的自生路径,而无法事先设计出一劳永逸的解决方案。

(二)美国联邦政府在微观上的谈判路径

关于立法的主导权,理论上存在不同的解释。多元主义理论假设政府政策的制定被分割成大量不同领域,在某一领域有权势的利益集团或个人不一定在其他领域有权势。利益集团像在市场中一样竞争,政府充当裁判的角色,并通过公共法律执行胜利的结果。精英主义理论假设存在一批权力精英,控制着公共政策的制订,并在过程中实现自身的利益。而政府中心主义理论,把国会或行政机构放在比利益集团更重要的位置。三种方法都提供了大量的证据以支撑其观点,因而也在特定的领域具有一定的解释力。对于具体一项环境立法,作者发现政府中心主义理论的解释力最强,即行政机构在环境立法中发挥的作用最大。原因有两个:一是行政机构与公众接触密切并且直接为公众提供利益,因而通常是推动政策变革的最活跃因素。它们比其他参与者具有更多的知识和其他立法资源,因而也具有了比其他参与者更强的谈判能力,因此得以按照自身偏好编写法案的条款。二是行政机构还具有详细阐述国会立法以及评价每项政策领域执法情况的自由。行政机构可以通过驱动国会的议程、推动立法并获得利益。当然,国会反过来也可以影响行政机构的议程。

与环境相关法律、法规、行政命令的形成、制定与执行的结构非常复杂。在行政机构,与绿色采购有关的法律主要由三个行政机构和一个组织推动,分别是:能源方面的立法主要由能源部负责推动,可回收资源的立法由农业部推动,水、空气和污染物方面的立法由环保署推动,另有绿色电器委员会(GEC)推动 EPEAT 项目,具体内容详见本书第四章。

这种由不同的组织相互封锁了法律的制定与执行的方式被称为

"栅格锁",主要发生在20世纪80~90年代,导致政策之间彼此孤立、缺乏协调性和整体性。

进一步研究发现,美国这种缺乏中央控制的权力分配模式是刻意设置的,这与美国建国以来的理念有关:削弱、分散中央政府的权力。正如路易斯·布兰代斯在1926年梅尔斯诉美国（Myers v. United States）中所说:1787年宪法采用权力分离原则的目的不在于提高效率,而在于阻止专断权力的行使;不在于避免冲突,而在于利用随政府权力分配而产生的不可避免的冲突,使人民免于独裁政府之苦。这种分权模式的优点在于:更多的组织和个人参与决策制定可以减少犯错误的机会。一项提案要成为法律,需要通过冗长的立法程序,其过程中得到充分的论证、修改、补充和完善,提高立法的质量。但是,这种缺乏协调和一致性的政策也并非没有代价。立法程序参与者的增多意味着否决立法比通过立法要容易得多,一些好的想法由于利益集团的阻碍或者没有得到公众的理解而难以形成法律,创新变得十分困难。

四、从美国联邦环境立法看环境治理体系的发展

治理体系建立起来之后,并不是一成不变的。对于治理体系的变化规律,有学者总结出渐进式发展、间断平衡、发展停滞、发展方向转移以及瓦解等不同的模式。① 作者通过研究发现,美国联邦环境立法的演变主要体现为渐进式的发展规律。

美国联邦的立法系统是高度政治化的。美国宪法中规定了立法的批准和生效程序,但没有提及从提议到批准的程序。目前的程序是在长期实践中逐渐形成的。一份立法建议从酝酿提出到最后通过要经过许多烦

---

① [美]奥兰·扬著,赵小凡、邹亮译:《直面环境挑战:治理的作用》,北京:经济科学出版社,2014年6月第1版,第10页。

琐的程序,包括提交提案、委员会审议、辩论与表决、两院协商与总统签署等几个主要阶段,绝大多数立法建议都会在这一过程中被搁置或否决。要使得立法建议获得最终通过,需要将大量不同的机构和各级政府联合起来。如果一项法案不能达成广泛共识,那么立法者的意图无法真实地体现出来。各个机构在法律制定和执行过程中很容易形成政党联盟,这一联盟的结果之一就是有利于渐进式的改革。真正能够推动立法的与其说是技术专家,不如说是懂得决策过程并使其过程达到理想目标的政治家。

环境立法通常涉及税收及公共支出的增加,这势必牵涉到许多有各自不同目标和信念的人和许多利益集团。最终达成的方案是他们各自看法的妥协,可能不符合任何一个人的观点,但又是每个人必须接受的结果。在冗长的立法过程中,立法建议必须解释和"销售"给投票人,所以最后出台的法律是投票人能接受的方式,而未必是以具有前瞻性的技术专家和政治家认为合理的方式设计。

五、美国联邦政府环境立法中的利益均衡

环境问题涉及空气、水、能源等公共资源,许多问题需要站在整个国家的高度寻求解决方案。然而,出于长期以来各州、地方政府以及社会公众对于联邦政府权力扩张的担忧,以及美国政治中反对中央集权的价值观使得联邦政府采用集权、计划、理性的方法对于许多政治家和公民来说是不可接受的。出于制度和意识形态的原因,美国联邦政府只能采取渐进的方式扩大其权力,而非从一开始强行使用一种全面的框架或者一套设计的观念。通过对各项立法中具体措施的研究,发现联邦政府最初的立法无一例外地采取了联邦政府给予州政府财政补贴的方式取得"话语权",当联邦政府在环境问题上具有足够的影响力,并且实践证明各州分别治理污染收效甚微时,联邦政府统一管制的方法则成为必要

和可能。之后随着市场经济和相关经济学理论的发展，公共部门诉诸于市场的税收、罚款及许可证交易等措施被逐步引入，当所有的措施都无能为力时，通过立法对公民进行教育也一直作为长期的、辅助的手段在发挥着作用。通过下面的分析，可以看到围绕能源、空气和水等环境问题，联邦政府、州政府、利益集团和社会公众的博弈过程，以及相应措施的经济分析。

（一）天然气

1938年通过《天然气法》开启了能源管制的先河。根据该法，联邦能源委员会（Federal Power Commission，FPC）转型为联邦管理机构，负责维持"公平的"价格。限价措施是政府采用直接管制的办法控制天然气价格，这使得价格失去了作为调节供需的信号和手段的功能。因法律原因，价格控制只针对跨州运输的天然气，在州内生产和销售的天然气则按市场定价。在需求方面，较低的价格会使得资源更早地被消耗光。在代际公平方面，限价措施使得原本应由后代使用的资源过早地被当代人使用了。在供给方面，当生产者的边际成本上升到价格限制，就会放弃生产，无论是否存在需求。需求和供给两种因素共同作用的结果是，在新技术尚未开发出来就过渡到了替代能源。由于价格控制引发出的诸多问题，国会经过长时间的争论后，于1978年通过了《天然气政策法》（Natural Gas Policy Act），放弃了工业用天然气平均成本定价法，并对州内天然气也采取价格控制措施，直到所有价格控制都取消为止。1989年，乔治·H. 布什总统签署法案，分步取消所有天然气价格控制。到1993年1月，天然气价格控制彻底取消。[1]

---

[1] ［美］汤姆·蒂滕伯格著，金志农等译：《环境与自然资源经济学（第七版）》，北京：中国人民大学出版社，2011年12月第1版，第156~160页。

（二）可回收资源

随着资源的减少和人口的增加，原生材料的成本和废弃物的处置成本随之上升，回收资源的吸引力得到提高。当然，回收利用资源也是有成本的。收集、分类和处理废品都需要较高的劳动力成本。此外，运输和处理成本通常也比较高，特别是在没有形成规模经济性的时候。对原生矿产征税以及对废品回收利用给予补贴，可以促进废品的回收利用。

1965年《固体废弃物处置法》（Solid Waste Disposal Act）开创了联邦政府对各州和地方政府的城镇固体废弃物处理示范项目进行小规模技术和资金援助的先河。1970年《资源再生利用法》（Resource Recovery Act）由对1965年《固体废弃物处置法》修订而成。该法对于资源再生利用进行了定义：是指从固体废弃物中回收利用原料或能源的再利用过程，目的是充分利用其经济价值、环境价值和社会价值。1976年《资源保护与再利用法》（Resource Conservation and Recovery Act）要求政府部门尽量采购使用再生材料的产品。

（三）排污标准

按照经济学理论，解决企业排污的办法之一是对每个单位的排放物附加某种税或费（庇古税），将单位排放物所产生的边际损害作内部化处理。这种措施虽然在理论上很明确，但在实践中很难执行。原因在于信息成本过高。政府缺少企业控制成本以及破坏造成的实际损失方面的信息。

影响排污的主要立法是1976年的《资源保护和恢复法》，该法1980年被重新授权发挥作用。它们要求环保署判定哪些化学物质有害，以及如何处理，如何建立授权系统确保有害化学物质得到妥善处理。这样要求政府确定排放标准的强制办法可操作性更强。然而，按照经济学中费用有效性的原则，应当只针对每种污染源分别设定允许排放污染物数量的法定限制,即对每个污染源制订个别的标准。但是放在整个排放体系内,这种做法会使得相关的交易成本过高,法律政策的制订实施时间过长。因此在普遍性与特殊性的权衡之后,环保署大都采取了为更大范围内的污染源制定具有普遍意义的标准。虽然在不同类别的污染源之间,理论上的排放标准应该有所不同,但制订能适用于每种类别中大量污染源的标准的做法显然更有效率。即便如此,由于该项任务的复杂性,以及操作时不具有优先权,导致相应的管制条例于1980年才得以颁布。工业界的利益集团认为管制标准过于苛刻,而环保主义者则认为太宽松。由于卡特总统即将离任,有毒垃圾才开始成为环保署高度优先的议题。而1981年上任的里根政府成立不久就抨击该法具有过度管制的特征。管理与预算办公室挟持《减少文牍法》的权威和放松管制的行政令,力图去掉《资源保护和恢复法》中的一些要求报告和审批的事项,遭到了环保署和环境保护组织的反对。

(四) 水

美国联邦政府对于水污染的立法早于空气污染,原因是宪法中联邦政府对航行河道的管制的条款为水污染立法提供了法律基础。

1956年《水污染控制法修正案》和1965年《联邦水质法》将防治水污染的主体立足于各州,但由于各州竞相吸引工业发展经济的需要,没有动力执行污染标准以净化水质,导致这两部法律收效甚微。直到1972年《清洁水法》修订了《水污染控制法》并制定了全国性的标准,授权环保署规定污染物排放量,并监控技术标准的执行情况,局面才有所改观。公众认为保持清洁水、控制污染排放十分重要,但这些控制措施是有成本的,尤其是这些成本如果由利益集团来承担,则会受到抵制和阻挠,这使得环保署没能在国会规定的最后期限完成减排任务,没有哪一项标准能在规定期限内达标。标准一面世,立即会遭遇法律上的挑战。截止到1977年,已经发生过250起挑战排放标准的案例,要求环保署修改排放标准。① 《1977年水污染控制法修正案》遇到的形势有所好转。原因在于有毒物质的危害性为公众所认知和恐惧,因而针对有毒物质制定更加严格的排放标准所遇到的阻力较小。然而,修正案没有制定出成本—效益的核算方式,使得难以确定防治污染的责任分配方式,也阻碍了技术的发展。受利益集团的影响,20世纪80年代开始了减少水体污染的成本—效益比较的持续争论,阻止了《清洁水法》在到期后重新获得授权。直到《1986年水污染控制法修正案》和1987年《联邦水质法修正案》的颁布,才标志着控制水污染的力量重新占了上风。

(五) 空气

在美国工业大发展时期,获得并维护清洁空气是一项艰巨的政策任务。对此问题的政策反应一直在演变。1955年《空气污染防治法》主要内容是对空气污染方面的研究给予补贴。此后10多年的立法主要是对研究工作的补贴以及说服各州加入对空气污染的管制。此后,1963年《清洁空气法》,同1956年《水污染法》类似,是依靠会议、自愿来执行的,也同样无法取得太大的成效。

20世纪70年代之前的立法未能有效地控制和消除空气污染,主要原因是:缺乏有效的管理体制,州政府和联邦政府在法律执行问题上存在较大分歧;州政府和地方政府对空气污染问题持消极态度。因为担心对工业污染源施加严格管制会导致本州的经济和就业处于劣势,每个州都不愿率先采取实质性的行动。

直到1970年,联邦政府发现这类举措收效甚微后,通过了《1970年清洁空气法修正案》,联邦政府随之发生了更大的作用。包括成立环保署,职责是执行并监督任何将废弃排入大气的企图。最初,标准污染物,即传统的、浓度高时才会产生危险的普通物质是空气污染防治的重

---

① *Freeman*, 1978, P. 46.

点。环保署负责定期更新污染物的清单，并为标准污染物建立可接受的排放标准。修改后的标准取代了1965年《机动车辆空气污染控制法》中的相对宽松的标准。确保空气质量达标的主要职责由各州负责，建立具体的执行计划。一种物质一旦被列入清单，环保署必须以最快的速度（180天）开始行动，要么开始管制行动，要么在发现证据暂时不能证实其为有害物质时将其从清单中取消。该法要求新排放标准要使得排放量降低到未管制水平的90%以下。1975年的碳水化合物和一氧化碳、1976年的二氧化氮必须达到减排目标。

美国国会希望通过强硬的法律推动技术进步。使得修正案中的标准在企业看来过于非常苛刻，但各类因素延缓了其实施的速度。首先，当时没有成熟的技术，导致减排的成本高昂；其次，污染控制技术存在副作用，会形成新的污染物；最后，对污染的控制导致汽油公里数的减少，即能源消耗的增加，让公众和政策制定者看到了能源问题和污染问题的矛盾。但是，排放标准后来在汽车制造商的努力下一再被延迟。[1] 最后，汽车生产厂大体满足了环境标准。公众和国会继而提出进一步减少汽车排放的要求，这些要求理所当然地遭到了汽车厂商的激烈反对。结果同水污染治理情况类似，在激烈的争论声中，1977～1990年空气污染的法律没有修改。

立法的僵局在1990年被打破，1990年的《清洁空气法修正案》的812节要求环保署对1970～1990年美国实行的空气污染控制政策的收益和成本进行评估。收益包括死亡率、呼吸道及心脏病等发病率的降低；能见度和农业生产率的提升以及对建筑物破坏的减少。成本包括购买和运行环保货物和服务的成本以及与设计、实施和监督有关环境法规有关的成本。最终评估的结果是，效益远远大于成本，净效益为21.7

---

[1] [美]汤姆·蒂滕伯格著，金志农等译：《环境与自然资源经济学（第七版）》，北京：中国人民大学出版社，2011年12月第1版，第441～442页。

万亿美元。① 修正案的内容主要有：控制氟氯烃的使用以保护臭氧层；减少二氧化硫和氮氧化物的排放以减少酸雨；进一步减少汽车排放，并要求炼油厂提供更加清洁的燃油；进一步限制有毒污染物的排放。环保署有权监督焦炭厂、钢铁厂及干洗店排放的200种物质，有权要求使用新技术来限制排放。

关于臭氧层的消耗，各国1990年在加拿大蒙特利尔签订了蒙特利尔议定书（Montreal Protocol），要求氯氟烃的生产和消费水平到1999年削减一半，协议的参加方都达到了目标。

关于可吸入颗粒物，《清洁空气法》及其1990年修正案虽然降低了污染，但是存在争议。争论的焦点是降低可吸入颗粒物的成本与人们健康的收益的计算。尽管在多数情况下，成本远远超过收益。但在工业界利益集团和环保主义者的争论中，起初犹豫不决的克林顿政府，最终还是支持有力的管制。可能的原因是：环保主义者的压力是近在眼前的，而工业界预测的对于经济的不利影响，要多年后才能发生。

关于温室气体问题，科学界和经济学界都存在很大争议。1992年，各国在里约热内卢签订协定，发达国家承诺将排放降低到1990年的水平。1997年，又在东京评估进展，发现没有国家实现目标。克林顿政府承诺降低温室气体，最容易和最有效的办法是征收碳税或能源税。政府在1993年提出这类税，但遭到强有力的天然气、煤炭和石油利益集团的反对，并遭到彻底失败。②

总的来说，《清洁空气法》取得了一些成效，全国平均水平有所降低。但仍然有许多地区没有达标。原因在于，空气质量问题十分复杂，空气污染水平的变化除了与法律控制有关，还会受到经济环境的变化、

---

① U. S. Environmental Protection Agency, The Benefits and Costs of the Clean Air Act, 1970–1990.
② [美]约瑟夫·E·斯蒂格利茨著，郭庆旺、杨志勇、刘晓路、张德勇译：《公共部门经济学（第三版）》，北京：中国人民大学出版社，2005年5月第1版，第198页。

气候变化等因素的影响。

六、环境问题的治理措施逐步市场化

社会如何应对这些环境问题的挑战，主要取决于个体（公民）和群体（企业、组织等）的行为。市场经济的作用是基于对环境问题的理解，设计出激励机制，从而协调经济发展和环境保护的关系。合理的激励机制引导市场所需的资源有效配置，使之服务于可持续发展。正如比尔德所说，经济力量是原始的或根本的力量，而且比其他的力量更足以解释事实。[①] 如果立法时忽略经济因素，可能会导致法律被束之高阁，造成无法弥补或者代价过高的损失。尽管上文分析过（行政机构的）权力在治理体系中谈判路径方式中的重要性，但一个不容忽视的事实是：经济学以及相关学科理论的发展对于环境立法，特别是环境问题治理措施的影响也是十分巨大的。

从经济学的角度来看，环境问题是由于外部性造成的。其中，负外部性，是指一个人或一家企业的行为，给其他人或企业带来成本，却不加以补偿；正外部性是指一个人或一家企业的行为，给其他人或企业带来了利益，却得不到报酬。[②] 由于外部性的存在，资源无法在市场中得到有效配置。负外部性使得个体不用承担自身所从事活动的全部成本，使得这类活动过多；反之，正外部性使得个体不能享受自身活动的全部利益，此类活动就会过少。正、负外部性都会导致市场失灵。

造成外部性的重要原因之一是共有资源问题，即获得公有的稀缺资源的活动不受限制。

---

① ［美］查尔斯·A·比尔德著，何希齐译：《美国宪法的经济观》，北京：商务印书馆，2010年11月第1版，序言第2页。
② ［美］约瑟夫·E·斯蒂格利茨著，郭庆旺、杨志勇、刘晓路、张德勇译：《公共部门经济学（第三版）》，北京：中国人民大学出版社，2005年5月第1版，第69页。

对于资源和能源问题,美国最初奉行"守夜人"原则,寄希望于通过私人市场自行解决。在美国建国初期,市场在配置天然气、水资源过程中发挥着重要的作用。但是对能源、空气、水等公共资源,都因市场失灵而会被过度使用。在污染方面,因为外部性的存在,导致对于企业来说最合算的做法对社会来说是不合算的。即由社会承担了污染物排放者应当承担的成本。在没有政府干预的情况下,市场会导致商品过量生产,从而堆积大量的累积型污染物,给后代造成更大的负担。污染的成本无法在产品价格中体现。如果个别企业试图防治污染,那么防治的附加成本将使其竞争力低于不自觉的竞争对手。因此,常规市场不能产生有效的污染防治水平。

解决公共产品和外部性问题,在经济学方面可以分为通过私人市场和通过公共部门解决两大类办法。其中通过私人市场的办法又可细分为以下三类:

第一,将产权配置给个体。在经济学上,产权是指一整套定义所有者使用资源的权利、特权以及限制的约定。[①] 通过产权的适当安排实现外部性的内部化,形成充分规模的经济单位,使得大部分结果发生在特定单位的内部。如果一种资源产权关系定义明确,那么其所有者就会有很强的动力有效地利用和使用这种资源,使其保值增值。同时,当产权明晰并且可以在市场中交换时,这种交换有利于提高效率。

第二,通过集体协商解决。排他性是指拥有和使用资源而产生的所有成本和效益仅由所有者承担,是有效的产权结构的主要特征。然而,排他性在很多场合并不存在。于是产生了共有财产资源制度,即共同管理而不是私人管理资源的制度。当共有资源的产权无法单独配置给个人时,所牵涉的各方可以集中在一起,通过协商进行某种安排,实现外部

---

① [美]汤姆·蒂滕伯格著,金志农等译:《环境与自然资源经济学(第七版)》,北京:中国人民大学出版社,2011年12月第1版,第67页。

性的内部化以确保效率。这就是科斯定理。① 共有财产资源制度的效率和可持续性是不同的，取决于集体决策中所产生的规则。一般来说，共有财产制度不成功的例子远多于成功的例子。例如，1956年《水污染控制法》允许"执行管制会议"，即对污染水体感兴趣的政党团体召开会议讨论污染问题，但这一早期的治理污水的法律没有起到实际效果。

第三，通过司法判决解决。个体之间，如果某人的生产或生活由于他人对自身产权的破坏而受到伤害（包括经济成本的增加），那么可以诉诸司法要回应得的产权。科斯认为：只要协商的成本可以忽略不计，法院可以将权利授予任何一方，结果都会产生有效配置。法院判决的唯一影响就是改变了成本和收益在各方之间的分配。② 类似地，如果有人破坏了自然资源，政府作为受托人有权利起诉这些损害，并将赔偿用于修复。

然而，美国20世纪70年代之前的环境保护实践表明，上述通过私人市场解决办法的效果通常是有限的，原因来自以下几个方面：

空气、水等自然资源属于公共产品，具有非排他性，排除任何人使用这些产品的代价非常高昂。

信息不完全，个人因外部性受损而应获得的补偿金额难以确定，使得自愿达成有效率的解决方案十分困难。

将个体集中在一起协商的是有成本的，这种组织服务本身又形成了一个公共产品。

司法程序时间长、费用高、结果不确定。更重要的是，富人和穷人使用司法程序的能力存在巨大差距，使得这种方式与社会中普遍的正义观形成冲突。当情况普遍、争议数量很大时，应当通过法律法规而不是司法程序来纠正无效率现象。

对于环境问题，由于外部性的存在以及私人市场在解决外部性问题的

---

①② R. H. Coase, *The Problem of Social Cost*, Journal of Law and Economics 3, 1960, pp. 1–44.

局限性，使得公共部门解决环境外部性问题成为必要。于是，政府开始扮演越来越重要的角色。政府的任务是帮助私人部门把污染控制在有效水平，使得私人在行动时承担对他人的影响。政府的办法也可分为三类：

第一类是直接管制，如制订强制性的标准，是政府最习惯于采用的办法。管制的优点是确定性大。如果企业被禁止排放超过一定水平的污染物，那么人们就知道最大的污染水平是多少。管制的缺点是不同企业减少污染物排放的边际成本不同，管制没有对能够进一步降低污染物排放的企业提供激励。

第二类是基于市场的解决办法，这也是大多数经济学家所推崇的办法。通过影响激励来保证有效的产出，包括罚款、税收、补贴、绿色政府采购和可交易的许可证。

对于污染企业来说，私人成本与社会成本、私人收益和社会收益之间存在差额，通过罚款可以让企业承担真实的成本、获得应得的收益。当罚款使得私人边际成本等于边际社会成本，边际私人收益等于边际社会收益时，这种罚款也被称为矫正税或庇古税。多数人相信，企业需要被迫才能创新。因此使用基于市场的解决方法可以直接解决所关注的污染水平问题，推动企业创新，如采用污染更少的新的生产方式，或者以较低成本治理污染的新技术。罚款制度的缺点在于：政府难以确定企业选择的排放水平。如果污染水平太高，政府只得提高罚款，但是找到适当的罚款金额需要较长时间。新的环保技术和环保产品，由于在产品整个生命周期的诱导期，没有达到规模经济性，而且使用这类产品具有正外部性，于是增加了环保产品的购买者额外的经济负担。为此，政府补贴成为纠正这种正外部性的措施之一。如《国家能源保护法》（1978）创建了对节能技术进行补贴的项目。

绿色政府采购制度是本书研究的重点。它利用联邦政府自身的采购行为来影响和引导市场，具有规模效应和乘数效应，从而增加绿色产品的供给。最早对联邦采购有直接影响的环保立法是《1975年能源政策与节约法》，建立了自愿性的产品的能效标准，并在1978年的修订案中升级为强制性标准。类似地，《1976年资源保护和恢复法》①，为联邦采购含回收或再生成分的产品设定了要求。此后，陆续颁布的环境法律成为政府绿色采购行动的主要法律基础，如：1990年《清洁空气法修正》（P. L 101-549)、1992年《能源政策法》（EPACT 1992，P. L. 102-486)、《农场安全与农村投资法》（P. L. 107-171)、2005年《能源政策法》（EPACT 2005，P. L. 109-58)、2007年《能源独立和安全法》（EISA，P. L. 110-140）等。

可交易的许可证制度近年来的使用程度不断提高。由于政府只关心总污染排放量的减少，于是政府可以设定总的减排目标，允许企业进行排污许可证的交易。如果企业降低污染的边际成本高于许可证的市场价格，企业就会购买许可证；反之，就会出售许可证。市场均衡的结果使得每个企业的减排边际成本等于许可证的市场价格，从而通过市场机制保证了减排的经济效率。许可证制度的缺点有两个：一是初始安排的确定，涉及到公平性问题；二是该制度只在污染源的地理位置没有差别的地方效果良好。

第三类是信息披露，即通过公众的压力来约束个人和企业的行为。在某些领域，政府试图采用另一种方法，即关注公众的压力，而不是政府看得见的手来促进污染企业的自律。信息披露制度的成本难以衡量。环保署的一项调查显示，公众对环境危险的错误认识程度令人担心。科学家和非科学家分别对不同的危害环境的物质进行排序，得到的两组数据几乎完全不相关。这三种措施在20世纪70年代以后的环境立法中都得到了不同程度的采用。如1986年的《超级基金法修正案》要求有毒化学物的制造商监督化学物质的种类并公布这些物质。

---

① P. L. 89-272.

七、美国联邦政府通过环境立法扩大了的自身权力

环境问题能够成为美国联邦立法的重要领域,除了公众的持续关注外,还有另外两个原因:第一个原因是解决环境问题不需要成立新的机构。由于国会通常不支持行政机构拓展新的公共部门,这使得一个新的问题看上去越像一个旧问题,它就越有可能被提上政策议程。从19世纪的垃圾倾倒问题直到今天的温室气体排放,问题的内容其实已经有了天壤之别,但它们一同被归类为同一领域的"环境问题",并且由环保署这同一机构负责防治,使得相关的立法容易被通过。第二个原因是相关政府部门可以通过立法扩张自身的权力。

美国的环保署、能源部及农业部是与环境政策联系最紧密的机构。其中美国环保署和能源部的成立本身就是20世纪60年代环境运动大规模发展的产物。

美国环保署成立于1970年12月2日,由国会批准成立,主要负责维护自然环境,保护环境安全以保证人类健康不受环境危害影响,并且一直致力于营造一个更清洁、更健康的生活环境,是行政机构对环境立法最有影响的部门。通过空气、水等领域的环境立法,环保署获得了越来越大的权力来源,机构本身也得以不断扩张。从1970财政年度到2000财政年度,环保署的财政预算从1003984000美元增加到7562811000美元,增长了653%;同期雇员数从4084人增长到17726人,增长了334%。通过下面两张图可以直观地看到以环保署为代表的美国联邦政府行政机构的权力扩张情况。

伴随着预算和人员的增长,还有政府职能和权力的增加。1969年颁布的《国家环境政策法》奠定了联邦政府在解决环境问题方面的核心地位,赋予环保署等政府部门管制从国家到地方各个级别环境问题的

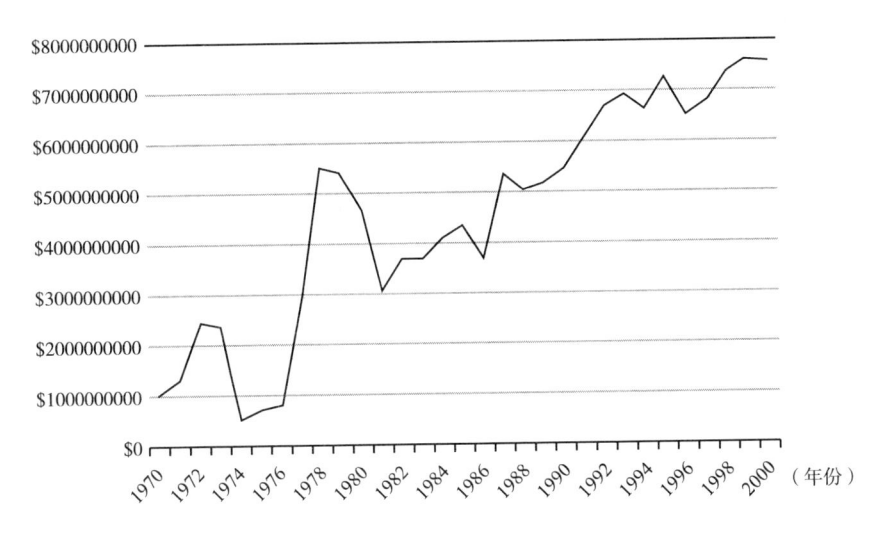

图 2-2　美国环保署年度预算变化图

注：单位为美元。

资料来源：美国环保署网站（http://www.epa.gov/）。

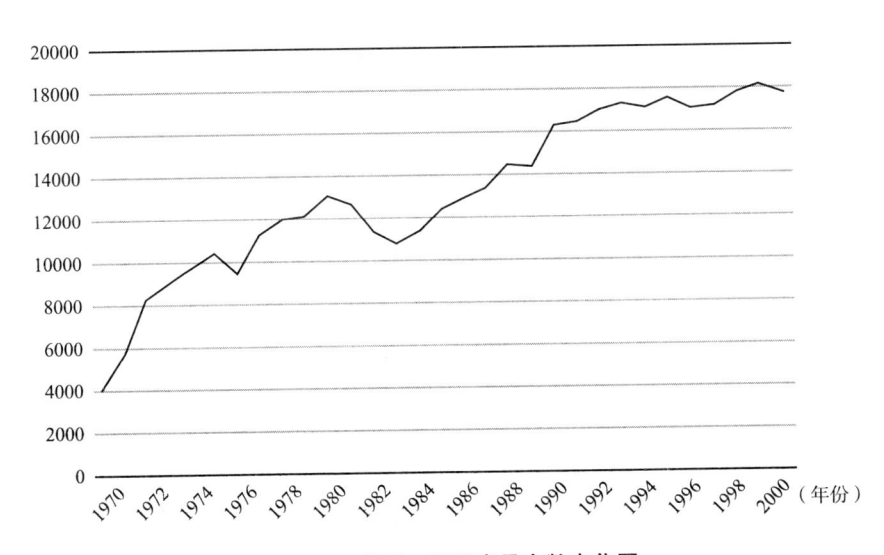

图 2-3　美国环保署雇员人数变化图

注：单位为个。

资料来源：美国环保署网站（http://www.epa.gov/）。

能力。① 目前环保署的职责包括，保护全人类健康及赖以生存的空气、河流和土地等自然环境，避免能源利益对环境造成的不利影响，贯彻并积极执行由国会颁布的环境法律法规，负责制定各种环境计划并且将此计划作为国家的标准来执行，从事环境研究或赞助环保项目，教育培养公众的环境保护意识和责任感，授权各州和部落颁布许可，监督并强制法规被遵守。环护署的监管措施影响能源的生产和开发，甚至很多规定直接影响能源活动。当有违反国家环境标准的情形发生时，环护署将予以制止。这些职能不仅构成了美国环境治理体系的支柱，而且改变了联邦政府与州政府在环境治理领域的权力分配。

第二节　美国联邦政府政府采购立法

美国政府采购经历了 200 多年的发展②，形成了目前世界上任何其他国家所无法比拟的空前广泛、复杂的法律制度体系。③

美国是联邦制国家，各州均具有独立的立法权。④ 严格说来，美国的政府采购应当包含联邦政府采购和各级地方政府的采购。从采购规模看，2008 财年美国联邦采购的规模超过 5000 亿美元⑤，

---

① ［美］奥兰·扬著，赵小凡、邹亮译：《直面环境挑战：治理的作用》，北京：经济科学出版社，2014 年 6 月第 1 版，第 112 页。

② 关于美国政府采购制度的发展历史，参见 James F. Nagle, *A history of government contracting*, Washington D. C.：George Washington Univ. Press, 1999.

③ 关于美国政府采购制度的广泛性和复杂性，参见 Joshua I. Schwartz, *Perspectives on public procurement reform in the United State*, Khi V. Thai & Gustavo Piga, *Advancing Public Procurement：Practices, Innovation and knowledge sharing*. Florida：PR Academics Press, 2007, pp. 177 – 201.

④ 曾尔恕、黄宇昕：《二十世纪美国联邦制的发展——以联邦与州的分权为视角》，《广东商学院学报》，2006 年 2 月 28 日。

⑤ 参见 The White House, Office of the Press Secretary, "Memorandum for Heads of Executive Departments and Agencies", 2009 – 03 – 04.

占美国政府采购总额的50%左右。① 从采购制度来看，联邦采购法律制度在各州的适用受到了宪法的限制②，而各州在制定州政府采购法律方面的做法又各不相同。③ 本书的研究范围仅局限于美国联邦政府的采购。在立法方面，美国联邦政府采购形成了一套成熟的法律制度体系。

一、《美利坚合众国宪法》为联邦政府采购提供的法律性安排

《美利坚合众国宪法》（简称《美国宪法》）1787年问世至今200余年来，虽然在运作中不断地得到修改和补充，但其所设置的基本原则和制度依然如故，表现出超强的稳定性。④ 美国宪法第六条第二款将其本身的地位表述为"国家的最高法律"。美国宪法以及国会通过的法律的效力高于其他一切法律、行政法规和规定，如果国会或者各州的立法机关制定的法律与美国宪法有所冲突的话，这些法律将被宣布无效。两个多世纪以来，美国联邦最高法院通过众多判例不断地强化《美国宪法》的权威性。以《美国宪法》为基础，后续出台的有关联邦政府采购的法律法规虽然数量庞大，但彼此之间仍能够得到很好的协调配合。⑤

在《美国宪法》的序言部分，规定其宗旨为：组织一个更完善的联邦，树立正义，保障国内的安宁，建立共同的国防，增进全民福利和

---

①② Joshua Schwartz（United States of America），Rozen Noguellou，Ulrich Stelkens，"Comparative law on public contracts"，Bruylant Bruxelles：[s. n.]，2010.

③ 赵谦：《美国政府采购的特点及经验借鉴》，《中国政府采购报》2011年4月28日，第94页。

④ 王莱宁：《美国宪法的历史解读》，《山东省青年管理干部学院学报》2007年第2期。

⑤ 赵谦：《美国政府采购的特点及经验借鉴》，《中国政府采购报》2011年4月28日，第94页。

确保美国人民及后代能安享自由带来的幸福。该宗旨成为美国联邦政府签发政府采购合同的权力来源和法律依据。

《美国宪法》第1条第10款规定，任何州不得通过损害契约义务的法律。① 宪法第四修正案规定人民保护其人身、住房、文件和财物不受无理搜查扣押的权利不得侵犯。这确立了财产权利至高无上、神圣不可侵犯的原则，加强了对私人财产权的宪法保护。联邦法院通过判例表明政府通过法定程序选择供应商的行为并不构成对公民财产权的侵犯。政府有权根据自身需要决定合同相对人并确定合同条款，② 供应商参与政府采购是一种自愿行为。③

宪法第十五修正案禁止联邦或州政府根据公民的种族、肤色等限制其选举权。然而联邦政府在采购时即便采取了诸如支持环境保护的政策，但由于政策所扶持的是所保护产品的特殊属性，而不是针对供应商的种族、性别等身份特征，所以通常并不构成"嫌疑归类"（Suspect Elassification）。④

二、美国联邦政府采购的两部基础性法律

(一)《武器装备采购法》

在第二次世界大战中，陆军、海军和空军的采购方法各不相同，但都将谈判作为主要采购手段，采购的随意性较大。在战后的和平时

---

① 赵宝云：《西方五国宪法通论》，北京：中国人民公安大学出版社，1994年12月第1版，第399页。

② 参见 Perkins v. Lukens Steel Co., 310 U.S. 113, 127 (1940).

③ 参见 Chamber of Commerce of the United States of Am. V. Napolitano, 648 F. Supp. 2d 726, 736 (S. D. Md. 2009).

④ 参见 Lehnhausen v. Lake Shore Auto Parts Co., 410 U.S. 356, 364 (1973).

期，国会认为有必要将三军的采购程序进行统一并且规范化。① 在这种背景下，国会1947年制定了《武器装备采购法》②，1948年颁布生效。该法适用于国防部、军事服务部门（陆军、海军和空军）、海岸警卫队和航空航天局（NASA）的采购。③ 该法在起草时，确定了密封招标在政府采购中的主导地位，但最终通过的时候，还是包含将谈判在密封招标不适合时作为替代采购方式的内容。④ 《武器装备采购法》的颁布具有里程碑意义，它标志着美国政府采购开始走向现代化。⑤ 该法规定了各机构签订政府合同的程序，同时特别授权国防部长有权签署执行法规。该法篇幅不长、简单明了，颁布后经过多次修订，增加的内容重点放在采购程序的具体执行方面。最重要的修订发生在1984年和1994年。《武器装备采购法》是国防采购法的重要基石。

(二)《联邦财产与行政服务法》

民用采购在第二次世界大战之后也发生了变化，尽管这些变化落后于军事采购。设计民事采购制度的是行政机构的"机构委员会"，因为委员会主席为前总统赫伯特·胡佛（Herbert Hoover），所以通常被称为"胡佛委员会"。胡佛委员会认识到集中采购的必要性，建议成立一个名为联邦服务办公室的新机构以满足此需求。同时还提出了其他建议：(1) 废除彼此之间经常发生冲突的有关采购的法律法规，建立一个更加广泛的法律框架；(2) 在所有政府部门的采购中采纳1947年《武器装备采购法》中的原则；(3) 建立一个由民用和军事部门联合组成的

---

① James F. Nagle, *A history of government contracting*, 2nd ed, Washington D. C. : the George Washington University, 1999, pp. 443 – 446.

②③ The Armed Services Procurement Act, 10 USC § § 2302 et seq.

④ F. Alston and M. Worthington, *Contracting with the federal government*, [S. l.] : [s. n.], 1988, P. 3.

⑤ 同①, pp. 447 – 450.

采购政策委员会，以协调民事和军事采购活动；（4）在联邦服务办公室中建立联邦供应局，其主要职责是协助总统制订采购政策和规章及管理采购工作。

国会于 1949 年通过了《联邦财产与行政服务法》。① 胡佛委员会绝大部分建议在该法中得到了体现。规定了联邦财产的采购程序，正式引入了谈判的采购方式，同时还明确规定了集中采购的政策、方法等。根据该法成立的联邦服务总署②（GSA）负责所有行政机构的采购，但是允许国防部长可以因国家安全的考虑豁免军事采购。

从理论上讲，《联邦财产与行政服务法》本应适用于除《武器装备采购法》所涵盖的机构之外的所有行政机构。而且即便国防部和航空航天局等机构，也要遵守 GSA 关于标准文本、条款、规格和技术标准等方面的指导。然而，集中采购的道路一波三折：首先国会授权 16 个政府部门的长官在其部门的项目与该法案发生冲突时可以部分或全部豁免，极大地削弱了《联邦财产与行政服务法》的集中采购功能；随后杜鲁门总统（Harry S. Truman）于 1949 年 7 月 1 日要求国防部长未经总统批准不得行使豁免权；最终艾森豪威尔总统却在 1954 年 6 月 8 日撤销了这条禁令。③

对于《联邦财产与行政服务法》的重要修订同样发生在 1984 年和 1994 年。它是规范民用采购的重要法律。

---

① The Federal Property and Administrative Services Act, 41 USC §§ 251 et seq.
② The General Services Administration, 2011 - 06 - 06, http://www.gsa.gov.
③ James F. Nagle, *A history of government contracting*, 2nd ed, Washington D. C. : the George Washington University, 1999, pp. 450 - 452.

三、与美国联邦政府采购密切相关的法律

由于篇幅所限,本书中仅列举一些与联邦政府采购最密切相关的法律,并加以简要分析。

(一)《联邦采购政策办公室法》和《采购诚信法》

《联邦采购政策办公室法》① 于 1974 年颁布实施。根据国会在 1974 年颁布的《公共法案 93—400》,在总统行政和预算管理办公室② (OMB) 设立联邦采购政策办公室③ (OFPP),要求办公室主任负责规定采购政策的方向,并规定各政府机关在采购领域应遵守的政策、法规、程序和格式。该法规定办公室的职能包括:建立一套用于统一各机关有关采购的规定的体系;建立一套标准和程序,以便有效地收集各利益相关方对于完善采购政策的诉求;对于由私营部门向政府提供所需产品、工程或服务的情况,负责监督和修改有关的政策、法规、程序和格式;推进并实施有关政策、法规、程序和格式的调查研究工作;建立一套能够收集、处理和开发采购数据的系统;以及推动关于招聘、培训、提升及评价采购人员的项目。根据该法规定,联邦采购政策办公室有权制定政策指导,如果国防部、服务总局、国家宇航局等机构不能以恰当的方式发布执行法规,那么就由联邦采购政策办公室来制定这样的法规。该法确立了联邦采购政策办公室在政府采购领域行政机构的最高地位。它虽不是一个程序性法律,但通过它

---

① The Office of Federal Procurement Policy Act, 41 USC §§401 et seq.
② The Office of Management and Budget, 2011 - 06 - 06, http://www.whitehouse.gov/omb/.
③ The Office of Federal Procurement Policy, 2011 - 06 - 06, http://www.whitehouse.gov/omb/procurement_default.

的协调却可以保障各个有关联邦采购的法律法规的一致性。该法还要求各政府机构设立总采购官和高级采购主管。该法最初的有效期为5年，在1979年和1983年分别重新赋予有效期4年，最后成为一个永久有效的法律。

1988年爆发了美国政府采购史上最大的丑闻——"Ill Wind 事件"。① 作为回应，国会在《联邦采购政策办公室法》1988年修订②的第6章中增加了大量有关采购诚信的内容。③ 因而被称为美国200多年的政府采购史上首次专门为采购诚信立法。④ 国会增加这些内容的目的是促进竞争⑤、让采购系统更加可靠，以增强公众正在动摇的信心。⑥ 在修订的第6章中，规定了：禁止承包商和采购人员在采购期间故意提供或索要未来的工作聘任或商业机会；禁止承包商和采购人员直接或间接地提供或索要任何好处，禁止泄露任何影响采购公平或政府谈判地位的信息；对于10万美元以上的项目，要求承包商提供没有泄露信息的

---

① 参见 Ruth Marcus, Caryle Murphy, "Ill Wind: a scandal overblown?", Wash. Post, 1988 – 12 – 27.

② Pub. L. No. 100 – 679, 102 Stat. 4063, 41 U. S. C. §402 (1988). 该修订虽然于1988年11月17日通过，但由于争议多（压力主要来自于国防部、总统管理与预算办公室以及中小企业），实施难度大，经过多次推迟，主要内容于1990年11月17日生效，全部文本于1991年6月1日生效。

③ Julian S. Greenspun, 1988 Amendments to Federal Procurement Policy Act: Did the "Ill Wind" Bring an Impractical Overreaction That May Run Afoul of the Constitution?, Pub. Cont. L. J., 1990, P. 19.

④ Timothy M. Cox, Is the Procurement Integrity Act "Important" Enough for the Mandatory Disclosure Rule? A Case for Inclusion, Pub. Cont. L. J., Winter 2011 (40), P. 347.

⑤ Ralph C. Nash & John Cibinic, Procurement Integrity Update, NASH & CIBINIC REP. P 44. 1991 – 08：1.

⑥ 134 CONG. REC. S17, 071, statement of Sen. Glenn. Daily ed, [S. l.]: [s. n.], 1988 – 10 – 20.

保证；对于违反者，将按性质的不同，承担合同、行政、民事和刑事责任。① 1988 年修订的第 6 章此后演变成《采购诚信法》②，1996 年和 2002 年又经历了两次修订，其中 1996 年的改动非常之大。③

（二）《合同竞争法》

一直以来，密封招标曾是美国联邦政府首选的采购方式，竞争性谈判只作为替代采购方式。④ 最早对于密封招标的要求可以追溯到 1809 年。⑤《武器装备采购法》和《联邦财产与行政服务法》延续了公开招标的主导地位，但在实施过程中发现了一些问题：一是它们对于采购的要求存在不一致性；二是它们对于竞争的要求在采购实践中没有得到彻底落实。例如，尽管以上两部法律都强调采用公开招标进行采购，但 1982 年 1 万美元以上的合同中超过 90% 是以谈判方式采购的；尽管法律法规都强调了最大限度竞争的重要性，但当年超过一半的合同在授予之前没有经过竞争程序。⑥《合同竞争法》⑦ 就是在这种背景下出台的，

---

① 参见 Sharon A. Donaldson, "Section Six of the Office of Federal Procurement Policy Act Amendments of 1988: A new ethical standard In government contracting?", Cumb. L. Rev., 1989/1990 (20): 421; MAJ Aguirre, ILT Basnight. "Procurement Integrity Provisions of The Office of Federal Procurement Policy Act". Army Law, 1989-07: 32; Timothy M. Cox. "Is the Procurement Integrity Act 'Important' Enough for the Mandatory Disclosure Rule? A Case for Inclusion". Pub. Cont. L. J., Winter 2011 (40), P. 347.

② The Procurement Integrity Act, 41 U.S.C.A. §423.

③ 被《联邦采购改革法》所修订，详见 Elizabeth Dietrich, "The potential for criminal liability in government contracting: a closer look at the Procurement Integrity Act", Pub. Cont. L. J., Spring 2005 (34), P. 521.

④ A. J. Fowler Corp., Comp Gen Dec B-232367, 88-2 CPD 418; Nash, Cibinic. *Federal Procurement Law*. 3rd ed, [S. l.]: [s. n.], 1977: 317-318; Cohen. *The Competition in Contracting Act*, Pub Cont LJ, 1983 (14), p. 5-10.

⑤ 参见 Act of March 3, 1809, 2 Stat 536; Act of March 2, 1861, 12 Stat 220; *Act of June 23, 1860*, 12 Stat 103.

⑥ Cohen. The Competition in Contracting Act, Pub Cont LJ, 1983 (14): 13-15.

⑦ The Competition in Contracting Act, P. L. 98-369, amended 10 U.S.C. §2310 et seq. and particularly §2304.

于 1984 年颁布实施。该法对《武器装备采购法》和《联邦财产与行政服务法》做出了重大修订，使它们与有关采购的规定尽可能趋向一致，以期形成统一的联邦采购法律法规体系。《合同竞争法》一方面强调了"完全和公开的竞争"①的重要性，另一方面却也向现实做出了妥协，承认公开招标和竞争性谈判都是实现完全和公开竞争的有效方式。该法扩大了竞争性谈判的适用范围、强化了竞争机制，严格限制了采购官员在控制竞争范围和预期投标商的数量方面的权利，对于采购程序提供了大量具体指导，例如如何开展市场调研、制定超前计划、确定估价因素等。② 该法将竞争性谈判采购方式纳入竞争性采购程序范畴，是具有历史意义的突破，改变了长期以来国会坚持的招标方式优先、谈判不属于竞争方式的观念。③

《合同竞争法》对于"完全和公开的竞争"的要求存在以下例外情形：

（1）小企业预留项目；（2）单一来源采购、紧急采购、强制性需求等 7 种可以不通过竞争的程序；（3）小额采购（通常指小于 15 万美元）的简化采购程序；以及（4）法律规定授权政府部门可以采用的程序。其中第（4）条给政府部门制订具体的绿色采购规则奠定了法律基础。

（三）20 世纪 90 年代联邦政府采购改革立法

从历史上看，美国联邦采购法制建设是建立在对采购人员和承包商

---

① 原文为"full and open competition"，是美国关于政府采购的有关法律中出现频率最高的词汇之一。

② Christopher A. Barnes, *New improved awards without discussions or foreign competition*, Pub. Cont. L. J., Summer 1991（20），P. 532.

③ Steven W. Feldman, "Government Contract Awards: Negotiation and Sealed Bidding", GOVCONAWD § 2: 4, 2010 - 10.

不信任的基础上的。① 为了减少采购人员贪污腐败的风险，国会在采购制度的设计上通过颁布一项又一项法律，系统性地减少采购决策中的自由裁量权。②美国乔治·华盛顿大学的 Joshua Schwartz 教授称之为"规制化"。③以《采购诚信法》、《合同竞争法》和下文中将要简要介绍的《诚实谈判法》④、《虚假申报法》⑤ 为代表，大量法律的颁布使得"规制化"运动在 20 世纪 80 年代达到了巅峰。颁布这些法律的目的是实现公平、正义和诚信，但执行这些严格的规定也是有成本的，其成本是降低了采购效率、延长了采购时间、提高了采购价格。到了 20 世纪 80 年代，美国"天价采购案"不断爆发。⑥ 每当严格遵守法律法规的成本超过一定限度，希望减少制度约束的"反规制化"呼声就会变得强烈。⑦在 20 世纪 90 年代联邦政府采购改革中有代表性的两部法律就是在这种背景下出台的。

1.《联邦采购优化法》

依据"800 章委员会"⑧的报告起草的《联邦采购优化法》⑨ 于 1994 年颁布实施，带来了联邦采购系统的重大改革。⑩ 该法有 200 多

---

①②③⑦ Joshua I. Schwartz, *Regulation and Deregulation in Public Procurement Law Reform in the United States*, Boca Raton：Pr Academics Press，2006.

④ The Truth in Negotiation Act, 10 U. S. C. §2306a, 41 U. S. C. §254b.

⑤ The False Claims Act, 31 U. S. C. §3729, 18 U. S. C. §287. 根据该法的名称和内容，出现了很多不同的翻译版本，如《防止欺诈请求法》（曹明德，刘明明. 论美国举报人诉讼制度及其对我国环境治理的启示 [J]. 河北法学，2010 - 11 - 05.）《防制不实请求法》（丁广宇. 美国"防制不实请求法案"的最新发展 [J]. 法制资讯，2008 - 06 - 30）、《反欺骗政府法》、《不实给付要求法》、《欺诈声明法》等。

⑥ 赵勇：《美国的政府采购及其启示》，《宏观经济管理》2015 年第 5 期，第 90 页。

⑧ 该委员会是指 1991 年成立的采购法咨询委员会，由军方和非军方的采购专家组成。委员会依据 1991 财年的《国防授权法》第 800 章而建立，故常被称作"800 章委员会"。该委员会对于联邦采购系统进行了系统的调查研究，其 1992 年完成的报告主旨是简化采购程序、提高采购效率，该报告在很大程度上决定了 20 世纪 90 年代美国政府采购改革的方向和内容。

⑨ The Federal Acquisition Streamlining Act, Pub. L. No. 103 - 355.

⑩ C. Richard Pennington. "Government Contract Law Reform：The Federal Acquisition Streamlining Act of 1994". Colo. Law, 1995 - 01 - 29, P. 24.

章，对《武器装备采购法》、《联邦财产与行政服务法》、《诚实谈判法》等法律做出了重要的修订，① 目的在于让联邦政府采购系统向私营市场的产品和服务敞开大门，简化采购程序，并减少政府定制产品的采购。此法案作出最重要的改变包括：(1) 将可以豁免《合同竞争法》而使用简化程序的小额采购限额从原先的 2.5 万美元提高到 10 万美元；(2) 为了简化采购，撤销了《反回扣法》②（要求承包商建立防范回扣的机制，并且必须全力配合联邦政府的调查）、《米勒法》③（关于履约保证金和付款保证金）、《合同工作时间和安全标准法》④、《固体废弃物处置法》⑤（要求承包商估计可再生物质的数量）等法律中对于承包商的责任要求，减轻了参与简化采购的承包商的负担；(3) 将 2500 美元以下的采购定义为"微小采购"（micropurchases），撤销了《小企业法》⑥ 中对于微小采购必须预留给小企业的规定，合同官甚至可以直接去超市购买 2500 美元以下的商品；(4) 将《诚实谈判法》的最高限额由 10 万美元提高到 50 万美元；(5) 鼓励合同官采购商业产品和货架商品；(6) 还要求联邦政府部门开发联网的计算机系统，实现采购的电子化。

与简化采购程序相配套，《联邦采购优化法》禁止采购人采用化整为零的方式肢解采购，同时对于采购信息发布、采购人的电子化水平和采购能力也提出了要求。

---

① C. Richard Pennington. "Government Contract Law Reform: The Federal Acquisition Streamlining Act of 1994". Colo. Law, 1995 - 01 - 29, P. 24.
② The Copeland Anti-Kickback Act, 41 U. S. C. §57 (1988 & Supp. V 1993).
③ The Miller Act, 40 U. S. C. §270a (1988 & Supp. V 1993).
④ The Contract Work Hours and Safety Standards Act, 40 U. S. C. §329 (1988 & Supp. V 1993).
⑤ The Solid Waste Disposal Act, 42 U. S. C. §6962 (c) (1988 & Supp. V 1993).
⑥ The Small Business Act, 15 U. S. C. §631 et seq.

2. 《克林格—卡亨法》

《克林格—卡亨法》① 于 1996 年颁布实施，它由《1996 财年国防授权法》② 第 D 部分（《联邦采购改革法》③）和第 E 部分（《信息技术管理改革法》④）合并而成。

其中《联邦采购改革法》旨在推动全部政府范围内的采购改革，主要内容包括：引入了设计—建造两阶段程序；修改了《采购诚信法》；扩大了《诚实谈判法》例外情形的范围；修改了商业产品的采购规则；减少了对承包商的资格证书的要求；另外，该法还对采购人员能力建设提出了要求。

《信息技术管理改革法》要求各政府部门要像有效率的盈利企业那样管理信息技术产品，具体应当：（1）实行资金计划和投资管理项目；（2）要采用基于表现和基于结果的方式采购信息技术产品；（3）促进跨部门的采购；指定首席信息官；保证信息系统的可靠性；采用模块化采购方式。

以《联邦采购优化法》和《克林格—卡亨法》为代表的 20 世纪 90 年代美国联邦政府采购改革使政府像私人一样用更简单的方法从私人市场采购各种货物和服务，以达到降低成本、方便快捷、减少行政成本及节约纳税人资金的效果。另一项成果是，让许多原先不曾为政府提供产品或服务的供应商现在多了联邦政府这样一个大主顾。⑤ 尽管有学者对《联邦采购优化法》为了提高采购效率而施行的改革提出了批评，认为这些改革会损害公开和竞争，⑥ 但无论是支持者还是反对者都承认的事

---

① The Clinger-Cohen Act 是为表彰众议员 William Clinger 和参议员 William Cohen 而得名。
② The Fiscal Year 1996 Defense Authorization Act, Pub. L. No. 104 – 106.
③ The Federal Acquisition Reform Act, Pub. L. No. 104 – 106.
④ The Information Technology Management Reform Act, 40 U. S. C. §11101 et seq., §11301 et seq., §11311 et seq., §11501 et seq. and 41 U. S. C. §434.
⑤ Timothy Sullivan, "Procuring a New System", Legal Times, 1997 – 06 – 23：S35 – 37.
⑥ Joshua I. Schwartz, *Regulation and Deregulation in Public Procurement Law Reform in the United States*, Boca Raton：Pr Academics Press, 2006.

实是：上述改革对于美国联邦采购系统产生了深远影响。

（四）其他与美国联邦政府采购密切相关的法律

以下这些法律是联邦政府采购中经常涉及到的法律，但是其中大多数的适用范围远不局限于政府采购。只是单从政府采购的角度来看，可以将其视为"配套法律"。

1.《反赤字法》

国会于1982年通过了《反赤字法》[1]，规定除依据法律之拨款外，任何政府机构及其雇员均不得以合同或其他形式让政府承担付款的责任。政府通过在合同中加入相关的条款[2]等方式以落实该法。违反该法的政府官员或雇员将承担民事或刑事责任。

2.《国防拨款法》和《国防授权法》

美国已经形成了一套非常严密的国防预算监督体系。[3] 美国国会每年都要通过下一财年的《国防拨款法》[4]和《国防授权法》。前者负责为国防资金的拨款提供法律依据，规定该年度国防拨款的总规模以及分项规模。分项包括：采购、研究、开发、测试、评估、军事行动及维护、军人、运转资金、军事建筑以及家庭住房等。《国防授权法》则对资金的使用方法、程序做出具体的规定。很多政府采购的重要法律都出自《国防授权法》。

3.《诚实谈判法》

《诚实谈判法》颁布于1963年。它通过让合同官在谈判时获得与承包商同样的信息来提高政府通过谈判获得公平价格的能力。具体做法

---

① The Anti-deficiency Act, 31 U. S. C. §1341-42 et seq.
② 比如，在成本加酬金合同中设置成本上限，参见 FAR 52.232-20.
③ 翟刚：《美国国防费管理概况》，北京：国防工业出版社2007年版。
④ The National Defense Authorization Act, 如 the National Defense Authorization Act for Fiscal Year 2010 [R]. Public Law, 2010: 111-184.

是：对于65万美元以上通过谈判授予的合同，要求承包商提供真实、完整、及时的成本及价格信息。该法是竞争性谈判这一采购方式的重要保障。

4.《虚假申报法》

早在1799年，美国国会立法要求只有白人可以充当政府的邮差或马车夫，否则处以50美金的罚款。罚款的一半给美国政府，一半给举报人。这是美国政府采购中向举报人提供奖金的第一例立法。在南北战争时期为了抑制腐败，国会于1863年通过了《虚假申报法》。① 经过多次修订，目前被分为两个部分：《虚假申报民法》② 和《虚假申报刑法》③。根据该法，承包商如果通过向政府提供虚假申报（材料）牟利，将会因情节轻重被追究民事或刑事责任。《虚假申报法》中设置了举报人诉讼制度（Qui Tam Proceedings）。根据《虚假申报法》1986年的修订，对于任何虚假申报的行为，任何人都可以以美国政府的名义提起民事诉讼，起诉对象通常是承包商。之后如果司法部介入，政府将承担继续诉讼的主要责任。即便司法部不介入，举报人仍可以继续诉讼。无论哪种情况下，一旦胜诉，举报人都将能从政府获得的赔偿中分到一定比例的资金奖励，并受到人身安全保护。1986年修订后的《虚假申报法》中加大了对欺骗政府者的惩罚力度：他们将被处以政府遭受损失的3倍的罚款，再加上5000~10000美元以及诉讼费用。同时提高了举报人的奖励幅度：对于提供信息，协助政府进行诉讼的举报人，将奖励幅度从修订前的10%提高到15%~25%；如果政府不介入，举报人仍可以以政府的名义起诉（代位诉讼），如胜诉则可以获得25%~30%的奖励

---

① 1863年3月2日，国会通过虚假索赔法，当时被普遍为"亚伯拉罕林肯法"，详见 James F. Nagle, *A history of government contracting*, Washington D.C.: George Washington Univ. Press, 1999, P.197.
② The Civil False Claims Act, 31 U.S.C. §3729.
③ The Criminal False Claims Act, 18 U.S.C. §287.

(修订前的奖励幅度为25%)。《虚假申报法》中还详细规定了对举报人及其家属的保护措施。《虚假申报法》扩大了监督主体的范围,是包括环境立法在内的诸多法律得以有效实施的有力保障。

5.《反回扣法》、《科普兰法》、《反海外腐败法》、《反诈骗腐败组织集团犯罪法》

《1986年反回扣法》[①]禁止包括政府官员、承包商和分包商在内的任何人索要或提供回扣或将回扣包含在合同价中,违反者承担刑事责任及民事罚款。1934年颁布的《科普兰法》[②]规定,对于全部或部分政府投资的项目,禁止承包商扣减工人工资,也禁止工人向承包商或分包商支付回扣。1977年颁布的《反海外腐败法》[③]禁止美国承包商和个人通过向外国政府官员行贿的方式获取或维持合同。最早于1970年颁布的《反诈骗腐败组织集团犯罪法》[④]并不针对一次具体的犯罪,但对于10年内2次以上违反包括收受佣金和贿赂在内的30余项联邦或州法律中规定的犯罪行为则要加重处罚。

6.《合同争议法》、《联邦民事侵权赔偿法》、《司法平等使用法》、《联邦法院改进法》、《行政争议解决法》及《1992年联邦法院管理法》

1946年的《联邦民事侵权赔偿法》[⑤]允许由于政府的疏忽受到伤害的个人到地区法院通过起诉索要赔偿。《合同争议法》颁布于1978年[⑥],它规定了承包商和合同官解决合同中争议以及与合同相关的争议的具体程序。关于诉讼费用,美国法律一般规定原、被告双方分别负担

---

① The Anti-kick Act of 1986, 41 U.S.C. §§51-58.
② The Copeland Anti-kickback Act, 18 U.S.C. §874, 40 U.S.C. §276c.
③ The Foreign Corrupt Practices Act, 15 U.S.C. §78dd.
④ The Racketeer Influenced and Corrupt Organizations Act, 18 U.S.C. §§1961-1968.
⑤ Federal Tort Claims Act, 28 U.S.C. §§1346 (b), 2401-2402, 2671-2672, 2674-2680.
⑥ The Contract Disputes Act, Pub. L. NO. 95-563, 41 U.S.C. §§601-613.

各自的费用,但1980年的《司法平等使用法》①则针对小企业做了特殊规定:胜诉的小企业可以获得赔付律师费等相关费用。此外,1982年颁布的《联邦法院改进法》②、1990年颁布的《行政争议解决法》③及《1992年联邦法院管理法》④等法律也都对合同争议解决的受理主体或程序等方面做出了规定,详见本书第五章的内容。

7. 《信息自由法》、《商业秘密法》与《使用联邦资金责任及透明法》

《信息自由法》⑤是1966年颁布的《行政程序法》(the Administrative Procedure Act)的一部分,是保障公众对政府机构持有信息访问权的法律。根据该法,除了列出的九个豁免之外,政府机构的所有信息都应公开。其中第四项豁免为机密的商业或金融数据,如商业秘密。即便属于这项豁免的范围,政府机构仍可以公开这些信息,除非会影响到判断。而是否会影响到判断则属于《商业秘密法》⑥的管辖范畴。《商业秘密法》是国会在1948年分散在一些法律中有关商业秘密的条款整合而成,以后又经历过若干次修订。⑦根据该法,政府雇员泄露商业机密将要承担刑事责任。在政府采购领域,《信息自由法》与《商业秘密法》形成了一种相互制衡的关系。

2006年颁布的《使用联邦资金责任及透明法》⑧的立法目的是为了赋予美国人民保证政府有责任地进行采购决策的权力,减少资金浪

---

① The Equal Access to Justice Act 5 U. S. C. §504; 28 U. S. C. §2412.
② The Federal Courts Improvement Act, 28 U. S. C. §§171 et seq. , 791, 794 – 798, 1491 – 1492, 1494 – 1503, 1505, 1507 – 1509.
③ The Administrative Dispute Resolution Act, 5 U. S. C. §571 et seq.
④ The Federal Courts Administration Act of 1992, Pub. L. No. 102 – 572.
⑤ The Freedom Of Information Act, 5 U. S. C. §552.
⑥ The Trade Secrets Act, 18 U. S. C. §1905.
⑦ Jerry Cohen. Federal issues in trade secret law [J]. J. High Tech. L. , 2003 (2): 1.
⑧ The Federal Funding Accountability and Transparency Act, Pub. L. 109 – 282, 120 Stat. 1186.

费。该法要求联邦政府将授予合同的结果通过唯一的官方网站①公布,合同分包的信息同样可以通过该网站查询。

8.《戴维斯—佩根法》、《沃尔什—希利法》、《公平劳动标准法》、《合同工作时间与安全标准法》、《1965年服务合同法》、《职业安全与健康法》、《工人调整与再培训通知法》和《流动季节农业工人保护法》

《戴维斯—佩根法》② 于1931年颁布实施。对于联邦政府2000美元以上的工程项目,该法要求付给工人不低于当地最低工资标准的工资。各地的工资标准以劳动部③公布的数据为准,而且必须包含在合同当中。

1936年颁布的《沃尔什—希利法》④ 为所有联邦政府10000美元以上的货物合同建立了劳动保障标准,该法适用于在依照上述合同提供材料的生产过程中工作的所有工人。按照该法,工人工资不得低于当地最低工资标准;每周40小时之外的加班工作时间必须得到加班补偿;不得使用童工或罪犯;工作环境必须卫生及安全。该法要求上述内容必须包含在合同当中。

1938年颁布的《公平劳动标准法》⑤ 建立了适用于一般工人的全民性最低工资标准和最长工作时间。1962年颁布的《合同工作时间与安全标准法》⑥ 除了重申了工作时间的规定外,还要求参与政府合同的工人须符合健康和安全标准;《1965年服务合同法》⑦ 中重申了对最低

---

① 其网络地址为:http://www.USASpending.gov.
② The Davis-Bacon Act, 40 U.S.C. §276a.
③ 其网络地址为:http://www.dol.gov/.
④ The Walsh-Healey Public Contract Act, 41 U.S.C. §§35-45.
⑤ Fair Labor Standards Act, 29 U.S.C. §§206.
⑥ 其英文原名为:The Contract Work Hours and Safety Standards Act.
⑦ The Services Contract Act of 1965, 41 U.S.C. §§351-357.

工资标准的规定,修订后的该法要求合同官在劳动部的工资查询网站①采用 e98 程序②。此外,在劳动保障方面重要的法律还有 1970 年颁布的《职业安全与健康法》③、1989 年生效的《工人调整与再培训通知法》④及 1992 年的《流动季节农业工人保护法》⑤ 等。

9.《及时付款法》

《及时付款法》⑥ 于 1931 年颁布实施。该法要求在询价书、招标文件及合同中包含付款程序、付款到期日以及延期付款所应支付的罚息。该法要求政府尽快地给承包商付款,最迟不超过合同中规定的日期(通常为收到正确的发票后 30 天内)。

10.《2009 年美国复苏与再投资法》

为应对金融危机,国会在 2009 年 2 月颁布了《2009 年美国复苏与再投资法》⑦,目的是鼓励投资和消费、增加就业。该法包含了减税、增加失业保障等社会福利方面的内容,也包含了在教育、医疗、基础设施及能源领域投资的内容,涉及的总价值号称为 7870 亿美元。值得关注的是,该法要求凡是使用该法中涉及到的资金的州、市、县等地方政府,必须保证遵守《购买美国货法》⑧。这是联邦政府运用经济手段影响地方法律的一个突出例证。⑨

---

① 其网络地址为:http://www.wdol.gov/.
② 其网络地址为:http://www.wdol.gov/e98.aspx.
③ The Occupational Safety and Health Act, 29 U.S.C. §651 et seq.
④ The Workers Adjustment and Retraining Notification Act, 29 U.S.C. §2101 et seq.
⑤ The Migrant and Seasonal Agricultural Worker Protection Act, 29 U.S.C. §1801, et seq.
⑥ The Prompt Payment Act, 31 U.S.C. §3901 et seq.
⑦ The American Recovery and Reinvestment Act of 2009. Pub. L., 2009-02-17: 111-115; 123 Stat., 2009: 115. 该法经常被称为"美国经济刺激计划"、《刺激法》或《再投资法》。
⑧ The Buy American Act, 41 U.S.C. §§10a-10d.
⑨ Schooner, Steven L., Yukins, Christopher R.. Tempering "Buy American" in the Recovery Act-steering clear of a trade war [J]. Government Contractor, 2009, 51 (10); GWU Legal Studies Research Paper No. 462; GWU Law School Public Law Research Paper No. 462. Available at SSRN: http://ssrn.com/abstract=1358624.

11. 《购买美国货法》、《贝瑞修正案》、《小企业法》和《贸易协定法》

《购买美国货法》、《贝瑞修正案》①和《小企业法》都是阻止外国承包商进入美国市场的巨大屏障,《贸易协定法》②则削弱了《购买美国货法》的作用。

12. 《增强国防采购人员能力法》和《2003 年服务采购改革法》

1990 年年底颁布的《增强国防采购人员能力法》③要求国防部为采购人员建立教育与培训标准、确立教育与培训需求以及相关课程。该法随后经过多次修订,建立了国防采购人员的初、中、高三级体系,确立了国防采购人员证书制度、核心课程以及继续教育的学时要求。该法在法律层面开创了联邦采购人员能力建设的先河,为后来的民用采购人员能力建设提供了模板,为打造整个联邦采购系统的采购人员能力建设体系奠定了基础。④

《2003 年服务采购改革法》⑤扩大了"采购"的范畴。按照该法的定义,"采购"不仅包含传统的签约功能,还包括需求确定、评估及合同执行,以及技术及管理指导。⑥在 20 世纪 90 年代联邦政府采购改革的基础上,该法进一步简化了商业产品和服务的采购程序。该法为采购人员培训基金的设立及其他采购人员能力建设的措施提供了法律依据。⑦

13. 其他

在一些特定的场合,1971 年的《贾维茨—瓦格纳—奥迪法》⑧、

---

① The Berry Amendment, 10 U. S. C. §2533a.
② The Trade Agreement Act of 1979, 19 U. S. C. §§2501 – 2582.
③ The Defense Acquisition Workforce Improvement Act, 10 U. S. C. §87 et seq.
④⑥⑦ 赵勇:《谈美国联邦采购人员能力建设及对我国的借鉴意义》,《中国政府采购》,2011 年第 1 期。
⑤ The Services Acquisition Reform Act of 2003, 41 U. S. C. 428a.
⑧ The Javits-Wagner-O'Day Act, 41 U. S. C. §§46 – 48c,该法要求政府机构从盲人等严重残疾人工厂购买特定产品和服务。

1976年颁布的《武器装备出口管制法》①和《资源保护和恢复法》②、《1990年预算执行法》③、1993年颁布的《政府绩效与结果法》④、1996年颁布的《小企业管制实施公平法》⑤和《1996年债务催收改进法》⑥、1998年的《交通基础设施融资及创新法》⑦和《联邦活动清单改革法》⑧、《2000年通过有效提升技术支持反恐法》⑨、《2002年电子政务法》⑩和《2002年重大公共建设信息法》⑪等法律都会对联邦政府的采购活动产生影响。

(五) 联邦采购条例系统

在前文中，对涉及美国联邦采购的重要法律进行了简要介绍，其实还有相当多的有关法律没有纳入本报告的内容。如此庞杂的法律体系，给政府采购的实践工作和理论研究都增加了难度。罗纳德·里根（Ronald Reagan）总统于1985年下令⑫组建了美国国防管理特别工作委员会（也被译为国防管理蓝绶带授衔委员会或帕卡德委员会），对

---

① The Arms Export Control Act, 22 U.S.C. §2751 et seq.
② The Resource Conservation and Recovery Act, 42 U.S.C. §6901 et seq.
③ The Budget Enforcement Act of 1990, Pub. L. 101 – 508, title XIII; 104 Stat. 1388 – 1573, 2 U.S.C. & 15 U.S.C. §1022.
④ The Government Performance and Results Act, Pub. L. 103 – 162.
⑤ The Small Business Regulatory Enforcement Fairness Act, Pub. L. 104 – 121, Title II, 5 U.S.C. §§601 et seq. and 801 et seq. and 15 U.S.C. §657.
⑥ The Debt Collection Improvement Act of 1996, Pub. L. 104 – 134, §31001, 31 U.S.C. §3332, 7701.
⑦ The Transportation Infrastructure Finance and Innovation Act of 1998, 23 U.S.C. §601 – 609.
⑧ The Federal Activities Inventory Reform Act, Pub. L. 105 – 270,
⑨ The Support Anti-Terrorism by Fostering Effective Technologies Act of 2000, part of the Homeland Security Act of 2002, Pub. L. 107 – 296, 6 U.S.C. §§441 – 444.
⑩ The E-Government Act of 2002, Pub. L. 107 – 347, 44 U.S.C. §101.
⑪ The Critical Infrastructure Information Act of 2002, Subtitle B of Title II of the Homeland Security Act, Pub. L. 107 – 296.
⑫ President Ronald Reagan, Executive Order 12526, July 15, 1985.

预算过程、采购系统、立法监督和机构设置等方面①进行全面审核。②蓝绶带授衔委员会在 1986 年给总统出具了长达 383 页的最终报告。报告认为,如此复杂的法律体系给采购工作增加了不必要的负担,建议国会对于有关联邦采购的法律进行梳理,形成单一、一致和大大简化的采购法。③ 遗憾的是,尽管该报告推动了 20 世纪 90 年代的政府采购改革,但制订单一采购法的目标至今仍没有实现。④ 不过值得庆幸的是,美国联邦有一个统一的联邦采购条例系统。⑤ 1974 年美国国会颁布了《联邦采购政策办公室法》,决定在总统行政和预算管理办公室下设立联邦采购政策办公室,负责对政府采购的立法和政策制定进行协调,避免政府采购立法的平行、重叠等混乱状况的进一步发生。根据该法规定,联邦采购办公室有权制定政策指导,如果国防部、联邦服务总署、国家宇航局等机构不能恰当的方式发布执行法规,那么就由联邦采购政策办公室来制定。根据《联邦采购政策办公室法》建立的联邦采购条例系统是包括国防部门在内的几乎所有行政机构使用财政资金购买货物和服务⑥时所遵循的主要规章,因而被称为"政府采购中的《圣经》"。⑦

美国联邦采购政策办公室负责跟踪联邦采购法律方面的进展,同时也可以发布适用于大多数或所有联邦政府采购的规则。

---

① President Ronald Reagan, Executive Order 12526, July 15, 1985.
② 赵勇:《谈美国联邦采购人员能力建设及对我国的借鉴意义》,《中国政府采购》2011 年第 1 期,第 58 页。
③ "President's Blue Ribbon Commission on Defense Management. A Quest for Excellence-Final Report to the President", Jun. 1986, http://www.ndu.edu/library/pbrc/36Ex2AppC1.pdf.
④⑤ Jonh Cibinic & Ralph Nash, *Formation of Government Contract*, 3rd ed, Chicago, Illinois: Wolters Kluwer, 1998, P. 27.
⑥ 一般而言,除非特别说明,美国联邦采购中所称的"服务"包含工程。
⑦ James F. Nagle, *Government Contracts: Under the Federal Acquisition Regulation*, 2nd ed, West Publishing Company. *Government Contract Awards: Negotiation & Sealed Bidding* by Steven W. Feldman, Publ, Constr. Law., 1–98, at 45.

第二章　美国联邦政府绿色采购立法

联邦采购条例系统由联邦采购条例（Federal Acquisition Regulation，FAR）以及各部门制订的 FAR 实施细则两部分构成。① 全面而统一的 FAR 弥补了没有单一的统一成文法的缺憾，涵盖了美国法规法典中大量内容，通过这些法规，使得包含在大量可适用法律中的原则能以类似于法典的方式系统实施。此外，每一行政机关都颁布有一套自己的规章，这些规章必须与联邦采购条例保持一致，否则不具法律效力。

1. 联邦采购条例

FAR 最早于 1984 年 4 月 1 日颁布生效。其中规定，FAR 由 GSA、国防部、NASA 的最高行政长官联合颁布，并且符合（国会的）预算管理办公室下设的联邦采购政策办公室的最高行政长官（所制订）的广泛的政策要求。② 颁布以后，修订工作由该办公室下设的 FAR 理事会完成。FAR 理事会主席由联邦采购政策办公室主任担任。理事会下分设民用和国防两个采购委员会：国防采购法规委员会（由国防部门、国防后勤局和 NASA 的代表组成）；民用部门采购委员会（由 GSA 和各民用部门的代表组成）。③ 对 FAR 的重大修订必须在生效前 30 天以上公开向社会征求意见。④ 两个委员会下再各设若干个小组。修订 FAR 时，由小组提出修改意见，经两个委员会讨论达成一致意见后报理事会，由理事会决定是否修改。若理事会无法做出决定，则由理事会主席裁决。

最新版本的 FAR 共 53 章，1903 页。⑤ 内容极为详尽，相当于一本采购操作手册，将所有有关采购的法律中的规定具体落实到条款、格式

---

① FAR 1.101. See also Nash & Cibinic Report, The Federal Acquisition Regulation System: Is it Shrinking?, [S. l.]：[s. n.], 1991-01 (05): No. 1, P. 4.
② FAR 1.103 (b).
③ FAR 1.203-1.
④ FAR 1.501-2.
⑤ 参见 https://www.acquisition.gov/far/index.html.

113

等，是每个合同官案头必备之物。

条例以及实施细则要想具备法律效力，必须符合现有法律的规定①，而且不能是主观的或随意的。② 政府依据无效的条例所签订的合同同样是无效的。③

FAR 按编、章、节、条、款、项、目等安排相关内容 A 编介绍采购的通用原则。其他编的内容依次为：采购计划、签约方式及合同类型、社会经济项目、一般签约要求、特殊种类的签约、合同管理、条款和表格。最后一编包含了很多标准条款。FAR 的编号以阿拉伯数字、字母、"-"、"."组合构成，条理清晰。有经验的律师和合同官可以根据编号判断相应的内容。如 C 编 14 章讲的是密封招标，15 章讲的是谈判，等等。

2. 联邦采购条例的实施细则

许多国防和民用部门都制订了各自的 FAR 实施细则。这些实施细则以 FAR 增补的形式成为联邦采购条例系统的一部分内容。④ 增补的法律效力仅限于颁布部门之内。⑤ 而且增补的内容如果产生超出了政府部门内部流程之外的影响，或者影响到承包商或投标商的管理或成本，则必须事先向公众征求意见。⑥

政府部门中的分支机构也可以颁布实施细则作为 FAR 的增补。比如，国防部中的陆军以及陆军中的美国陆军工程兵团都颁布了实施细

---

① 在 Rig Masters, Inc. v. United States 案中，42 Fed Cl 369 (1998)，一项规定因与法律抵触而被宣布无效。
② 在 Larionoff v. United States 案，533 F2d 1167，(1976)，affd 431 US 864, 53 L Ed 2d 48, 97 S Ct 2150 和 Aerolineas Argentinas v. United States 案，77 F3d 1564 (CA Fed 1996) 中，因 FAR 的规定没有体现立法意图而被宣布无效。
③ 参见 Isometrics, Inc. v. United States 案，5 Cl Ct 420 (1984)。
④ 如国防部 FAR 增补，DOD FAR Supplement, 48 C. F. R. Ch 2.
⑤ FAR 1.302.
⑥ FAR 1.301 (b).

则，其法律效力依次递减。①

尽管通常把 FAR 理解为一个统一的采购条例，但实际是允许各政府部门有所偏离的。这里说的偏离可以是某个政府部门采用了与 FAR 不一致的标准招标文件或合同范本等情形。② 除非被法律、行政命令或条例禁止，政府部门的最高行政长官或其授权代表有权颁布一个偏离（针对一个签约行为）或一组偏离（影响到不止一个签约行为）。③ 之所以允许偏离的目的是鼓励探索新的采购手段。④ 关于偏离，各政府部门需要与 FAR 秘书处进行协调而且需要经过必要的批准程序。⑤

由 FAR 及其实施细则组成的联邦采购条例系统的相关规定非常复杂，技术性强⑥而且难以理解⑦。有法院曾发现采购官必须掌握由各种法律法规组成的"迷宫"才能合格地履行职能，但投标人却对此知之甚少。⑧

四、联邦采购法律和条例的适用

（一）适用交易类型

按照交易类型的不同，可以将政府合同分为以下几类：（1）采购货物和服务；（2）采购不动产；（3）销售不动产或个人物品；（4）赠

---

① Army FAR Supplement; Part 1.
② FAR 1.401, 52.103.
③ FAR 1.402, 1.403, 1.404.
④ FAR 1.402.
⑤ FAR 1.403, 1.404.
⑥ 在 Sun Ship, Inc. v. Hidalgo 案，484 F Supp 1356 (D DC 1980); McKnight Const. Co., Inc. v. Perry 案 888 F Supp 1178 (SD Ga 1994) ("reticulating") 和 Saratoga Development Corp. v. United States 案，21 F3d 445 (CA DC 1994) 中，法院认为 FAR 是"严格而且官僚主义的"。
⑦ 参见 United States v. Martin Marietta Corp. 案，894 F Supp 218 (D Md 1995).
⑧ 参见 Trilon Educational Corp. v. United States 案，217 Ct Cl 266, 578 F2d 1356 (1978).

予、合作协议、合作研究及开发协议、其他协议；及（5）雇佣人员。①

联邦采购合同仅涉及上面的第（1）项，而"采购"② 通常指通过签署合同获得货物和服务③。在美国法典④中采购的定义为：

一个行政机构的部门应以采购合同作为法律工具以反映美国政府与州政府、地方政府或其他接受者的关系，在以下情况下：

（1）该工具的主要目的是获得（通过购买、租赁或交换）财产或服务以使美国政府直接受益或使用；或者

（2）该部门在特定情形下认为使用采购合同是恰当的。

而根据普通法，采购并不指获得财产或服务的所有阶段，如确定财产或服务需求或合同完工不属于采购。⑤

（二）适用采购客体

《联邦采购条例》中对采购的定义⑥为：

联邦政府使用拨付的资金通过购买或租赁合同获取货物或服务（包含工程）供自身使用的行为。

尽管美国法典 31 U. S. C. §6303 中只提到了财产和服务，但是《联邦采购条例》依据其他法律，对采购客体进行了详细的规定和列举。

1. 货物

"货物"⑦ 是指除土地和土地权益之外的所有财产。它包括但不限于公共工程、建筑和设施；舰、漂浮设备和所有种类、特性的船只，以

---

① John Cibinic & Ralph Nash, *Formation of Government Contract*, 3rd ed, Chicago, Illinois: Wolters Kluwer, 1998, P. 3.
② 各个法律法规中，"采购"的英文用词并不一致，FAR 中用的是"acquisition"一词，而在其他法律中，"procurement"也经常使用，而"contracting"也经常用来表示采购的意思。
③ 在美国的采购法律法规中，"工程"通常包含在"服务"中，但有时也单独列出。
④ 31 U. S. C. §6303.
⑤ Corel Corp. v. U. S., 165 F Supp 2d 12 (D DC 2001).
⑥⑦ FAR 2.101.

及它们的部件及零件；飞机和飞机部件、零件以及设备；机械设备；以及以上所有货物的改造或安装。

与《联邦采购条例》的其他部分内容相比，这个定义显得过于宽泛因而造成了困惑。① 例如，土地上的建筑物的建造和修缮被认为是工程合同而非货物合同。② 但是，船只的建造却被认为是货物合同。③ 可根据普通法，工程合同中的一些特有规则却被GAO判定为要适用于船只建造合同中。④

2. 工程

"工程"⑤是指建设、改造或修缮（包括疏浚、挖掘和涂装）建筑物、结构或其他不动产。在此定义中"建筑物、结构或其他不动产"包括但不限于各类改进，例如桥梁、水坝、工厂、高速公路、马路、街道、地下通道、隧道、阴沟、管道、输电线、墓地、泵站、铁路、机场设施、航站楼、码头、水上平台、停泊处、道路、灯塔、浮标、突堤码头、防波堤、堤岸、运河及水渠。工程不包括生产、制造、建设、改造、维修、加工或组装船只、飞机或其他个人财产。

根据1996年的《克林格—卡亨法》，工程采购中允许使用设计—建造两阶段采购程序。⑥

根据《米勒法》，对于10万美元以上的固定价合同，需要提交履约保证金和预付款保证金。对于2.5万至10万美元的工程项目必须提交付款保证。在需要提交履约保证金和预付款保证金的项目中，通常需

---

① John Cibinic & Ralph Nash, *Formation of Government Contract*, 3rd ed, Chicago, Illinois: Wolters Kluwer, 1998, P. 5.
② FAR 36.
③⑤ FAR 36.102.
④ 在Southwest Marine, Inc. 案中，64 Comp. Gen. 714 (B-218875.2), 85-2 CPD P. 104, 要求承包商在船只合同中提交履约保证金和付款保证金。
⑥ 10 U.S.C. §2305a and 41 U.S.C. §253m.

要提交投标保证金。①

3. 服务

"服务合同"② 是指直接雇佣承包商的时间和工作的合同,其中承包商的主要任务是完成一项可以确认的任务而非提交一个最终的物品。服务合同既可以是用工合同也可以不是。它所包含的服务既可以是专业人员完成的也可以是非专业人员完成的。既可以由个人完成,也可以由机构完成。在以下领域存在服务合同:

- 货物、系统或设备的维护、大修、维修、检修、修复、回收、更新或改造;
- 不动产的定期修复维护;
- 物业管理和基础服务;
- 顾问及协助服务;
- 操作政府拥有的设备、设施或系统;
- 通讯服务;
- 建筑——工程③;
- 交通及相关服务④;
- 研究和开发⑤。

(三) 适用采购主体

美国联邦政府包含三个分支:立法分支、司法分支和行政分支(以下简称"行政机构")。其中由行政机构完成的采购占了联邦采购的

---

① FAR 28.101.
② FAR 36.102.
③ FAR 36.6.
④ FAR 47.
⑤ FAR 35.

大部分份额。①

1.《武器装备采购法》的适用主体

《武器装备采购法》的适用主体包括：

- 国防部；
- 陆军；
- 海军；
- 空军；
- 海岸警卫队；
- NASA。

值得注意的是，一些条款中提到由"部门最高行政长官"执行，则意味着包含上述所有部门；另一些条款中提到由"国防部部长"执行，则只包含军事部门，而不包含（5）和（6）。②

2.《联邦财产与行政服务法》的适用主体

《联邦财产与行政服务法》适用于所有"行政机构"，除了以下几类：

- 《武器装备采购法》的适用主体；
- 根据40 U.S.C. §474 规定不适用的部门；
- 被任何其他法律认定不适用的部门。

而行政机构的定义③为：政府行政机构中所有执行部门或独立实体，包括所有政府全部拥有的企业。

3.《联邦采购政策办公室法》的适用主体

概括地说，《联邦财产与行政服务法》适用主体涵盖了《武器装备采购法》和《联邦财产与行政服务法》适用主体的总和。

---

① John Cibinic & Ralph Nash, *Formation of Government Contract*, 3rd ed, Chicago, Illinois: Wolters Kluwer, 1998, P. 25.
② 同①，P. 29.
③ 40 U.S.C. §472.

（四）适用采购资金

在《美国宪法》第 1 章第 9 节第 7 条中规定：除了依照法律的规定拨款之外，不得自国库中支取任何款项。

这个条款限制了所有机构支付国会授权以外的款项。《反赤字法》中对《宪法》里的规定进行了细化：

禁止美国联邦政府及哥伦比亚特区政府的官员或雇员——

（1）支付或授权支付一项超过拨付或资金的消费或责任；或

（2）除非有法律授权，在拨付之前使政府以合同或其他形式为付款承担责任。

总体而言，美国联邦政府采购没有限额的概念。哪怕只花 1 美分，也属于联邦政府采购的范畴。当然，对于不同种类、不同规模的采购，诸如《合同竞争法》、《诚实谈判法》、《联邦采购优化法》、《克林格—卡亨法》及《戴维斯—佩根法》等法律都对采购程序、采购人和承包人的责任等方面做出了不同的规定。主要的有：小额采购的限额（2500 美元及以内）、简化采购的限额（2500 美元~10 万美元的产品及服务和 500 万美元以内的商业产品及服务）、商业产品及服务的限额（500 万美元以上）、GPA 的限额（货物的 13 万特别提款权和工程的 500 万特别提款权）、《诚实谈判法》中规定的 50 万美元的限额等。

五、联邦采购立法的特征分析

（一）联邦采购法律体系庞杂

美国是一个普通法系国家，但与以英国为代表的典型普通法系国家相比较，美国法虽以判例为基础，但其制定法的比重和作用比普通法大得多。① 这个特点在联邦政府采购领域表现得更加突出，政府合同由迷宫一般的法律法规所规范。② 在国会下设的政府采购委员会于1972年公布的一份报告中显示，涉及并适用于联邦采购的法律超过4000部。③

无论是所有涉及联邦政府采购的4000多部法律，还是前文列举的主要法律，其适用范围是不同的，既有重叠又有交叉。更重要的是，在美国这样一个普通法国家，关于许多问题，其答案并不在法条中，而是在案例中。④ 在联邦采购法律适用的问题上，法院的判决和联邦审计总署（GAO）的裁定也起着非常重要的作用。

（二）联邦采购立法的目标不断变化和丰富

在200多年的发展历程中，美国联邦政府采购立法的价值目标发生了巨大的变化。在美国联邦采购制度的建立之初，政府采购需要解决的突出问题是权力滥用、资金浪费，政府忙于应付公共领域腐败的恶性案件，所以美国联邦采购政策最初的价值目标是公开、诚实和竞争，与此对应的采购方式是要求征集多个投标并依据最低价授标，达到政府采购价格低于市场平均价格、采购质量优良的效果。

随着美国经济的高速发展，人们的价值观念也必然发生深刻的变化，正如恩格斯所说："随着每一次社会制度的巨大历史变革，人们的观点和观念也会发生变革。"美国联邦政府采购领域中采购人的价值目标逐步变化升华是顺其自然的。当贪污腐败问题得到很大程度的遏制以后，各政府部门分散采购所带来的市场条块分割、采购规则不

---

① 王秀霞："试论美国法的形成与发展及其渊源"，《潍坊学院学报》，2007年第1期。
② James F, Nagle, "Contracting with the federal government", GPSolo, 2000 - 07/08, 17 (5): 另见 "President's blue ribbon commission on defense management, A quest for Excellence: final report to the President xxii", Summary. [S. l.]: [s. n.], 1986.
③ Comm'n on Gov't Procurement, "Report of the Commission on Government Procurement, Table and Digest of Procurement-Related Laws", [S. l.]: [s. n.], 1973.
④ The Racketeer Influenced and Corrupt Organizations Act, 18 U. S. C. § §1961 - 1968.

统一，供应商参加竞争的成本高的问题日益突出，此时联邦采购政策的价值导向发展为统一和规避风险，通过成立统一的联邦采购政策协调机构、建立统一的联邦采购规则乃至统一实施联邦采购活动来实现联邦采购市场的统一，并通过大量采购标准文本的制定来规避联邦采购中的风险。

到了20世纪60年代，美国全社会平权运动和环保运动风起云涌地发展，相关的社会经济政策层出不穷。人们对于采购的思考和理解更加深入。采购政策的价值目标不仅是满足政府办公的需要以及节约资金，物有所值并且通过采购合理分配社会财富成为联邦采购新的价值目标。

当人们发现过多的政策和法律正在像枷锁一样束缚了美国联邦采购活动，严重影响采购活动的效率时，提升行政效率和客户满意度又开始成为新的采购政策价值目标。

可以看出，美国联邦采购政策的价值目标处于不断变化和不断丰富的过程之中。[1]

在众多关于政府采购的法律中，有很多目标频繁出现，如：(1) 竞争；(2) 诚信；(3) 透明；(4) 效率；(5) 客户满意；(6) 最大价值；(7) 分配财富；(8) 规避风险；及 (9) 一致性等。事实上，没有一个采购体系能够同时实现上述目标。[2] 而且，不同的时代、不同的法律对于上述宗旨有不同的侧重，这给立法者、政策制订者和采购工作者带来了巨大的挑战。[3]

对于采购机构来说，只能执行法律中已经规定的目标，而不能创造

---

[1][2][3] SCHOONER, STEVEN L, "Desiderata: Objectives for a System of Government Contract Law", Public Procurement Law Review, 2002 (11): 103; GWU Law School, Public Law Research Paper No. 37. Available at SSRN: http://ssrn.com/abstract=304620 or doi: 10.2139/ssrn.304620.

新的目标。① 目前最新版《联邦采购条例》的相关条款②中，规定了以下三条重要的采购原则：（1）及时履约；（2）产品和服务的最大价值③；（3）保持公众的信任和信心，同时满足公共政策目标。绿色采购制度就体现在公共政策目标当中。

（三）政策类立法随采购制度的成熟不断加入

由于每个国家都有不同的经济政治目标，所以一国可能会运用政府采购作为自身社会—经济政策的工具，如环境保护、小企业保护等。④ 作者通过研究发现，美国联邦采购中政策类立法加入采购制度需要三个条件：一是现实社会中出现了亟待解决的突出问题；二是政府在解决这类突出问题时，缺乏除政府采购政策之外的其他可行的或有效的手段；三是采购制度建立得比较成熟完善。

学者杰让罗德（Jeanrenaud）和弗兰德·马丁（Fernández Martín）将公共采购中的社会和经济政策分为对外政策和国内政策，又将其中的国内政策进一步分为五类：第一类，刺激经济活动；第二类，保护民族工业，抵御国外竞争；第三类，促进特定产业的竞争；第四类，平衡地区差异；第五类，帮助实现特殊的社会政策目标。其中前四类都隶属于国家的产业政策，而第五类则是有针对性的社会政策。从数量上看，美国联邦采购中的大部分经济和社会政策都可纳入第五类政策。

---

① 参见48 Fed. Reg. 42, 102 及 Mapco Alaska Petroleum, Inc. v. United States 案，27 Fed Cl 405 (1992)。

② FAR 1.102.

③ 所谓"最大价值"，原文为best value，在1984年颁布的《合同竞争法》以及后续的法律中频繁出现。主要目的是改变以往最低价中标的原则，代之以对技术、商务各方面的综合评价，相当于我国的综合评价法。"最大价值"成为竞争性谈判这一采购方式的基石。

④ Christopher McCrudden, "Using public procurement to achieve social outcomes", 28 Natural Resources Forum 257-67 (2004).

(1) 刺激经济政策类立法。

在经济萧条时期，消费低迷，政府采购成为了振兴经济的重要手段。为应对1929～1933年的经济危机，美国国会1933年颁布了《联邦紧急救济法》，成立联邦紧急救济署，将各种救济款物迅速拨往各州，第二年又把单纯救济改为"以工代赈"，给失业者提供从事公共事业的机会，维护了失业者的自力更生精神和自尊心。同样，2008年的金融危机又催生了《2009年美国复苏与再投资法》。

(2) 保护民族工业的政策类立法。

1929～1933年始于美国的经济危机席卷了西方世界，各国纷纷采取贸易保护主义政策。美国的企业显然不希望将联邦政府用于刺激本国经济的资金被其他国家分羹，在美国水泥、钢材等产业协会和工业团体的强烈呼吁下，《购买美国货法》于1933年3月颁布实施，明确规定联邦政府采购必须优先购买本国产品。该法律虽经过了几次修正和补充，但实质精神从未变更。《购买美国货法》规定，联邦各政府机构除在境外使用、国内价格过高、对本国产品优惠不符合公共利益以及本国产品数量不够或者质量不高等特殊情况外，必须购买本国产品，工程和服务也必须由国内供应商提供。该法成为后续其他许多保护民族工业政策的基础和依据，举例如下。

《1941财年国防授权法》中要求国防部在货物采购，特别是在采购食品、服装、纺织品和特定金属时，应优先采购本国货，被称为《贝瑞修正案》。《贝瑞修正案》在《2002财年国防授权法》被修订并成为永久性法律，而2006年的再次修订使得其要求温和了一些。与《购买美国货法》相比，《贝瑞修正案》的适用范围较窄，只适用于国防采购，但其对美国货的界定标准则要严格得多。

在经济复苏和蓬勃发展阶段，自由贸易和经济全球化成为世界经济的主旋律。在美国成为GPA成员方后，美国在1979年通过了《贸易协定法》，限制了《购买美国货法》的适用范围，对于GPA范围以内及限额以上的产品或服务，GPA所有成员国的产品或服务可以享有与美国货同等条件的对待。

1991年颁布的《道路运输效率法》规定：各州接受联邦运输部补助采购包括车辆等大、重运输机械时，60%以上的资金必须购买美国货，而且车辆必须最后在美国组装；各州如果接受联邦高速道路局的补助，必须使用美国生产的钢铁等。

（3）劳动保护政策类立法。

美国国会从20世纪30年代开始，颁布了大量关于工人工资和劳动保护的法律。《戴维斯—佩根法》于1931年颁布实施。对于联邦政府2000美元以上的工程项目，该法要求付给工人不低于当地最低工资标准的工资。各地的工资标准以劳动部公布的数据为准，而且必须包含在合同当中。

1936年颁布的《沃尔什—希利法》为所有联邦政府10000美元以上的货物合同建立了劳动保障标准，该法适用于依照上述合同提供材料的生产过程中工作的所有工人。按照该法，工人工资不得低于当地最低工资标准；每周40小时之外的加班工作时间必须得到加班补偿；不得使用童工或罪犯；工作环境必须卫生且安全。该法要求上述内容必须包含在合同当中。

1938年颁布的《公平劳动标准法》建立了适用于一般工人的全民性最低工资标准和最长工作时间。1962年颁布的《合同工作时间与安全标准法》除了重申工作时间的规定外，还要求参与政府合同的工人须符合健康和安全标准；《1965年服务合同法》重申了对最低工资标准的规定，修订后的该法要求合同官在劳动部的工资查询网站采用e98程序。此外，在劳动保障方面重要的法律还有1970年颁布的《职业安全与健康法》、1989年生效的《工人调整与再培训通知法》及1992年的《流动季节农业工人保护法》等。

(4) 公平就业政策类立法。

美国自独立后,黑人问题就一直是困扰执政者的大问题。虽然通过南北战争废除了奴隶制,但黑人问题并没有得到有效解决,对黑人的种族歧视和民族压迫反而日益加重,最终导致了20世纪50~60年代震撼世界的黑人民权运动。这场运动迫使美国政府取消了种族隔离的种种规定。

美国国会于1964年颁布了《1964年民权法》,其中规定:如果一个雇主出于任何个体的种族、肤色、宗教、性别或来源国别而不雇佣、拒绝雇佣、解雇,或者在报酬、期限、条件或就业特权方面产生歧视,那么就构成一种违法的雇佣方式。1972年的《平等就业机会法》对其进行了修订,禁止有上述歧视行为的拥有15名雇员以上的企业承接政府合同。

在行政机构,则针对政府采购制订了更直接有效的措施。约翰逊总统于1964年签署11246号总统令,其后又于1967年、1969年和1978年进行了几次修订,禁止以种族、肤色、宗教信仰和最初国家来源为基础实行歧视。适合范围是联邦政府的承包商和二级承包商。这些承包商必须在一定的条件下制定出书面的积极的反歧视行动计划。总统令要求联邦政府采购政策办公室负责该政令的强制实施。

从20世纪60年代中期开始,平权运动的范围不断扩展,从单纯地禁止种族歧视延伸到争取各弱势群体的平等权利。

1967年颁布的《雇佣年龄歧视法》旨在保护40岁以上的员工,防止其受到基于年龄的歧视。这项法律最初包含的年龄是65岁,曾修改至70岁,后完全取消年龄限制。该法适用于所有拥有20名以上员工、员工每年工作20周以上的私有企业雇主,并适用于工会(25及以上人数的组织)、雇佣代理机构、各州及地方政府。

1978年颁布的《怀孕歧视法》要求企业平等地对待因某种与怀孕有关的情况而不能从事其工作的雇员。

1990年《美国残疾人法》旨在保护那些身体和精神上有残疾的人。根据法律规定,要求雇主对残疾人提供合理的调整,包括改进现有的设施、设备和工作时间安排等。该法律适用于拥有15名以上员工的私有企业的雇主。

（5）促进小企业和小型弱势群体企业发展的政策类立法。

1929~1933年的经济危机让美国政府认识到了小企业对促进就业和经济发展等方面的巨大作用。此后，美国政府将促进小企业和小型弱势企业的发展上升到了国家战略的高度，在包括立法、司法及行政机构的各个政府部门达成了共识。随着社会的进步和生产力的发展，政府的政策导向也在不断变化，美对中小企业鼓励政策主要可以分为三阶段：第一阶段，大约从20世纪30~50年代末，该阶段小企业政策的主要目标是反垄断；第二阶段，60~80年代，该阶段小企业的主要政策目标是维护小企业的竞争地位；第三阶段，80年代至今，这个时期的政策目标是鼓励和发展小企业创新。

政府采购的相关政策主要集中在上述第二阶段形成。美国国会1963年通过了《小企业法》。行政机构依据该法成立了小企业局（SBA），其主要职责是推动相关政策、配合采购部门采取行动，确保小企业（及后来的小型弱势群体企业）在联邦采购中获得足够的份额。

从20世纪60年代末开始，行政机构就陆续开展了一些旨在增加小型弱势群体企业（如少数民族企业、残疾人企业等）承担政府合同的项目。1978年修订后的《小企业法》将其中的绝大部分项目提升到法律的高度。1994年的《联邦采购优化法》对《小企业法》进行了修订，设立了让更多妇女拥有的小企业获得政府合同的目标。

在小企业局及其他政府部门不遗余力的推动下，小企业和小型弱势群体企业的合同额增长迅速，但后来也引发了诸多问题。其中最主要的表现是限制了其他企业的竞争。1988年，国会颁布了《商业机会发展改革法》，对小企业促进政策进行了限制和约束。

（6）环境和能源政策类立法。

美国第一个关于污染防治方面的法律是1899年的《河流与港口

法》,随后于1910年颁布了《联邦杀虫剂法》,1924年颁布了《防止河流油污染法》等。但这些有限的法律在经济的巨大诱惑下显得苍白无力。西部开发运动为美国带来了经济的腾飞,但也带来了严重的环境问题。在不到100年的时间里,大片的原始森林消失殆尽,换来的是盐碱地和荒漠。生态环境急剧恶化,最终导致了1934年发生的美国历史上一次破坏力最大的沙暴。1943年发生了洛杉矶光化学烟雾事件,洛杉矶市汽车排放的大量尾气在紫外线照射下产生化学烟雾,使大量居民出现眼睛红肿、流泪、喉痛等,死亡人数急剧增加。1948年美国宾夕法尼亚州多诺拉镇,因炼锌厂、钢铁厂、硫酸厂排放的二氧化硫及氧化物和粉尘造成大气严重污染,致使5900多名居民患病,事件发生的第三天就有17人死亡。环境问题引起了民众和政府的高度关注。从20世纪50年代起,各种有关环境的立法密集出台。而与政府采购直接相关的法律则于60年代起陆续出现。这些法律使用联邦政府采购作为政策工具实现保护环境和节约能源的功能。

1969年颁布的《国家环境政策法》要求与所有"联邦政府显著影响人类环境有关的活动"必须提交环境影响评价。1970年的《清洁空气修订》和1972年的《控制水污染法修订》要求环保署列出破坏空气和水质量的设备清单,而特定(比如,金额超过10万美元)的联邦政府合同的承包商必须保证不使用清单内的设备。1972年颁布的《噪音控制法》要求联邦政府机构必须对一些达到低噪音条件的产品给予优惠。这些产品必须经过环保署的测试。而1975年颁布的《能源政策与节约法》要求总统指令或协调政府部门开发关于节约能源和提高能效的强制性标准。这些标准应影响采购政策和采购决定。这一要求后来被落实在《联邦采购条例》中。1976年的《资源节约和能源法》要求政府部门尽量采购使用再生材料的产品。

(7)小结。

美国联邦采购制度在建立初期,只是为了解决政府部门对货物、工程和服务的实际需求。随着时间的推演，各种政策类立法逐步加入到了采购制度之中，并对政府采购活动产生了深远的影响。值得注意的是，这种政策类立法的加入不是没有前提的，这就是联邦采购制度自身的成熟。主要体现在以下几个方面：第一，详细的配套法规和行政命令、规则、程序；第二，完善的执行机制和配套措施；第三，采购人员专业知识和道德水平的支撑；成熟的监督和争议解决机制。制度的成熟性，成为相关政策性立法能否发挥效用、政策目标能否实现的关键。如果采购制度不够成熟完善，不仅无法承受附加其上的政策性功能，反而连及时履约和产品和服务的最大价值这些采购的基本目标都无法实现。

第三章

美国联邦绿色采购行动

立法者制定的法律只是一般性的行为标准,在具体适用法律规则时人们须有一定的选择可能性。为了弥补法律的"空缺结构",就需要在法律制度中采取各种各样的技术。其中一种就是由立法机关创设非常普遍的标准,然后授权熟悉各种不同情况的、负责适用、制定规则的行政机关去改制规则以适应他们的具体需要。如哈特所云:"法律的空缺结构意味着的确存在着这样的行为领域,在那里,很多东西需要留待官员或法院去发展,他们根据具体情况在互相竞争的、从一个案件到另一个案件分量不等的利益之间作出平衡。在规则范围和判例理论留缺的领域,法院发挥着创制规则的作用,这一作用主要是由行政机构在制定可变标准方面执行的。"①

将思想和观念转化为行为的过程会产生许多困难,导致最终的结果与预期发生很大变化。将纸面上的环境保护和政府采购方面的法律转化为可执行的行动需要许多步骤。绿色采购由于法律的复杂性和跨组织性,不可能由单一层面的政府或者单一组织来负责实施,而是由组织的

---

① [英]哈特著,张文显等译:《法律的概念》,北京:中国大百科全书出版社,1996年1月第1版,第134~135页。

互动以及推广大量影响企业和个人行为的行动来推动。

尽管行政机构建立的行动以及撰写的规则都要以国会提供的立法框架为基础。国会使用相对宽泛的语言制定立法条文,使得行政机构有一定的解释空间。行政机构把法律条文转变为可操作性的行动,通过撰写详细的规则来实现立法目标。

通过前两章的讨论我们可以看出,美国联邦采购活动受到环境立法和采购立法的双重制约。就环境立法而言,在法律的条文中直接看到对于政府采购约束的字眼并不多,事实上绿色采购的实现是以环境立法为基础,行政机构通过颁布各种行政指令、部门规章以及开展各种行动,再修改《联邦采购条例》并最终落实在采购官的行为之中的。本章对于各种绿色采购行动进行梳理,并分析行政机构在此过程中的考量。

第一节 绿色采购行动的成因分析

一、美国联邦政府巨大的采购规模

政府代表公共利益。联邦政府作为公共资源的管理者在资源分配过程中对人力、物力、财力、时间等一级资源进行配置,也通过政府采购行为对资源进行再分配。所以,政府采购行为是一种配置使用公共资金的重要形式。政府可以在这种分配过程中加入自己的政策意图。美国联邦采购的规模占美国政府采购总额的50%左右,从2008财年开始,美国联邦采购的规模已经突破了每年5000亿美元,使其成为整个市场上购买力最强的消费者。[1] 表3-1列出了2003年以来美国联邦政府采购的规模。

---

[1] Arie Reich, "The New Text of the Agreement on Government Procurement: An Analysis and Assessment", 12 J. Int'l Econ. L. 989 (2009).

表 3–1　　　　　　　　美国联邦政府历年采购规模

财政年度	采购规模（亿美元）
2003	2181
2004	3461
2005	3912
2006	4319
2007	4694
2008	5411
2009	5401
2010	5398
2011	5394
2012	5176

资料来源：http：//www.usaspending.gov。

表 3–2　　　　　　　　美国联邦政府采购构成

政府部门	采购规模（美元）
国防部	401048632491
能源部	24783247708
联邦服务总署	18121762760
航空航天局	16719009894
国土安全部	15828987909
退伍军人事务部	15335027369
国务院	6322587449
司法部	5882452698
农业部	5766502375
交通运输部	4662891900

由于政府采购规模巨大，所采购的品种、数量、频率都将直接影响产品生产者的行为，当政府采购因公共利益的需要而有意识地向特定产

品倾斜时，市场的需求结构将会发生改变，由此提升企业生产特定产品的积极性。如果在采购中推行某种绿色采购政策，将改变采购中原有的供需平衡，减少对非环保产品的需求、增加对环保产品的需求，从而对整个市场产生巨大的影响。

二、政府采购的乘数效应和带动效应

美国联邦政府采购的影响并不限于采购活动本身，每年约5000亿美元的采购规模，意味着联邦绿色采购项目对绿色产品和服务的提供者具有可观的影响力。示范效应可能会大大高于政府采购政策与资金本身所发生的直接作用，形成放大的乘数效应。凯恩斯的政府干预理论认为，在市场失灵的情况下，政府干预经济是十分必要的，政府应扩大其职能，实施积极的财政政策，刺激投资和消费。政府直接投资不仅可以弥补私人投资的不足，并且政府增加的每一笔净投资，都可以通过乘数效应带动私人投资和消费，从而使国民经济成倍增长。除了政府可以采购产品外，政府采购还可以通过购买新的环保技术的方式来促进多种主体的自主创新。对环保新技术产品的购买能够为本国的经济发展起重要推动作用。所以，发达国家都积极采取措施，纷纷购买本国企业的环保新技术产品，以推动本国企业的技术创新。从产品生命周期的角度看，绿色产品是新兴产业，企业研发相关产品存在较大的技术和经济风险。政府购买绿色产品，可以有效降低这些产品进入市场的风险。因此刺激其他企业竞相研发新技术，并且新技术由于外溢性的存在，模仿活动引起新的技术创新，促进绿色产业走向成熟和繁荣。

此外，通过联邦政府采购制度设计中形成的标准、规范和做法，也会拓展到商业领域，从而减少了制度设计的成本，扩大了上述标准和规范的使用范围，减少了绿色产品的交易成本。

最后，各类联邦绿色采购项目的推广，可以起到对社会大众宣传和教育的效果，每个人身体力行地减少不必要的消费、并践行绿色采购的理念，可以从根本上减少对非环保产品的需求。

三、绿色采购行动遇到较小的政治阻力

在美国这样的联邦制国家，联邦政府想要通过与税收或罚款有关的法律并非易事。不仅会遭到被征税或罚款的对象——利益集团的抵制和阻挠，而且广大公众也能认识到，这些税或费很可能会以溢价的形式反映到产品售价中而由消费者来承担。在这样的情况下，与税费有关的法律通常很难在漫长的立法过程中脱颖而出。

而政府采购行动则不然，通过向政府采购活动附加额外的政策功能，则遭遇抵制的可能性较小。究其原因，主要有以下五点：

第一，美国联邦政府行政机构的政府采购行动无需经过民主程序。行政机构直接对总统负责，其行动目标是制定反映总统政策导向的规则，通常以行政命令、规章等形式体现。这些规则当然不能违背由国会制定的法律，而且有一定的程序，但是这个程序要比国会的立法程序简单得多。更重要的是，无需执行多数票规则。换句话说，这类规则的制定过程，主要是基于技术因素而不是政治因素。因此，政府建立绿色采购行动的效率是比较高的。当然，行政机构采取行动也是受到限制的。国会保留监督权，如果行政机构采取的行动偏离了立法目标，国会可以在立法时重申其意图，甚至废止先前的立法。监督从本质上讲是国会进行的第二轮合法化工作。由于时间、人员的限制，国会采用"火警装置"而不是"巡逻警察"来监督行政机构。

第二，绿色政府采购行动的采购主体是政府而非社会公众。与让社会公众直接承担绿色采购的成本相比，政府作为采购人，在采购目标中增加额外的目标，虽然也会产生成本，但这些成本再传递给纳税人则需要更长的时间和链条。此外，绿色采购涉及技术、管理和法律专业知

识，领域的专业性和内容的复杂性使得相关成本不易为社会公众察觉。通俗地讲，绿色采购政策因为看上去是"免费的午餐"，所以皆大欢喜。

第三，按照制度经济学理论，制度的变迁是一个复杂而昂贵的过程，制度选择及制度变迁可以用"需求—供给"的理论构架来进行分析。一方面，制度的供给主要取决于人类对相关知识的认识或理解。另一方面，当人类发现社会潜在的利益尚未被挖掘时，或者从另一个角度来说，当新制度所带来的边际收益已经大于旧制度的边际成本时，一种新制度的需求应运而生。在制度的需求方面，绿色采购政策的成本收益难以衡量。有三个原因造成绿色采购的成本构成非常复杂[①]：一是绿色采购政策与采购基本目标（即价格、质量和时间）的冲突，比如绿色产品的价格高于普通产品；二是与其他政策功能之间的冲突，比如进口的绿色产品与国产的非绿色产品的比较；三是对采购透明度的影响，加入绿色采购政策后，采购评审的复杂性和结果的不确定性都会增加；四是对采购机构、采购人员以及供应商的能力提出较高要求等。而由于绿色采购行动的叠加效应以及效果的长期性，绿色采购行动的收益则更加难以衡量。当行政机构推动相关的立法及项目时，成本会被刻意掩盖而收益会被夸大，相关的行动自然容易得到更多的支持。

第四，在制度的供给方面，绿色采购行动符合国际惯例。通常，将各种社会经济政策附加在采购上增加采购的复杂性、降低政府采购的透明度，因而得不到《欧盟采购指令》、世界贸易组织《政府采购协定》及联合国国际贸易法委员会《公共采购示范法》等国际惯例的支持，而这其中的例外就是绿色采购政策。其中的原因尚不明确，作者推测，除了历史形成的约定俗成的原因外，很重要的理由可能是绿色采购占据

[①] 参见赵勇：《实施政策功能应考虑成本与收益》，《中国政府采购报》，2014年2月21日。

了道德的制高点,同时增强了政府的合法性。

第五,绿色采购行动的利益受损者难以通过法律手段抗拒。通常来讲,几乎任何新制度的出台都会使得部分人受益、部分人利益受损。推行绿色采购行动,同样会伴随着不同组织与环境保护措施相关的成本和收益的再分配。然而当绿色采购行动的利益受损者,比如非绿色产品的生产者试图通过法律手段维权时,会发现他们很难得到国会或法院的支持。在国会讨论环境保护相关法律时,往往并不涉及采购问题。而在有法律依据的情况下,绿色政府采购行动通常不能构成对供应商的歧视。从理论上说,基于环境方面的考虑给予绿色产品或供应商优惠的法规或行政命令有可能违反《合同竞争法》和采购诚信法规。《联邦采购条例》3.1部分要求"除法律或法规授权,政府采购应当以公平、公正、无可指责的方式进行。"然而,在实际操作中,因为采购人在选择过程中并没有偏向个别的产品或供应商。法院审理与联邦政府采购相关的案例时,通常支持采购人认为合乎自身利益最大化的任何采购决策。也就是说,如果政府将环境保护作为自身利益的一部分内容,通常不会被法官认为不因限制竞争而违反《合同竞争法》或《联邦采购条例》。

基于以上原因,绿色采购行动得以在美国联邦采购领域大范围推广。

第二节 美国联邦绿色采购行动的目标、分类和内容

一、美国联邦绿色采购行动的目标

美国联邦政府的行政机构在贯彻绿色采购的政策和法律、支持环境保护方面发挥最重要的作用。绿色采购行动的直接目标是减少联邦政府活动的环境足迹。与之相关的目标是通过减少能源、水和资源的使用。

另一个目标可以使用采购杠杆或聚焦市场的项目，积极推动发展绿色产业、绿色经济等。同时，联邦政府绿色采购行动可以帮助提供更好的方法来达到这样的目标，例如通过促进生命周期评价方法和各种标准的成熟。如无特别说明，本章中的"联邦政府"特指联邦政府的行政机构。

二、美国联邦绿色采购行动的分类

现代联邦政府绿色采购行动的重点主要是货物采购。按照不同的分类标准，美国联邦政府的绿色采购行动可以作如下分类。

（一）按照采购人的身份分类

美国联邦政府倡导有关产品和服务的绿色采购的行动，基于采购人身份的不同可以分成两类：第一类是以政府部门为采购人的促进绿色产品和服务采购的行动，即政府绿色采购，也是本书的主要研究内容；第二类是以市场主体为采购人的促进绿色产品和服务在更宏观的经济中的可获得性的项目。从对需求方的影响看，非联邦政府组织可以某种形式效仿联邦政府。

这两类行动其实也有互相影响和渗透。最初聚焦市场的项目，如环保署和能源部的联合项目能源之星和 Biopreferred 项目，也可能被联邦政府采购纳入能耗设备甚至工程的采购法规之中。而专为联邦政府采购提供的绿色项目的信息，如 EPP，可以通过机构的网站或其他来源公之于众。

聚焦于市场的联邦政府行动，有些项目是由环保署管理，有些由其他机构管理，有些项目在环保署的 EPP 数据库中引用。① 除了其他联邦

---

① Environmental Protection Agency, "Database of Environmental Information for Products and Services," 2nd Apr. 2010, http://yosemite1.epa.gov/oppt/eppstand2.nsf.

机构的指南和标识计划，联邦贸易委员会开发了一套通用的资源来帮助感兴趣的消费者获得绿色产品。① 其中最有影响力的是《绿色指南》②。这个自愿性的指南的目的是协助行业确保各种产品和服务的环境营销不虚假或误导。

（二）按照行动的效力层级分类

政府绿色采购的行动按照效力层级可以细分为三个层级：第一层级是联邦政府基于绿色采购法律而颁布的行政命令（如 E. O. 13424 和 E. O. 13514 等）及政策文件，如预算与管理办公室发布的《关于实施行政命令 13423 的指导意见》③、政策函 92 - 4④ 及《2008 财年对绿色采购要求的报告》⑤ 等；第二层级是一个或多个行政机构根据绿色采购法律及行政命令颁布的或部门规章。下文分别予以简要介绍；第三个层级是各政府部门内部的绿色采购项目。

（三）按照治理因素复杂性分类

按照治理复杂性分类，美国联邦绿色采购行动可以分为治理单一对象和治理多重对象两类，其中治理单一因素的行动又可继续细分为治理

---

① Federal Trade Commission, "FTC Consumer Information-Energy & the Environment: Environment," 11th August 2009, http://www.ftc.gov/bcp/menus/consumer/energy/environment.shtm.

② Federal Trade Commission, "Part 260 - Guides".

③ Office of Management and Budget, "Instructions for Implementing Executive Order 13423," 29th March 2007, http://www.fedcenter.gov/_kd/Items/actions.cfm?action=Show&item_id=6825&destination=ShowItem; Department of Defense, "Department of Defense Green Procurement Program Strategy", November 2008, http://www.acq.osd.mil/dpap/cpic/cp/docs/USA001967-08-DPAP.pdf.

④ Office of Management and Budget, "Policy Letter 92 - 4", 2nd November 1992, http://www.whitehouse.gov/omb/procurement_policy_letter_92-4.

⑤ Office of Management and Budget, "FY 2008 Reporting on Green Purchasing Requirements", Memorandum for Federal Agency Environmental Executives and Agency Senior Procurement Executives, 20th October, 2008, http://www.whitehouse.gov/omb/procurement/green/fy2008_report_on_green.pdf.

能源和水、资源、破坏臭氧层物质、有毒化学品等,详细分析见下一节。

三、美国联邦绿色采购行动的内容

生态环境往往普遍被认为是指与人类文明很大程度上相独立的自然生物系统。然而,在现实中人类依靠生态环境而生存,如淡水、空气、食物和其他天然产品,以及与生活质量有关的无形的服务,如娱乐和存在的价值[1]。

影响生态环境的因素有很多,有时也被称作环境特性(Environmental attributes)或绿色指标(Green factors),它们既可以是对环境有益的因素,[2] 也可以是有害的因素,比如化学品引起的皮肤过敏或者空气污染的物质。[3] 以人类赖以生存的生态环境为对象,可以把影响环境的因素分为输入因素和输出因素。输入因素是指进入生态系统中的因素,包括能源、资源和水。输出因素是指输入因素进入系统后所发生的环境效应,包括对生态系统和人类健康的影响以及废弃物。以绿色采购行动所针对的输入或输出因素的数量为依据,可以把美国联邦绿色采购行动分为针对单一治理因素的绿色采购行动和针对多重治理因素的绿色采购行动。目前,美国联邦政府的环保署、能源部、农业部和绿色电器委员会共建立了10个绿色采购行动,其中针对单一因素的有8种,针对多重因素的2种。

---

[1] National Research Council, *Perspectives on Biodiversity: Valuing Its Role in an Everchanging World*, Washington D. C.: National Academy Press, 1999.

[2] Federal Trade Commission, "Part 260 – Guides for the Use of Environmental Marketing Claims," April 12, 2007, http://www.ftc.gov/bcp/grnrule/guides980427.htm, C. F. R. Part 260.

[3] Environmental Protection Agency, "Green Cleaning-Environmental Attributes Defined," January 28, 2010, http://www.epa.gov/epp/pubs/products/cleanattribut.htm.

(一) 针对单一治理因素的绿色采购行动

1. 能源和水

能源因其产生方式的多样性、经济上的重要性以及对环境的影响力而成为最重要的影响因素,影响所有产品和服务,尽管对于不同产品或服务,以及对于同一产品或服务的不同生命周期,其重要性可能会有所不同。水也是一种重要的资源,充足而清洁的淡水供应越来越成为国内和全球关注的焦点。①

(1) 行政命令及行动目标。

美国联邦政府分别在 1976 年 4 月 13 日颁布了 E. O. 11912,《〈能源政策与节约法〉的授权》,② 在 1999 年 6 月 3 日颁布了 E. O. 13123《通过有效的能源管理绿化政府》,③在 2001 年 7 月 31 日 E. O. 13221《高能效的备用电源设备》。④ 行动目标是在采购货物和服务的过程中,提高能源和水的利用效率,促进可再生能源产品的使用,并有助于促进市场的新兴技术。适用范围为所有的采购,包括低于简化采购门槛金额的标的。1992 年《能源政策法》⑤ 为特定的管道装置建立了用水标准⑥,E. O. 13423 的实施指南要求国家机构应使用环保署标识的水感应产品以满足用水效率的要求。

(2) 具体行动内容。

推广节能产品行动。⑦ 包括能源之星和 FEMP 目录内的产品。其中

---

① Peter Folger, Betsy A. Cody, and Nicole T. Carter, "CRS Report RL34580, Drought in the United States: Causes and Issues for Congress".
② Delegations of Authority under the Energy Policy and Conservation Act.
③ Greening the Government through Efficient Energy Management.
④ Energy-Efficient Standby Power Devices.
⑤ P. L. 102 – 486.
⑥ 42 U. S. C. 6295.
⑦ Department of Energy, "Federal Energy Management Program", 21st October 2009, http://www1. eere. energy. gov/femp.

能源之星产品的定义是：产品的额定能源效率低于在42 U.S.C. §6294a条款下建立的能源之星项目。① FEMP目录内的产品的定义是：由能源部建立的联邦能源管理项目（FEMP）下的指定产品，其能源效率在同类产品中排在前25%。②

推广水感应器产品行动。③ 环保署在法律和行政命令的基础上建立了推广水感应器标识行动，用目录方式列出了节水型的管道装置和其他产品。

2. 资源

生产产品或服务过程中所使用的资源对输出因素和其他输入因素有重大影响，包括对消耗其他资源、污染、能源以及健康等其他因素造成影响等。

人类使用过后的资源，即使是不危险的废弃物，由于废弃时的能源消耗、处置场地的生态系统、放弃循环使用时的资源消耗等原因，其实对环境也是有害的。输出会发生在产品或服务的生命周期的不同阶段。2007年，超过2/3的美国危险废弃物是由化学工业生产的④。

所谓绿色材料要么含有大量的可循环成分，或者由可再生的生物基材料制造，要么使用少量的能源并产生少量的污染物。

（1）行政命令及行动目标。

美国联邦政府1998年9月14日，E.O.13101《通过防止浪费、循环利用和联邦政府采购绿化政府》。⑤ 行动目标是对含回收材料和生物基产品的采购政策需综合考虑成本、可获得性、竞争性和性能。该行动要求行政机构应在保证不影响产品的使用目的而且保持在令人满意的水

---

① 42 U.S.C. §8259b (a) (2).
② 42 U.S.C. §8259b (a) (4).
③④ Environmental Protection Agency, "WaterSense", 8th October 2009, http://www.epa.gov/OW-OWM.html/water-efficiency/index.htm.
⑤ Greening the Government through Waste Prevention, Recycling, and Federal Acquisition.

平的竞争及合理价格的情况下，最大程度地提高含回收材料和生物基产品的成分。这样的产品应满足该机构合理的性能标准并具有一定的竞争力和性价比。除特殊情形之外，不能采购纯净的原始材料。

（2）具体行动内容。

使用循环和再生材料的行动。再生材料的定义是：由固体废弃物和副产品回收或转移固体废物制成的产品，不包括在原本的制造过程中产生和使用的材料和副产品。①

推广替代燃料和替代燃料机动车的行动。替代燃料的定义是：乙醇、变性甲醇和其他醇类；汽油或其他燃料和醇类的混合物，其中含有85%或更多的体积浓度乙醇、变性甲醇和其他醇类；天然气，包括国产的由天然气制成的液体燃料；液化石油气；氢；煤衍生的液体燃料；从生物材料衍生的燃料（酒精除外）；电力（包括太阳能发电）；或其他环保署认为决定基本上是石油制品并能显著提升能源安全和环境效益的燃料。②替代燃料机动车的定义是：完全使用替代燃料或是既可使用替代燃料又可使用汽油或柴油的机动车。③

推广生物基制品的行动④。生物基制品的定义是：由农业部确定的，全部或重要部分由生物制品，包括国内生产的可再生的农业材料（植物、动物和海洋材料）或林业材料，组成的除食品或饲料以外的商业或工业产品。⑤

3. 消耗臭氧层物质

（1）行政命令及行动目标。

美国联邦政府于2000年4月21日颁布E.O.13148，《通过领导力

---

① 48 C.F.R. §2.101.
② 42 U.S.C. §13211 (2).
③ 42 U.S.C. §13211 (3).
④ U.S. Department of Agriculture, BioPreferred.
⑤ 48 C.F.R. §2.101.

和环境管理绿化政府》。美国环保署颁布了部门规章《保护平流层的臭氧》,[①] 行动目标是：最大限度地减少与消耗臭氧层有关物质的购买,优先采购能够减少对人类健康和环境有风险的耗竭臭氧层物质的替代化学品、产品和制造过程。适用范围为所有联邦采购活动。

（2）具体行动内容。

推广消耗臭氧层物质的替代品的行动。消耗臭氧层物质的定义是：环保署在 40 C. F. R. 第 82 章中指定的 I 类物质，包括但不限于氯氟烃、哈龙、四氯化碳、甲基氯仿；或 II 类物质，包括但不限于含氢氯氟烃。[②]

4. 有毒化学品

有毒化学品对人类健康和生态环境构成巨大威胁。它们可能是有毒的、易燃或具有腐蚀性。有毒化学品通常存在于危险废弃物中。根据环保署的统计，2007 年在美国产生了超过 4600 万吨的危险废弃物。[③]

（1）行政命令及行动目标。

联邦政府于 2000 年 4 月 21 日颁布 E. O. 13148,《通过领导力和环境管理绿化政府》，行动目标是政府在购买货物和服务时希望对社区健康和环境产生最小的不利影响，要求联邦机构，以切实可行的最大程度，应将合同授予以公开方式报告释放到环境中的有毒化学物质的公司。通过向公众提供制造工厂向空气、土壤和水体中排放的有毒化学品的信息，以保护公众健康和环境。生产设施的所有人或经营人须向环保署和州政府提交有毒化学品排放和废物管理活动的年度报告。[④] 适用范

---

① Environmental Protection Agency Regulations, Protection of Stratospheric Ozone (40 CFR Part82).

② 48 C. F. R. § 2.101.

③ Environmental Protection Agency, "The National Biennial RCRA Hazardous Waste Report", EPA 530 - R - 08 - 012, Nov. 2008, http://www.epa.gov/osw/inforesources/data/br07/national07.pdf.

④ 参见 http://www.epa.gov/tri 中的要求。

围：所有超过10万美元的竞争性合同以及竞争性的8（a）合同①；不适用于商业产品以及美国本土之外的采购。该行政命令要求超过10万美元的竞争性合同适用，采用报价人提供证书，作为符合性指标。

（2）具体行动内容。

替代有毒和优先化学品的行动。其中，有毒化学品的定义是40 C. F. R. §372.65中列出的化学品。优先化学品的定义是：由跨部门环境领导工作组或由行政机构根据行政命令13148第503款确定的化学品。②

（二）针对多重治理因素的绿色采购行动

影响生态环境的多种因素交织在一起，会使得采购人难以准确理解及评判。针对多重治理因素的绿色采购行动可以克服单一治理因素在绿色采购中顾此失彼的不足。

1. 行政命令

美国联邦政府依据1998年9月14日的E. O. 13101，《通过防止浪费、循环利用和联邦政府采购绿化政府》、1999年6月3日的E. O. 13123，《通过有效的能源管理绿化政府》、2000年4月21日的E. O. 13148，《通过领导力和环境管理绿化政府》、③ 2001年7月31日的E. O. 13221，《高能效的备用电源设备》以及2007年1月24日，E. O. 13423《加强联邦政府环境、能源和运输管理》，④ 建立了两项行动，其目标为：实施费用有效的优惠采购计划以提高能源效率、节约用水并采购EPP产品和服务。要求政府部门采用适当的采购策略，并且（1）最大限度地使用由环保署发布的EPP目录内产品和服务；（2）提

---

① 作者注：8（a）合同是美国联邦采购中的小企业支持计划中的一个项目。
② 48 C. F. R. §52.223-5（a）.
③ Greening the Government through Leadership in Environmental Management.
④ Strength-ening Federal Environmental, Energy, and Transportation Management.

高能源效率和节约用水;(3)消除或减少危险废物的产生和特殊材料处理的需要(包括特殊处理、存储、处理和处置);(4)促进非毒性和可回收材料;(5)实现全生命周期成本的节约;(6)当制订计划、图纸、规范、标准和其他产品说明以授权材料的替换、延长保质期和工艺的改进时,应减少浪费并促进费用有效;(7)促进生物基产品的使用;(8)只购买可降解的塑料制品。

2. 具体行动内容

(1)环保采购产品推广行动,即 EPP 行动。① 该行动于 1993 年依据行政命令建立,尚无明确的法律授权,但被随后的行政命令和联邦采购条例纳入。EPP 产品的定义是:与同类达到同样的目的产品相比,对人类健康和环境的作用具有较小或减少的影响的产品。② 除个别情形外,③ 不同的非联邦实体在使用 EPP 定义时通常遵循联邦定义。

该项目是在联邦政府中,除了某些绿色建筑行动外唯一的多产品、多属性、基于生命周期的绿色采购项目。④ 环保署强调 EPP 的五个原则:

- EPP 应当集成环境、价格和性能方面的考虑。
- 实施 EPP 的主要动机是防治污染。
- EPP 应该基于全生命周期、多个环境属性的方法。

---

① Environmental Protection Agency and Department of Energy, "Energy Star", 2009, http://www.energystar.gov.
② 48 C. F. R. §2.101.
③ Scot Case, "Environmental Purchasing Policies 101: An Overview of Current EPP Policies", Commission for Environmental Cooperation and the North American Green Purchasing Initiative, 25th March 2004, http://www.cec.org/files/PDF//NAGPI%20Policy%20Paper2e.pdf.
④ Environmental Protection Agency, "Final Guidance on Environmentally Preferable Purchasing for Executive Agencies," Federal Register 64, no. 161, August 20, 1999, 45810 – 45858; "Environmentally Preferable Purchasing (EPP)," November 7, 2007, http://www.epa.gov/epp; Office of Management and Budget, "Instructions for Implementing Executive Order 13423," March 29, 2007, http://www.fedcenter.gov/_kd/Items/actions.cfm?action=Show&item_id=6825&destination=ShowItem.

● 政府部门在确定哪种产品和服务对环境更好时应比较不同的环境属性。

● 比较时需要有关于环境绩效全面、准确和有意义的信息。

不同于一些单一因素的行动，EPP 不依赖于某一特定的认证系统，而是汇集了各种各样的联邦政府、私营部门和国际的认证、目录和标准以供政府部门选择。

（2）EPEAT 产品推广行动。EPEAT 是由一个私人非营利机构——绿色电器委员会（GEC）开发的绿色电子标签，最初由环保署提供部分资金资助建立了公认的技术标准，之后被联邦政府采纳。① 除了在绿色建筑中以外，② 只有 EPP 和 EPEAT 对于绿色采购提出了针对多重因素的集成方法。其他的只考虑一个或几个属性。值得注意的是，EPP、EPEAT 及有毒和优先化学品的替代品的行动不是以法律而是以行政指令作为支撑的。

四、推动绿色采购行动的主责机构及适用范围

预算与管理办公室（OMB）和位于环保署的联邦环境执行办公室（OFEE）通过政策文件对于各类绿色采购行动提供宏观指导。对于一些特定的因素，具体的采购优惠方法由不同的机构来设定。环保署、GSA、OFEE 及其他部门具有识别绿色产品的数据库。OMB 要求行政机构有绿色采购计划并每年汇报其行动。这些要求大部分是定性的，但对于可回收成分和替代燃料产品有定量报告。

在行动的实施方面，由具体的行政机构制订标准或者产品目录：能源部和环保署负责能源，农业部负责生物基产品，环保署负责回收材料

---

① Green Electronics Council, "Welcome to EPEAT".
② CRS Report R40147, "Issues in Green Building and the Federal Response: An Introduction".

和推广水感应产品,能源部将提供替代燃料的指导。① 对有毒有害物质,环保署为执行实施指南的领导机构,但似乎对开发替代品的目录没有具体的要求。强调的是在各个机构减少使用相应成分,详见表3–3。

表3–3　　　　　　　绿色采购行动及其主责机构汇总

治理因素	联邦绿色采购行动	主责机构			
		环保署	能源部	农业部	绿色电器委员会(GEC)
能源	能源之星	●	●		
	FEMP		●		
水	水感应产品	●			
资源	回收(循环)成分	●			
	非消耗臭氧层物质	●			
	低毒或低危险物质	●			
	天然产品			●	
	替代燃料和替代燃料机动车		●		
多因素	EPEAT				●
	EPP	●			

在绿色采购行动的适用范围方面,适用尽管大约一半的联邦采购支出是服务,但上面列出大多数行动只适用于产品。EPP适用于产品和服务,但对于服务的指导似乎很少。② 尤其对于专业性的、科研的和技术方面的服务,这些服务约占联邦采购服务支出的一半。能源效率方面的行动也适用于服务,尤其对于节约能源绩效合同,其中政府部门和能源服务公司合作改善的政府使用的节能水平。③ 上述行动也适用于由服务

---

① Office of Management and Budget, "Instructions for Implementing Executive Order 13423".
② Environmental Protection Agency, "Database of Environmental Information for Products and Services".
③ Department of Energy, "Federal Energy Management Program: Energy Savings Performance Contracts", September 3, 2009, http://www1.eere.energy.gov/femp/financing/espcs.html.

提供商使用的产品。联邦采购条例规定合同官在购买服务时,应参考环保署和农业部制订的含回收材料和天然产品的目录。①

第三节 美国联邦绿色采购行动中的治理问题分析

一、治理体系中法律性安排与操作性安排的比较

治理体系是在不同环境中实现治理功能的制度安排。② 奥兰·扬将这种制度安排进一步细分为宪法性安排（Constitutive arrangement）和操作性（Operational arrangement）安排,并认为宪法性安排是由权利、规则和决策过程体系组成的大框架,用于创建各类体制,以便解决多种多样的社会问题;而操作性安排则是建立在宪法性安排基础上的、目标明确的结构,目的在于解决具体的问题。根据美国联邦绿色政府采购治理体系的具体特点,作者将该治理体系细分为法律性安排和操作性安排,前者包括宪法和联邦政府制订的法律,后者主要指联邦政府的行政机构制订的行政命令、部门规章、采取的各类行动以及规则程序等。

在治理体系中,操作性安排提供了最大的灵活性但最小的稳定性。因为总统及行政机构可以在任何时间修改或撤销它们,而不必考虑国会或公众的意见。法律性安排则相反,提供显著的稳定性,因为国会必须立法撤销或修改。

然而,由于改变法律性安排比较困难,使政府更加难以调整依据法律建立的政策以适应外部条件的变化。特别是,如果法律性安排设定的是一个固定的设计标准,而不是一个灵活的性能要求。例如,法律要求

---

① 48 C. F. R. §23.405.
② ［美］奥兰·扬著,赵小凡、邬亮译:《直面环境挑战:治理的作用》,北京:经济科学出版社,2014年6月第1版,第5页。

使用一种特定的替代燃料可能会阻碍其实更能满足政策目标要求的新兴的替代品。然而，一个特定的设计标准往往比性能标准更具可操作性。

在绿色采购领域，操作性安排还可以进一步细分为以法律为基础的操作性安排和以行政命令为基础的操作性安排。这一区别会影响到其执行的力度以及可修改或撤销的难易程度。通常来说，有法律性安排作为支撑的如回收的内容和替代燃料等绿色采购行动，比没有法律性安排支撑、仅依据行政命令建立的像 EPP 这样的行动能够得到更充分的实现。

建立、修改或撤销行政命令和规章并不需要国会的参与，但国会有机会在其生效前进行审查。公众通常在制定或修改法规的过程中提出意见或修改建议。因此可以说行政命令和规章的灵活性和稳定性是介于政策文件和法律之间，但除非他们专门建立在已生效法律的基础上，他们也给行政机构的绿色采购的要求、政策和行动提供了主要授权。

由于绿色采购行动的广泛性以及适用性、强度、稳定性和灵活性的不同，国会可以检查是否需要修改。在某些情况下，国会选择给一个现有的行动以法律授权，比如在《2002 农场安全与农村投资法》[①] 中，给业已存在的行政命令和法规对生物基产品的扶持提供了法律基础。

二、治理对象中单一因素与多重因素的比较

大部分联邦绿色采购行动聚焦于治理某种单一的输入或者输出因素，如能耗、可回收成分或者毒性。这种方法的优点是比较直观、可操作性强。但缺点是没有充分考虑各个因素之间的相互作用以及平衡取舍。

事实上，正如前文所分析过的，绿色采购并不应局限于治理某一项单一因素，而往往在产品的全生命周期涉及一整套因素，即便一项因素

[①] P. L 107 – 171.

已经达到了理想效果，其他因素仍可能存在改进空间。

以单一因素作为治理对象的另一个缺点是：由各个部门在不同时间建立的政府绿色采购行动是支离破碎的。当多种类型的产品和服务可以满足不同的单一因素时，在决定购买哪种时会产生重大歧义。例如，当都能够满足机构要求时，FAR要求机构采购可回收产品而不是生物基产品。然而，对于其他的产品和服务，不存在类似的指导，令机构无所适从。例如，是应该采购能源之星或还是FEMP产品，或可回收产品还是EPP产品。这样的问题应通过一个跨部门的机构，如E.O.13423要求建立的跨部门可持续发展指导委员会及其工作组来协调。

治理多重因素的行动的优缺点与单一因素正好相反。如EPP项目，考虑了多重因素以及全生命周期的环境因素。将多重因素作为治理对象，通常包含一整套评价因素，如成本、性能，以及产品或服务在从设计到废弃的全生命周期造成的影响。优点是站在环境的角度，对于产品全生命周期的综合影响进行了较为客观、全面的评估。而缺点是对于合同官而言，评价投标文件是否满足单一因素是比较容易的，而评价和比较产品全生命周期的多项标准是非常困难的。因此站在采购的角度，要求每次采购活动进行独立的多因素评估，既不现实也不可能。

不同的政府部门对于单一因素和多重因素行动的认识显然有所不同。奥巴马政府的联邦采购政策办公室最近的"绿色采购"政策继续将单一属性作为重点，包括但不限于采购再生材料、节能材料或设备、节水工艺和设备、环保工艺、材料或设备和天然产品或材料。① 环保署则相反，将绿色采购作为EPP的同义词：绿色采购是指在做采购决定时通过考虑环境的影响，以及价格、性能和其他传统的选择因素，以防

---

① Office of Management and Budget, "Federal Procurement Policy-Green Acquisition", 2009, http：//www.whitehouse.gov/omb/procurement_index_green.

止浪费和污染的实践。①

三、政府与私营部门作为治理主体的比较

绿色政府项目的实施过程中面临一系列难题，主要有：决策者的不完全信息、缺乏统一的执行标准、市场及技术的不确定性。特别是，如何在采购中判别哪些产品或服务是绿色的，哪些不是？为解决产品和服务的环境信息不对称引起的采购中的可操作性问题，各类第三方标签和认证项目应运而生。通过使用这些标签和认证项目可以降低建立及维护各种技术性很强的技术标准的成本并增强采购的可操作性，美国联邦政府在大量部门项目中使用了标识和证书项目作为绿色采购决策的标准，而不是自己来执行所需要的评估。②

联邦政府的绿色采购项目中涉及到标识和证书的主要是前面提到的能源之星和EPEAT产品推广行动。

与此同时，私营组织也推出了大量类似的绿色产品和服务标识和证书项目，比较有影响力的有绿色印章，一项私营、非营利的环保认证标准，涵盖多种产品和服务；③ 以及从摇篮到摇篮（C2C），一个私人的认证程序，用来识别从废弃到生产之间实现"闭环"，从而接近零影响的绿色生产商。④

根据相关研究，在北美有超过80个、全球超过300个与绿色产品

---

① Environmental Protection Agency, "Integrating Green Purchasing into Your Environmental Management System" (EMS), EPA 742 - R - 05 - 001, April 2005, P. 38, http：//www. epa. gov/epp/pubs/ems. htm.
② Responsible Purchasing Network, Responsible Purchasing Trends.
③ Green Seal, "Green Seal".
④ MBDC, "Cradle to Cradle Certification Program, Version 2. 1. 1".

和服务有关的标识,① 而且使用标识似乎呈上升趋势。② 这样的标识和证书在质量和重点方面会有所不同。

联邦政府主持或支持建立的标识和证书,比如 EPEAT,主要是基于由标准化组织如美国国家标准协会(ANSI)认可或国际标准化组织(ISO)颁布的技术标准。这种标准是通过自愿协商一致的程序,由专家和其他利益相关者开发和定期更新的。其他标识可能是基于由标识开发者内部的标准。这种标识和证书的优点是中立性和权威性,具有较强的公信力。缺点是不同主体的采购需求是千变万化的,所关注的环境因素也是不同的,政府的资金有限,开发并保持更新广泛的、综合的标准可能是比较困难并耗时的。所以他们往往只适用于相对较少的产品,并容易过时。

私营部门建立的证书和标识弥补了上述不足,无需政府提供资金,而且各种证书和标识能够适应不同采购主体的需求。然而没有足够的质量控制及公信力的不足是这类项目的致命弱点。由于私人资本的追利性,某些证书和标识可能不能反映承诺的环境指标。在某些情况下,标签可能不反映任何绿色的特点,这一做法被称为"漂绿"。③

四、治理目标中绿色与"更绿色"的比较

到目前为止,绿色采购缺乏一个公认的内涵,即没有就什么是绿色采购以及如何最好地执行绿色采购达成共识。

从绿色足迹,即产品或服务对于生态环境及人类健康的综合影响上看,按照影响大小程度的不同,可以分为"严重冲击"、"平均水平"、

---

① Big Room, Inc., "Ecolabelling. org: Who's deciding what's green?", 2010, http://ecolabelling.org/.

②③ Terra Choice Environmental Marketing, "The Seven Sins of Greenwashing: Environmental Claims in Consumer Markets", April 2009, http://sinsofgreenwashing.org/?dl_id=4.

"可持续"和"零冲击"四个等级,其中后两个等级可以被概括为绿色产品或服务。目前美国联邦政府的绿色采购行动,采用采购清单内或带有证书和标识的绿色产品或服务的方法,从原理上说属于一种静态的绿色概念。

随着经济的发展和技术水平的提升,上述平均水平是会不断提高的,相应地,绿色产品和服务的内容也会发生相应的变化,使得静态的绿色定义方法面临挑战。绿色采购涉及减少绿色足迹的程序及行为。这种持续改进的采购概念可以理解为"更绿色",其优点是:它可以对于不同的产品和服务应用广泛的实践和标准,而且可以适应不同的领域和产业的特定条件。它可以有利于采用绩效指标而不是设计指标。[1] 它还允许对于环境影响的渐进和持续的减少。最后它避免了用固定和绝对的静态方法定义"绿色"的缺陷。但是,这种持续改进的概念,由于它随着工业水平的进步不断变化的特性,也面临可操作性差的难题。

零冲击是绿色采购行动所追求的目标这样的路径。它还可以被视为成熟商业模式的持续改进的应用。而且它与自愿的公认的标准的建立和运行的共同特性是一致的。[2] 随着技术、实践和需求的进步,这些标准会得到定期审核及更新。当前的美国联邦法律总体上鼓励联邦政府采纳

---

[1] DeVaux, A Guide to Documentary Standards. 绩效指标关注功能性需求,设计指标关注具体特性。前者比较受欢迎,因为它被认为不那么刚性,而且鼓励创新。然而,对于前者的一致性评估则较为复杂。

[2] 在国际标准化组织,"ISO-Standards development processes-How are standards developed?" 2009, http://www.iso.org/standards_development/processes_and_procedures/how_are_standards_developed.htm. 提到"标准"在这个意义上不同于标准实践或产业标准。后者是指对于某一特定领域或产业通常或典型的实践或特性;而前者通常是指文件上的标准,是一种达成共识的文件,被公认的组织所批准,该组织提供规则、指南以及行为或者结果的特性。(Christine R. DeVaux, A Guide to Documentary Standards, NISTIR 6802, National Institute of Standards and Technology, December 2001.)

这些标准。① 一些特定的标准被写入与环境政策有关的联邦法律中。②地方政府也可以采纳为美国联邦政府部门订立的标准，比如工程指令或者采购要求。

第四节　绿色政府采购行动面临的挑战

一、绿色政府采购行动的绩效难以评估

绩效评价是治理的重要内容。无论对于政府还是非政府绿色采购行动，如何评价现有行动的实施状况是非常重要的。单纯从经济学的角度看，评价一个制度，主要看它是否以最低的社会成本解决了社会问题，即效率问题。而站在政治学的角度，则会加入更多的评价标准，比如公平和正义，即这种制度下哪些人受益、哪些人受损。

评价指标的复杂性、评价标准的多样性以及评价主体的多元性导致评估绿色政府采购行动的绩效十分困难，具体包括四方面的原因：一是项目的时间跨度，环境项目是持久的，许多行动在很多年后才会生效。其中涉及的政治问题是，负责制定政策的人往往时间不够，如果要获得成功，就必须迅速拿出成果。二是许多行动的成果交叉、叠加，很难单独区分和评估。三是评估需要在价值体系中为各种结果赋值，然而价值

---

①　经修订（15 U. S. C. §272 note）的国家技术转让进步法（The National Technology Transfer Advancement Act of 1995 P. L. 104-113）的第12章（d）节规定：所有联邦政府部门应当采纳由自愿的公认的机构开发或认可的技术标准，使用这些技术标准作为执行政策目标的手段，除非与现行法律相抵触或者不可实现。OMB A-119号文件对于如何落实这个条款进行了指导。

②　比如，在EISA与工业设备有关能效标准有关的条款中，要求能源部长在修订后的ASHRAE/IES/Standard 90.1 规定的最低水平上为产品建立修订后的统一的国家标准。（§305 (b) (2)）

体系往往是随时间而变化的。四是评估是在政治环境中完成的，行动评估会受到历史和参与者的影响，技术专家和政治家的结论可能会截然相反。

即便单从经济学角度评估成本和收益也是困难的。主要的挑战是如何确定他们是否在减少环境影响的同时保持或提高成本效益和性能方面是成功的，当前没有一种方法来检验一个或一组行动在多大程度上实现了预期的政策目标。

一些机构曾对涉及联邦绿色采购优惠的项目进行了研究。如，环保署对能源之星的研究[1]和绿色电器委员会对EPEAT的研究[2]。但缺乏更广泛的、独立的关于是否满足更广泛的政策目标的评估。而这样的评估有助于国会决定这些项目是否应该修改、扩大或替换。

有一些可以用来估计绿色采购的影响的工具。一般来说，它们似乎都集中在计划而不是绩效评估。[3]

针对单一因素行动，如增加可回收含量的行动，可能比较容易测量。其他的行动，如那些使用复杂的标识标准，则要困难得多。其实，即便单一因素的行动可能很难获得信息。例如，在2001年，政府问责办公室（GAO）发现，联邦机构无法实现联邦法律所要求的跟踪含循环成分的产品的采购。[4]

目前在绿色采购行动中使用的跟踪机构绩效的方法，包括环境记分

---

[1] Environmental Protection Agency, Energy Star—the Power to Protect the Environment.

[2] Green Electronics Council, "Environmental Benefits of 2008 EPEAT Purchasing", September 2009, http://www.epeat.net/Docs/Report2008_FullReport_R5.pdf.

[3] Environmental Protection Agency, "Promoting Green Purchasing: Tools and Resources to Quantify the Benefits of Environmentally Preferable Purchasing", 12th October 2006, http://www.epa.gov/epp/tools/epp_metrics.pdf; European Commission, Environmental Impact of Products (EIPRO).

[4] Government Accountability Office, "Federal Procurement, Better Guidance and Monitoring Needed to Assess Purchases of Environmentally Friendly Products", GAO-01-430, June 2001, http://www.gao.gov/new.items/d01430.pdf.

卡和向国会报告，主要关注过程，而不是结果。他们会检查机构是否有绿色采购政策和项目，而不是定量考核这些政策和项目的结果。同时，在一定程度上，报告要求是分散的，它可能给国会评估带来难度，难以评价机构在多大程度上完成了一体化的绿色采购活动，以及在产品和服务的生命周期的各种绿色因素及其相互作用。

政府部门的环境管理系统（EMS）可以提供一个集成的绩效跟踪和评估机制，但前提是政府部门收集到相关采购全生命周期的数据，包括采购量、使用寿命及报废的管理。管理和预算办公室指导机构在采购计划阶段考虑全生命周期成本，但在何种程度上为 EMS 收集信息用于这一目的才能保证有效性尚不清楚。根据 2009 年对政府和非政府组织的调查，只有 20% 有绿色采购行动的组织量化了其行动的影响。①

绿色电子委员会一直试图通过要求 EPEAT 用户报告所标识产品的销售额来改善评估。委员会利用这些数据，与标记的产品都必须符合的标准结合，估计在产品生命周期内有毒材料、固体废物和能源使用的减少。然而，这些数字只是估计值，没有被证实。②

2001 年，国家政府采购机构所（NIGP）在美国和加拿大调查联邦和非联邦政府机关的绿色采购。③ 该研究所发现，1/3 的市政府部门和 1/5 的非联邦机构中有绿色采购项目，但只有不到 1/20 的联邦机构有绿色采购项目。大约 2/3 的机构能识别出的能源之星标签，但将能源列为优先考虑的人则只有 1/5。约 5% 的机构建立了目标，但少于 20% 人见过这些目标。主要障碍是：缺乏意识、采购目标的冲突、采购决策的分权以及缺乏指导。

---

① Responsible Purchasing Network, Responsible Purchasing Trends, P. 16.
② Green Electronics Council, "Environmental Benefits of 2008 EPEAT Purchasing", Sep. 2009, http: //www. epeat. net/Docs/Report2008_FullReport_R5. pdf.
③ National Institute of Governmental Purchasing, "NIGP Survey of Green Procurement Initiatives", July 2001, http: //www. nigp. org/eweb/resourcelib/private/research/green. pdf.

2009年对公共和私营部门组织的调查表明,各种行动大幅增加,但绩效却不一定提高。① 约3/4的被调查者报告在2009年具有绿色采购政策,比以前的数字要高得多,但组织还报告说,这些政策只影响了不到1/5的采购预算。

二、绿色政府采购行动面临的其他挑战

在联邦政府内部以及更广泛的经济领域,有针对绿色政府采购行动更多的挑战,包括:准确的信息难以获得,缺乏统一标准,对成本的担心,市场和技术的不确定性。对于实现绿色政策目标,如减少温室气体排放,愿望及可行性的争论也会导致不确定性。

此外,绿色采购也可能因其他因素的介入而变得更加复杂,如法律要求或承诺。例如,相对于国际自由贸易,有人警告说,联邦政府"绿色采购制度必须精心设计以避免美国承包商提供隐性补贴的出现;否则,将通过世界贸易组织发生贸易争端。"②

---

① "Terra Choice Environmental Marketing, 2009 EcoMarkets Summary Report", September 2009, http://www.terrachoice.com/files/2009% 20EcoMarkets% 20Summary% 20Report% 20 - % 20September% 2018,% 202009. pdf.

② Christopher Robey, "Beyond Compliance: Environmental Sustainability in Federal Green Purchasing," Contract Management 49, No. 5 (May 2009): P. 20.

第四章

美国联邦政府实施绿色采购的方式及程序

无论是环境法律还是政府绿色采购行动,都必须最终转化为每个采购机构的每名政府采购人员的行为,并且有效地通过政府采购合同实现治理,才有可能通过改变和影响供应商的生产方式来实现其政策目标。

第一节 美国联邦政府采购中的合同官

美国联邦政府的政府采购以及其中的绿色采购活动由政府采购人员主导实施。在美国联邦政府,所有政府采购人员都是公务员。根据2012财年的政府采购人员年度报告,政府采购人员的总数为73190人,其中属于军事部门的人员为41196人,属于民用部门的人员为31994人。[1] 而在采购人员中的核心人员为合同官。合同官是指获得政府授权,有权处理、管理和/或终止合同并作出相关决策的个人,也包含合

---

[1] Federal Acquisition Institute, *FY 2012 Annual Report on the Federal Acquisition Workforce*, December 17, 2013.

同官委任的在特定授权范围内行使职责的代表。① 美国联邦政府目前约有30000名合同官，专业化的合同官制度是美国政府联邦政府采购的特点之一，也是贯彻绿色采购制度的人力资源保障。行政机构以授权书的形式对合同官的授权范围和期限进行了规定，并且向所有的供应商明示。政府对合同官按照不同层级进行管理，一般根据直接签署不同金额采购合同的权限将所有官员分为3级，级别越高，可签署合同金额的权限越大。合同官在符合法律的前提下，在权限范围内可以根据自己的商业判断确定合同的相对方以及合同条款。合同官负责确保完成所有必要的工作，有效地促进合同的缔约，确保遵守合同条款，并在合同缔约过程中保障国家利益。合同官应该确保获得足够的资金预算支持，确保承包商受到不偏不倚、公平得当的待遇；获得并考虑由来自审计、法律、工程、信息安全、运输和其他相应领域的专家的建议。合同官严格按照联邦政府采购的政策、法律法规和有关程序进行采购活动，只有合同官才有权代表政府与供应商签订合同，该合同对美国联邦政府产生法律约束力。合同官具有详细的专业化分工，通过建立对采购系统的高效管理和监督，确保招标采购法律法规的有效实施，维护公共利益和承包商的合法权益。此外，为加强联邦采购人员能力建设，近年来对于合同官的资格、培训、后续教育等方面提出了更高的要求。②

第二节　合同官在美国联邦采购中的作用

合同官在美国联邦政府采购中的作用具体表现在以下方面。

---

① Federal Acquisition Regulation, 2.101.
② 赵勇："谈美国联邦采购人员能力建设及对我国的借鉴意义"，《中国政府采购》2011年第1期，第58页。

一、合同官选择采购方式

为了顺利实施工程、货物和服务的采购工作,在实施采购之前,合同官通过分析和掌握采购项目的技术特点、经济特性、管理特征以及采购项目的功能、规模、质量、价格、进度、服务及环境等需求目标,依据有关政策、法律、法规、技术标准和规范,科学合理地设定、安排采购实施的条件、范围、目标、方式、工作计划、措施等。在此基础上,合同官有权决定最适合的采购方式,如公开招标或竞争性谈判等,并确定其中的评审方式和评审因素。

二、合同官在采购过程和评审中发挥主导作用

在各种采购方式,特别是灵活性较大的竞争性谈判中,谈判的对象、进程、程序等采购重要内容均由合同官负责掌握。

美国联邦政府采购评审方法与采购方式有关。公开招标只允许采用最低评标价法。竞争性谈判则需采用考虑非价格因素的综合评分法。评审方法的公开是有限度的。法律赋予合同官很大的自由裁量权,不要求在谈判文件中公开具体的评价因素及其权重。仅要求公布评价准则:

当同时使用非价格因素与价格因素时,询价书中应说明非价格因素与价格因素之间的关系是:

- 前者显著比后者重要;
- 两者的重要性大致相同;或者
- 后者显著比前者重要。

合同官可以自行评审,在认为需要时也可聘请专家作为评委。合同官告知评审时要考虑的权重和因素,由评委自由裁量打分。

评审过程中,评委首先独立评审,然后一起讨论,讨论过程中可以

更改评审结果。评审中通常采用两个步骤：第一步不看价格，只评技术，从而消除因价格因素产生的偏见；第二步评审价格。待评审结束后，评委向合同官出具授标建议。同时，合同官或合同官的上级根据项目的规模和负责程度不同，可以接受或更改评标委员会的建议。如果评标专家打分差异较大，则需由合同官调节。

值得注意的是，评委评出的不是候选供应商，而是潜在候选供应商的范围。如9家供应商参加谈判，评审委员会评出前3家作为潜在竞争范围，并与这3家进行竞争性谈判。合同官根据谈判情况，确定合同授予方。

此外，由于《联邦采购条例》中没有规定评审委员会人数，因此，在不违背条例的原则下，联邦政府各部门可以就评审委员会的人数进行增补。

三、合同官负责履约能力审核

在合同授予之前，合同官必须通过联邦数据库审查有关供应商以往的履约状况。以工程采购为例，合同官需要审查承包商以往项目超出预算金额、工程延期以及其他造成合同延期的原因等内容。合同官要在数据库中收集承包商在过去六年承揽的工程项目的履约状况以及在过去三年承揽的设计项目的履约状况，从而得出该承包商的发展趋势，如趋势不良，将不授予有关合同，以降低风险。美国政府采购的合同官制度，将采购合同的权力授予确定的合同官，增加了整个政府采购系统的稳定性。

四、合同官有权单方面变更和终止合同

由于军事采购在政府采购合同中的重要地位，所以军事采购中常见的合同变更及终止成为美国联邦政府采购制度中的重要内容。当执行合

同的情势发生变更时，需要判断：合同是否应当变更或终止，是否以及如何对供应商进行补偿等。这些决定均由合同官做出。

五、合同官对供应商的履约情况进行评价

经过多年的积累，美国联邦采购已经建立起比较完备、统一的供应商履约信息系统。合同官有权力和义务将供应商履行政府合同的真实状况输入到这一系统中。这将对供应商参与其他政府采购合同的竞争发挥重要作用。

合同官在享有巨大权力的同时，也承担着很多责任和义务。作为联邦政府的公务员，合同官必须保持高度的廉洁自律、诚实守信、承担保密义务、回避利益冲突，并且要不断通过学习提高自己的业务水平。在多重监督、高度透明的采购体制中，如果合同官在采购中发生失误、错误或违法犯罪事件，比如将合同授予过去履约状况不良的承包商，其将面临有关的调查和诉讼。

第三节　合同官在实践中实现绿色采购的途径

采购官的绿色采购实践可以分为两个阶段：第一阶段，通过对采购需求的分析和对绿色政策及法律法规，特别是各个绿色采购行动的理解，制定有针对性的绿色采购计划；第二阶段，通过各种采购方式实施绿色采购。

一、定义需求及建立绿色采购计划

对于绿色采购来说，定义需求十分重要。合同官在采购之前就要十

分清楚本次采购的环境需求,并以绿色指标的形式写入采购计划,而不是采购后期添加。典型的例子就是绿色建筑,与在计划阶段考虑环境因素相比,之后再提高环保指标将显得昂贵而低效。①

按照对联邦绿色采购的程序和方式影响程度的不同,可以将美国联邦政府与绿色采购相关的法律和行动分为三类:第一类对采购人采购产品有强制性要求,采购人必须采购或者回避具有特定环境属性的产品;第二类是鼓励采购人根据自己的实际情况优先采购具有特定环境属性的产品;第三类是当一些供应商因为违反《清洁空气法》或《清洁水法》等法律排放废弃物而被限制参加政府采购活动时,法律要求采购人不得与其签署政府采购合同。

针对前两类要求,合同官需要在采购需求的定义阶段进行分析和市场调研,以便确定本部门将要购买的产品是否是相关的绿色采购行动要求采购人必须购买、优先购买或回避购买具有特定环境属性的产品。

(一) 强制采购或回避的产品目录

强制采购或回避的产品依赖于第三方目录内合格(或不合格)的产品,而不是自己的一事一议地进行判别。绿色采购行动通常要求行政机构在技术专家的帮助下制定产品目录供其他行政机构购买目录内(或目录外)产品。例如,环保署制定含可回收成分的产品目录,而农业部制定生物基产品目录。绿色电子委员会制定电子产品环境评估工具(EPEAT)注册的产品目录。

(二) 优先采购的产品

如本书第二到第四章所述,从 20 世纪 70 年代中期开始,无数的法律、法规和行政指令要求政府部门"优先"采购具有特定环境属性的

---

① CRS Report R40147, Issues in Green Building and the Federal Response: An Introduction.

产品，却由于没有对"优先"进行定义，使得各部门在颁布规章和发布采购文件时，具有很大的灵活性和自由裁量权。具体的因素因产品而不同。由于这些与环境因素相关的法律和行动是由联邦政府的不同分支在不同时期制订，于是没有显示出很强的一致性和规律性。

对于这些没有出现在强制性目录中的要求优先采购的产品，有的绿色采购行动要求实现对于某些类型的产品的采购达到一定目标，如E. O. 13514要求行政机构推进可持续采购，以保证通过合同和协议采购节能的产品和服务不低于95%，武器装备除外。有的要求向行政机关、国会或特别委员会或公众报告行政机构采购特定产品的表现。如《2007年能源独立和安全法》要求行政机构向管理和预算办公室主任报告关于能源效率和替代燃料方面的进展，并向众议院监督和政府改革委员会及参议院政府事务委员会报告。① 更多的绿色采购行动中使用"减少采购"、"优先采购"或"鼓励采购"等相对模糊的表述，如减少采购破坏臭氧层物质，最大限度地采购可回收材料和生物基产品。无论表述的形式是怎样的，都对合同官采购绿色产品形成了压力，需要合同官对自己所在部门过去、现在和未来的整体采购情况有比较详细的了解和预测，制订本部门的整体采购计划，然后在采购计划的指引下，具体通过在每份采购文件中设定具体的绿色采购技术规格或使用某些环境因素作为评价指标的方式，实现采购计划。

（三）例外情形

无论是强制采购或鼓励采购，都不是绝对的，存在例外情形。

第一，多数绿色采购行动存在适用范围。在采购标的方面，多数绿色采购行动只针对采购货物。只有服务合同中涉及供货或者承包运营政府设施时，才适用于服务采购。同样，分包商运营政府设施时，这种采

---

① P. L. 110 – 140，§ §527 – 528，121 Stat. 1663 – 64.

购要求才会从总包商"传导"到分包商。在采购金额方面，只有价格超过一定限额的采购，才受到绿色采购政策和法律法规的影响。

第二，对于鼓励类绿色采购，需要合同官将绿色因素与成本、性能等采购因素进行权衡。例如，采购消耗臭氧物质的替代物必须是具有成本效益的；① 如果生物基产品无法在合理的时间内获得或者不符合合理的绩效标准，允许机构购买不包含生物基材料的产品。② 详细见后面的分析。

第三，绿色采购豁免。在采购部门有特殊需求的情况下，绿色采购的要求可以得到豁免。例如，对于能源之星以及FEMP产品购买的强制性要求可以通过部门最高行政长官书面说明所要求的产品无法满足部门的功能性要求或者在产品生命周期考虑总能耗后并非成本有效的方式得到豁免。③ 用于某些情报、执法或国家安全目的采购也可以豁免。④

二、选择适合绿色采购的采购方式

美国联邦政府的合同官在选择采购方式方面具有很大的自由裁量权，在采购政策和法律法规允许范围内，他们可以根据部门的人力资源状况、采购计划、本次采购的需求以及市场供应的情况，自主选择自己认为最适合的采购方式。当前美国联邦政府的采购方式主要有以下七种：

（一）密封招标

直到1984年之前，密封招标一直是美国传统的优先采购方式。总

---

① 48 C. F. R. §23.803（a）(1).
② 48 C. F. R. §23.404（b）(1)-(2); 48 C. F. R. §23.405（b）(1)-(2).
③ 48 C. F. R. §23.204（a）-（b）.
④ Executive Order 13514, §18（a）-（d）, 74 Fed. Reg. at 52125.

审计长规定①在以下四个条件得到满足时应首选密封招标方式（1）时间允许；（2）以价格为评价因素；（3）不需要讨论；（4）预计能收到不止一份投标文件。在该采购方式中，采购人邀请所有或一定范围的潜在供应商参加投标，采购实体通过某种事先确定并公布的标准从所有投标者中评选出中标供应商，并与之签订合同。值得注意的是，在美国联邦采购中，只允许使用最低评标价法这一种评标方法。

（二）竞争性谈判

1984年《合同竞争法》颁布后开始向竞争性谈判和多种竞争招标方式方向发展。无论从合同数量还是金额上看，竞争性谈判都是目前美国联邦采购实际操作中最主要的采购方式。根据法律②，在以下四种情形中可以采用竞争性谈判的采购方式：（1）没有时间或预期收到超过一份投标或报价。在这个问题的把握上，总审计长赋予合同官很大的自由裁量权③。（2）需要用非价格因素进行评审。这是目前大部分绿色采购中使用竞争性谈判采购方式的理由。总审计长同样赋予合同官很大的自由裁量权④。（3）需要进行讨论。当价格是唯一评审因素时，如果采购部门仍通过谈判授予合同，将面临 GAO 严格的审核⑤。（4）不适合采用固定价格合同。在这种情况下，不适合采用密封招标，而通常的替代方式是竞争性谈判。

（三）通过不确定交付不定数量（IDIQ）合同采购

这种采购方式类似于我国的协议供货采购，其中采购量最大、制度

---

① 67 Comp. Gen. 16 (B-227055.2), 87-2 CPD P. 365 at 17.
② 10 U.S.C. §2304 (a) (2), 41 U.S.C. §253 (a) (2).
③ Comp. Gen. Dec. B-232158, 88-2 CPD P. 509.
④ Comp. Gen. Dec. B-219998.2, Feb. 18, 1986.
⑤ Comp. Gen. Dec. B-227055, 87-2 CPD P. 165.

最成熟的是"GSA 计划"（GSA Schedules）。联邦政府部门为了满足预期重复性采购需要，将预期发生的零星采购集合在一个采购协议中，确定采购品目、预计数量、价格折扣、订购程序和送货方式等，然后逐笔实施采购。

（四）商业产品和服务的采购

根据《联邦采购优化法》，应合理制订采购需求以鼓励供应商提供所采购的商业产品。这一要求在 FAR 中得到了体现。[①] 法律要求合同官使用优化后的程序进行采购。商业产品和服务采购的适用范围为 500 万美元以下的合同。

（五）简化采购

为提高采购效率，《联邦采购优化法》和《克林格—卡亨法》中规定了简化采购方式，对于低于限额的合同尽可能采用简化采购方式。简化采购方式包含了三类：（1）2500 美元以内（含）的小额采购。通常由各级政府机构使用"采购卡"从当地市场采购商品或服务，特点是采购程序简单易行，费用低廉，管理方便；（2）超过 2500 美元，但不超过 10 万美元[②]的采购；（3）500 万美元以下的商业产品和服务的采购。无论是法律还是 FAR 都没有对简化采购的具体程序做出规定，但它们赋予了合同官不必受密封招标及竞争性谈判程序所约束的权利。[③]

（六）单一来源采购

因为"完全和公开的竞争"是采购法律的普遍要求，所以这一采

[①] FAR 11.002 (a) (2) (ii).
[②] 41 U.S.C. §404 (11).
[③] JOHN CIBINIC & RALPH NASH, *Formation of Government Contract*, 3rd ed, Chicago, Illinois: Wolters Kluwer, 1998, P. 987.

购方式受到了严格的限制。在以下情形下允许单一来源采购：（1）国家安全；（2）公共利益；（3）定制产品，包括由于专利、转有技术、商标等方面的原因造成的定制产品；（4）重复采购以前采购过的产品；（5）紧急采购；（6）维持关键领域的生产能力；（7）国际公约或协定；及（8）采购部门的自由裁量权等。值得注意的是，单一来源采购是在严格的法律约束（《诚实谈判法》——要求承包商披露真实的成本和价格信息、《虚假申报法》——欺骗政府将受到重罚、及《采购诚信法等》——切断采购人和承包商之间的利益关系）、各方面的严格监管以及美国联邦采购在合同履行方面的特殊规定（政府可以随时终止合同）的基础上进行的。

（七）其他采购方式

建筑—工程服务必须按照《布鲁克斯法》①的相关规定进行采购；设计—建造合同采用两阶段采购方式；基础性研发、小企业创新项目以及信息技术合同则要依照特殊的方式进行采购。而 NASA 及美国邮政总局，则建立了比较独特的采购系统。

三、通过各种采购方式实施绿色采购

（一）使用绿色产品目录采购绿色产品

使用强制性的采购目录购买绿色产品适用于上述所有采购方式，在密封招标或竞争性谈判中，合同官在采购文件中写明只接受提供目录内（或外）的产品。在其余的采购方式中，合同官则直接在市场上挑选目录内（或外）的产品。可以看出，对合同官来说，强制性的采购目录

---

① The Brooks Act, 40 U.S.C. §541 et seq.

是最直接、可操作性最强的办法。

GSA 通过其采购系统给政府机构提供绿色产品和服务,① 在其网站发布绿色产品的信息。② 它的在线系统根据 14 项标准和其他的指标识别注册或认证产品,包括联邦政府在能源、回收的内容、排放和生物基产品等方面的要求,以及如 EPEAT 和绿色印章等非联邦项目。在联邦环境执行办公室（OFEE）还建立了绿色产品的数据库作为协助联邦机构采购的工具。它包含环保署、农业部和能源部指定的绿色产品,能源之星项目,FEMP 项目,水感应项目,再生和生物基含量（包括 Biopreferred）,替代燃料,EPEAT,并有相关资源的链接。③ 美国农业部在其生物基保护项目下有一个生物基产品的在线目录,这主要聚焦于可再生的生物基产品。④

在上述包含有关绿色产品的信息的政府数据库中,一些是对公众开放的。环保署已经开发了列明 EPP 产品和服务⑤类别的数据库,协助合同官和公众进行采购决策。⑥ 环保署还在其网站的其他地方列出了别的项目,如显著的新的替代项目（SNAP）以替代臭氧消耗物质⑦和水感应项目⑧。

---

① General Services Administration, "Environmental Products Overview".
② General Services Administration, "Environmental Products Overview," 29 June 2009, http://www.gsa.gov/Portal/gsa/ep/channelView.do?pageTypeId = 17110 & channelPage = %2Fep%2Fchannel%2FgsaOverview.jsp & channelId = -24454.
③ Office of the Federal Environmental Executive, "Green Products Compilation", 2nd April 2010, http://www.fedcenter.gov/Documents/index.cfm?id = 11767&pge_prg_id = 26960.
④ U. S. Department of Agriculture, "BioPreferred", 2009, http://www.biopreferred.gov/Default.aspx.
⑤ Environmental Protection Agency, "Environmentally Preferable Purchasing (EPP)," 7th November 2007, http://www.epa.gov/epp.
⑥ Environmental Protection Agency, "Database of Environmental Information for Products and Services".
⑦ Environmental Protection Agency, "Significant New Alternatives Policy (SNAP) Program," 19th Oct. 2009, http://www.epa.gov/Ozone/snap/index.html.
⑧ Environmental Protection Agency, "WaterSense".

（二）使用技术规格采购绿色产品

对于鼓励类的绿色采购法律和行动，允许行政机构根据其特定的情况实施绿色采购。尽管《合同竞争法》在没有法律授权的情况下不允许行政机构倾向于某些产品或供应商，但它为机构定义自身的采购需求提供了明确的法定授权。因此，如果行政机构需要具有特定环境属性的产品，该机构一般都会制定相应的采购文件以获得这种产品。采购人规范地表达他们的要求，形成其选择供应商的依据。只有价格和技术规格都符合采购文件要求的供应商才有可能与政府签订合同。

因此对于鼓励类的绿色产品，合同官可以在密封招标和竞争性谈判中，在充分调研市场的基础上，把绿色采购行动中的要求转化为适当的技术规格，使得既能保持一定的竞争性，又把非绿色的产品排除在外。

（三）使用评价指标对绿色产品实行优惠

所以除了采用技术规格之外，还可以采用将环境因素纳入评价指标的方法对绿色产品实行优惠。受到《合同竞争法》的限制，这种方法只适用于竞争性谈判。[①] 因为只有竞争性谈判中可以使用多种因素对供应商进行综合评价。

按照相关法律的授权，评审的权利属于合同官。当然，合同官可以征询专家的意见。FAR 中规定[②]，合同官在必要时可以在审计、法律、工程、信息安全、运输以及其他领域要求并考虑专家的意见。尽管这些人在法律上并没有得到正式的授权，但大量普通法的案例[③]表明，法院将其视为合同官的代表。

---

① 关于竞争性谈判的适用范围、中外比较及发展趋势，详见：赵勇："浅论竞争性谈判的发展趋势"，《中国政府采购》，2009 年 12 月。

② FAR 1.602-2（c）.

③ 例如 Cessna Aircraft Co., ASBCA 37726, 95-1 BCA P.27, 373.

因为在成文法中对评标委员会的描述比较粗略,通常只规定评审委员会人数在3人以上。评审委员会的人数及资格条件由合同官根据项目的具体情况,如技术复杂性、时间要求、投标人数量等,自行决定。①

合同官只需要在竞争性谈判文件中说明本次采购将考虑包括环境因素在内的非价格因素,并说明非价格因素与价格因素之间的关系是:(1)前者显著比后者重要;(2)两者的重要性大致相同;还是(3)后者显著比前者重要即可②,不要求在询价书中公开具体的评价因素及其权重。③

当供应商报价后,合同官将商品或服务的环境因素应当与价格、过去的履约表现、产品或服务的质量等一同考虑作采购决策,选出最理想的供应商。这也体现了联邦采购物有所值的采购目标。在评价时,法律赋予合同官很大的自由裁量权。通过这样的方式,绿色的产品可以提升获得联邦采购合同的竞争力。

(四)排除"非绿色"的供应商

哪怕评审工作已经结束,合同官依旧在两种情况下有机会排除"非绿色"的供应商。这两种情形分别是:排除被暂停或禁止进入联邦政府采购系统的供应商;以及合同官通过履约能力审核排除特定的供应商。

1. 暂停和禁止

经过多年的发展,美国联邦采购中已经建立了完善的信用体系。在政府采购中丧失诚信或严重违约的企业或个人将会在一定时间段内

---

① 例如THOMAS S. MULLIKIN, "Winning A Government Contract: Responding to RFPs And IFBs", ASPATORE, 2008 WL 5689140, 2008.
② 48 C.F.R. §15.304 (e).
③ 10 U.S.C. §2305 (a) (3) (A) (iii), 41 U.S.C. §253 (c) (1) (C).

(暂停)或永久(禁止)失去与政府签定合同的资格。①

破坏环境的供应商会被联邦政府的采购系统制裁。如果供应商因违反《清洁空气法》或《清洁水法》被环保署列入制裁名单，行政机构则禁止从这些供应商处采购。受到制裁的供应商，被列在"排除名单系统"(EPLS)中。② 合同官在授予合同之前要查询相关数据库，确保供应商不在暂停和禁止目录内。

这种制裁是强制性的，供应商的改正行为被环保署承认为止。除非总统认为符合"至高无上的美国利益"并通知国会，才可以豁免。③ 然而，这种制裁仅适用于其违法行为发生地的业务活动。④ 这意味着，有多处设施的供应商不会被所有的联邦采购所排除。

2. 履约能力审核

按照 FAR，定标的权利与评标一样属于合同官，只要合同的类型和规模在其授权之内。尽管在大多数情况下，合同官会充分尊重评审委员会的意见和建议，但是合同官在定标前还有许多工作要做，这些工作的结果经常会改变评标委员会的结论。

即便供应商没有出现在暂停或禁止名单上，合同官也依旧可以因为供应商在环境因素上的特定表现而拒绝特定的供应商参加政府采购活动。美国联邦政府采购的法律要求采购人在确定中标人之前，对供应商进行履约能力(responsibility)⑤ 审核。履约能力审核基于许多因素，包括供应商拥有或有能力获得必要的技能和设施履行合同。⑥ 在美国联邦政府采

---

① Kate M. Manuel, "Debarment and Suspension of Government Contractors: An Overview of the Law Including Recently Enacted and Proposed Amendments", CRS Report RL34753.

② 48 C. F. R. §9.404.

③④ 33 U. S. C. §368.

⑤ 英文直译为"责任"，作者依据本意及我国《招标投标法实施条例》中的类似表述将其翻译为"履约能力"，详见 Kate M. Manuel, Responsibility Determinations under the Federal Acquisition Regulation: Legal Standards and Procedures, CRS Report R40633.

⑥ 48 C. F. R. §9.104-1 (a)-(g).

购中，履约能力是与响应性（responsiveness）容易混淆的概念。前者主要是指投标文件对招标文件的响应情况，以书面的、投标之前的、客观的指标为主；后者是指投标人实际的、目前和今后的实际情况，这里面有主观的判断。当然，两者之间也存在重叠和交叉。检验投标文件的响应性通常由合同官和评审委员会来完成，而检验承包商的履约能力则主要由合同官来完成。下面列举了履约能力所包含的具体内容：

- 履行合同的能力，包括财务资源、交货能力、设备、人员、许可证等。值得注意的是：作为"履约能力"而不是"响应性"要求，这些能力并不一定要求在投标时具有。投标人只要能让合同官相信其在履行合同时能够获得这些能力，依然可以获得合同。

- 履行合同的意愿，包括坚持不懈的精神以及诚信履约情况。这方面的信息来源主要为承包商过去的履约记录。合同官可以通过检索联邦采购相关数据库及电话调查以往的客户来完成。

- 供应商满足政策功能方面的能力，包括保护环境的能力。供应商可以因环境因素而被认定不具有履约能力。因为履约能力审核必须依据建立在最新信息的基础上，供应商如果弥补了以前的环境问题，则不能反复以此为由拒绝供应商。合同官作履约能力审核时，应依据《清洁采购法》等环境保护方面的法律，参考"联邦供应商履约和诚信信息系统"（FAPIIS）中的信息。[①] 合同官通常还会对主要的分包商进行上述履约能力审核。

（五）使用支持绿色采购的合同条款

按照法律[②]规定，授予合同的权利属于各行政机构的最高行政长

[①] Clean Contracting Act of 2008, P. L. 110-417, §§871-873, 122 Stat. 4555-4558 (Oct. 14, 2008).

[②] 10 U.S.C. §2305 (b) (3), 41 U.S.C. §253b (c).

官①。美国联邦政府采购合同中的特点主要表现在两个方面：一方面，各种法律对于联邦采购中绿色采购等政策功能的要求，最后都会以合同条款的形式得到落实；另一方面，也是美国联邦采购不同于世界上大部分国家政府采购的地方，则是美国联邦政府采购高度重视合同履行，在FAR中规定了大量的标准合同条款，其中含有很多合同变更、终止的程序、方法等内容。

美国联邦政府采购的立法原则之一是：政府在采购合同中代表的是国家主权②和公共利益③。因此应赋予政府特殊的权利，以最大限度地保护公共利益，而非政府部门或供应商的私利。为此，美国颁布和出台了一系列法律法规，以特定的方式和程序进行政府采购并严格管理政府采购合同。例如，当有利于公共利益时，美国政府有权单方面修改或者终止政府采购合同④。在美国联邦采购中，监督合同履行以及解除合同的权力赋予合同官。另一方面，也对行使公共利益条款的程序和损害补偿的救济程序做了详细规定，避免了权力的滥用和对供应商权利的损害。⑤ 政府单方面终止合同包括承包商违约终止和政府便利终止两种情形。在不同的情形下，合同条款中对于赔偿承包商的原则和程序做出了不同的规定。

合同官可以在合同条款中要求承包商披露指定某些产品环境影响的信息。如根据《1986年应急规划和社区知情权法》和《1990年污染防治法》，供应商应当填写关于有毒化学品的表格。

合同官还可以在特定的服务或施工合同插入关于提供或使用指定的

---

① 作者注：最高行政长官通常会按照项目的类型和规模的不同，将此权利授权给不同级别的和官，但仍需为此承担责任。
② United States v. Corliss Steam-Engine Co., 91 US 321 (1875).
③ 48 C.F.R § 52.249 - 2 (2009).
④ United States v. Corliss Steam-Engine Co., 91 US 321 (1875).
⑤ 葛敏敏、王周欢："美国政府采购制度之对我国的启示"，《中国物流与采购》2005年第17期。

产品的条款。如《2002年农业安全和农村投资法》和《2005年能源政策法》要求行政机构使用特定的合同条款，其中要求承包商保证他们提供的指定产品。投标人通过在投标文件中签字确认，将在合同履行交付或使用农业部指定目录中的生物基产品，并符合适用的规范或其他合同要求。

（六）通过不确定交付不定数量（IDIQ）合同采购

20世纪90年代的政府采购改革之后，美国的集中采购由强制性改为选择性。当前，美国实行的是集中与分散相结合的模式。各联邦机构可实行集中采购、部门采购和委托采购。因为法律规定不允许合同官之外的机构或个人以政府名义签署合同，所以采购部门要么自行采购，要么委托集中采购机构或其他政府部门采购。当前美国联邦采购中只有两个集中采购机构：负责国防采购的国防后勤局[1]和负责民用采购的GSA。

《联邦财产与行政服务法》赋予GSA政府采购的权力，有权为几乎所有的非国防政府部门执行采购任务。GSA由总局和其下设的11个地区分局两个层次组成。GSA参与FAR的制订，有权设立标准和规范等，职权范围相当广泛。GSA在参与绿色政府采购政策研究、推动绿色采购实践，特别是推广不确定交付不定数量合同采购绿色产品和服务方面发挥了重要的作用。

由于GSA每年巨大的采购量，使得它可以对供应商生产绿色产品施加影响。GSA对供应商在多大程度上做了专门减少环境影响的设计以及方便循环使用等方面进行评估。[2]以此对不确定交付不定数量合同的供货商的生产方式进行积极引导，使得越来越多的产品变得更加

---

[1] 其网络地址为：http://www.dla.mil/.
[2] Daniel Sarewitz, "A tale of two sciences", Nature 462nd (November 19, 2009), P. 566.

环保。

(七) 小结

将所有绿色采购行动中对于各类环境因素的措施进行汇总,得到表4-1。

表4-1 绿色采购行动中治理各类环境因素的措施汇总

环境因素	实施绿色采购的方式									
	强制采购	鼓励采购	技术规格	采购计划	合同条款	评价指标	实现目标	采购人报告	供应商声明	供应商披露
替代燃料和替代燃料机动车	●						●	●		●
消耗臭氧层物质的替代品		●	●				●	●		●
有毒和优先化学品的替代品		●			●		●	●	●	●
生物基制品	●									
节能产品	●		●		●		●	●		
EPP产品		●			●					
EPEAT产品	●				●					●
循环和再生材料	●			●			●	●	●	●

第四节 合同官绿色采购实践遇到的挑战

一、采购因素与绿色因素的权衡

如前文所述,目前《联邦采购条例》的相关条款中,要求合同官在采购时追求:(1) 及时履约;(2) 产品和服务的最大价值;(3) 保持公众的信任和信心,同时满足公共政策目标。

其中前两项,是所有采购中都要考虑的因素,可称其为采购因素。最大价值往往是相对于"最低价格"而言。该术语由不同的机构可有不同的涵义,但通常指的是合同官在做采购决策时,除了价格以外,还考虑性能等其他的因素。需要使用适当的标准进行全面评估,以反映成本、性能以及对环境(以及人类健康)的综合影响。而包括绿色因素在内的公共政策目标,是仅有政府采购才考虑的因素。环保署对于环保采购的定义之一是:环境+价格+性能=环保采购。[①] 采购因素与绿色因素的权衡是摆在每位合同官面前的重要课题。

(一) 采购价格与绿色因素的权衡

绿色产品和服务的成本往往会超过非绿色的产品或服务。当企业生产非绿色产品时,由于外部性的存在,会导致环境成本由公众承担,而不会反映到采购成本中。与此相反,在绿色政府采购中,需要由作为买方的美国联邦政府承担生产绿色产品的(额外)成本。绿色采购的法律和行动允许合同官向符合绿色标准的产品或服务支付较高的价格,以此帮助克服在开发绿色产品的一个共同问题,即当市场不够大、没有达到规模经济时产品价格过高的问题。然而,这种方法可能导致浪费,因为它削弱了供应商之间的价格竞争激励。

在作采购决策时,如何权衡较高的采购成本与其他方面的收益?在采购制度设计中,常用的办法是使用价格优惠,即计算评审价格时,执行差别的价格计算方法。如美国联邦采购中,对于本国货物相对于外国货物6%的价格优惠,对于小企业相对于大企业6%的价格优惠等。在绿色采购方面,美国的一些地方政府采用了价格优惠的办法。一项研究州和市政府采购项目的报告中表明地方政府对于绿色产品的价格优惠在

---

① Environmental Protection Agency, "Final Guidance".

3%~15%之间。① 根据最近的一项研究，这种方法的使用似乎呈下降趋势。② 由于"绿色"这一概念的广泛性和复杂性，美国联邦政府绿色采购项目中并未采用价格优惠的方法。这使得合同官在评审时拥有了较大的自由裁量权。

在采购时仅仅成交价格往往是片面的。例如，一项研究报告③说，纽约卫生局曾经拒绝了购买环保型的垃圾车清洗液的建议，原因在于每加仑新的清洗比现有的贵了0.75美元。然而，这个价格没有考虑到本应考虑到的其他成本因素，新产品其实将导致大幅节省。该清洗液比现有的更加浓缩，具有较低的制备和处置成本，预计总成本为每年2874美元，而替代品则是30527美元。

为克服仅考虑成交价格的误区，全生命周期成本评价方式应运而生。全生命周期成本是指对于采购人来说总的货币成本，包括获取、操作、维护和废弃采购标的所发生的成本，也可能包括由采购人承担的间接成本，如由接触危险物品而导致的医疗费用。全生命周期成本的评价可以揭露隐藏的成本，如废弃成本等，显然更加全面、客观。然而，利用全生命周期评价方式分析绿色产品或服务在其他生命周期阶段的收益是否足以弥补增加的采购成本，不仅受到信息的限制，也对合同官在全生命周期内权衡采购价格与绿色因素的能力提出了更高的要求。

（二）性能与绿色因素的权衡

性能指的是一个产品或服务所被购买的完成其功能的好坏程度。性能与价格的比值称为性价比，可以体现出产品或服务的价值。尽管也存

---

① 48 C. F. R. Part 23.
② Responsible Purchasing Network, Responsible Purchasing Trends.
③ The New York City Department of Sanitation, "Science Applications International Corporation, Environmentally Preferable Purchasing", April 2001, P. 7, http://www.nyc.gov/html/nyc-wasteless/downloads/pdf/eppmanual.pdf.

在例外,① 但通常来说,绿色产品的性能比非绿色产品要差。这使绿色产品进入美国联邦政府采购市场面临巨大压力。因为根据一项调查②,合同官在作购买决策时,通常将性能作为最重要的考虑因素。如果采购绿色产品伴随着性能的显著降低,会使绿色采购不具有费用有效性。

至于第一条目标——及时履约,对合同官来说不太难权衡。这涉及绿色产品的可获得性问题,无法在采购人所需要的时间交货的产品或服务,哪怕环境指标再好,也不会进入合同官的视野。

总之,在上面提及的三个目标之中,及时履约以及最大价值是合同官在作采购决策时的现实考虑。而政策目标,如果没有强制性的制度要求,则要依靠合同官的价值观念,并且需要以高超的采购能力作为基础。

二、使用影响与综合影响的考量

在作绿色采购决策时,尽管合同官在采购时通常只考虑在使用阶段的环境影响。原因在于该阶段的各项因素比较容易测量和控制。但一个完整的评估需要考虑在所有生命周期阶段和空间和时间尺度的广泛的直接和间接的影响,③ 也称为全生命周期评估(LCA)。按照产品生命周期理论,产品从设计到最终废弃,可以分为不同的阶段,包括:(1) 研究和设计;(2) 获取原材料;(3) 生产;(4) 分配;(5) 运行或使用;以及(6) 废弃或终结。全生命周期分析通常包括以下几个内容:初始阶段定义分析的目标和范围,包括评估什么、评估的背景以及

---

① City of Portland, Oregon, "Buying Green Case Studies", 2009, http://www.portlandonline.com/omf/?c=44701.
② Responsible Purchasing Network, Responsible Purchasing Trends.
③ Environmental Protection Agency, "Final Guidance on Environmentally Preferable Purchasing for Executive Agencies", 64 Fed. Reg. 45810, August 20, 1999.

分析的界限。这之后是一个包括影响评价、评估及结果的清单。① 在全生命周期中除去使用阶段之外的影响可以成为嵌入影响。② 在绿色采购的全生命周期评估需要对在生命周期各阶段的一整套评价标准进行整合。这也被称为"从摇篮到坟墓"的评价。

随着产品或服务的不同,在各个阶段的相对重要性会有所区别。在很多产品和服务的采购中,原材料采购、生产和废弃通常不是服务采购中的直接影响因素,但它们会发挥间接影响作用,取决于服务的提供者在多大程度上参与了绿色采购实践。例如,有些咨询服务的提供者使用绿色信息类产品,如带有能源之星标签的产品、有些保洁公司使用环保清洁剂等。

在能源方面,全生命周期内的总能耗被称为综合能源(Embodied energy)。③ 在除使用阶段以外的其他阶段消耗的能量称为嵌入能源(Embedded energy),④ 是总能源减去使用能源。使用阶段是对于采购人来说,是可以测量和控制能源输入的最初阶段。因此合同官的大多数评价或标识产品与此相关的输入变量都将重点放在能源的使用阶段,比如锅炉的年度燃料利用效率(AFUE)⑤、空调的季节能效比(SEER)⑥、

---

① Environmental Protection Agency,"Science Applications International Corporation, Life Cycle Assessment: Principles and Practice", May 2006, EPA/600/R-06/060, http://www.epa.gov/ord/NRMRL/lcaccess/pdfs/600r06060.pdf.

② "Department for Environment, Food, and Rural Affairs, UK, Progress Report on Sustainable Products and Materials", July 2008, P. 24, http://www.defra.gov.uk/environment/business/pdf/prod-materials-report0708.pdf.

③ Department of Energy,"2008 Buildings Energy Data Book", November 2008, pp. 1 – 32, http://buildingsdatabook.eren.doe.gov/docs%5CDataBooks%5CSEP_2008_BEDB.pdf.

④ Sustainable Energy Research Team, University of Bath, "Embodied Energy & Carbon," 2007, http://www.bath.ac.uk/mech-eng/sert/embodied.

⑤ Environmental Protection Agency and Department of Energy, "Furnaces Key Product Criteria", 2009, http://www.energystar.gov/index.cfm?c=furnaces.pr_crit_furnaces.

⑥ Environmental Protection Agency and Department of Energy, "What is SEER? EER? HSPF?", 2009, http://energystar.custhelp.com/cgi-bin/energystar.cfg/php/enduser/std_adp.php?p_faqid=3041.

以及环保署对于机动车的燃油经济性的估计、能源之星行动等。

然而,嵌入能源有时是巨大的。由于隔热效果好,混凝土外墙的建筑物可能比木材的使用能源低,但混凝土具有较高的嵌入能源。① 理论上讲,仅仅考虑使用阶段的能源而不考虑到嵌入能源会导致采购决策有失偏颇,最理想的方式应当是考虑综合能源。然而在现实中,将此概念应用于采购决策的方法似乎没有被广泛接受,原因在于对于许多产品来说缺乏嵌入能源的相关信息。嵌入式能源之难于测量的原因则在于能源产生方式的复杂性。例如,如果一个消耗较低的嵌入能源产品使用的是不可再生的能源如化石燃料,或是使用有重大环境影响,如生态系统的方式生产的可再生能源,产品造成的整体环境影响比一个使用更可持续能量来源的较高的嵌入能源水平的产品更大。②

在资源方面,不仅生产产品所采用的原材料的种类将会造成不同的环境影响,而且对许多种类的产品来说,资源可能在生命周期的其他阶段而不是使用阶段对环境有更大的影响。例如纸,对环境的破坏主要发生在制造而不是使用阶段。水资源也是如此,一个联合国一项研究估计,生产一双皮鞋对水资源的影响是一令纸的 1.6 倍、一个芯片 250 倍。③ 很难准确评估水资源的嵌入影响,因为供水的地区、可用水的含量标准以及再利用前需要加工处理的程度等方面都存在差异。类似综合能源,这些努力似乎可以称之为综合水消耗。其中一个途径是"水足迹"。④ 尽管测量具体的数值十分困难,但有一点是公认的:通过采购

---

① Department of Energy, "2008 Buildings Energy Data Book", Tables 1.6.2 and 1.6.3 Carbon emissions also tend to be higher for concrete.

② Cutler J. Cleveland and Robert Costanza, "Net energy analysis", 22nd August 2008, http://www.www.eoearth.org/article/Net_energy_analysis.

③ A. K. Chapagain and A. Y. Hoekstra, "Water Footprints of Nations, Value of Water Research Report Series No. 16 (UNESCO-IHE, November 2004)", P. 42, http://www.waterfootprint.org/Reports/Report16Vol1.pdf.

④ Water Footprint Network, "Water Footprint," 2010, http://www.waterfootprint.org/? page = files/home.

使用循环和可再生资源，可以减少对环境的负面影响。

在有毒化学品方面，对于生态环境影响的全面界定需要对生命周期的所有阶段的各个单独指标的整合。影响的可逆性也必须考虑在内。例如，一些化学污染物在环境中远比其他的更持久，一些生态系统受到干扰后会比别的更迅速地恢复。一些毒素会在人类和其他物种的体内积累，而另一些则会迅速代谢。不可再生资源的消耗是不可逆的。

对于健康的影响与产品所用材料的种类有关，如重金属、挥发性有机物及石棉[1]，或其他潜在的有毒物质。其他因素，如辐射、照明质量，建筑气候控制设备的有效性，和家具符合人体工程学的设计，也可以对健康有很大的影响。[2] 这些影响同样可能发生在产品生命周期不同的阶段。例如，在计算机中使用的有毒材料一般不构成对使用者的健康风险，但他们却在制造和处置阶段构成危害。对于某些材料，如金属，从原材料的影响方式最初是通过采矿和加工，如冶炼厂，也可以对工人和公众的健康构成风险。

除了单一因素外，如果考虑全生命周期内各种因素之间的相互作用和取舍，会使得绿色采购的评估工作更加复杂。例如建筑物，试图利用能够减少气体泄漏到外部以提高能源效率的产品，却积聚了潜在的有害空气污染物，导致"疾病大厦综合征的现象。"[3] 再比如白炽灯与荧光灯。普遍认为后者具有更高的能源效率。但是后者中汞的存在，抵消他们能源效率高的优势，因为汞是造成环境危害的有毒金属。然而，一些生命周期分析发现，就全生命周期的平均值而言，白炽灯泡导致释放到

---

[1] Environmental Protection Agency, "Asbestos in Products and Buildings", 10th December 2008, http://www.epa.gov/asbestos/pubs/pubs.html.

[2] Environmental Protection Agency, "Green Indoor Environments", 14th October 2008, http://www.epa.gov/iaq/greenbuilding/.

[3] Commission for Environmental Cooperation, "Green Building in North America", 2008, http://www.cec.org/greenbuilding.

第四章 美国联邦政府实施绿色采购的方式及程序

环境中的汞更多,特别是在用煤炭发电的地区。① 涉及到生命周期的运行阶段的权衡的例子是建筑物的框架和墙壁采用混凝土还是木材对环境影响的比较。混凝土比木材更耐用,可能有其他潜在的好处,如消防安全,但高嵌入能源和混凝土的其他影响可能会抵消其优点,于是对低层建筑来说,木材也不失为一种较好的选择。

总之,虽然在采购时仅考虑使用影响,会使合同官的采购决策相对简单易行。但由于使用影响和综合影响的巨大差异,会使得决策结果非常片面。使用全生命周期分析方法,可以使得评估结果更加科学。然而,使用这样复杂的方法,评价涉及整个生命周期的环境影响不得不使用复杂的数学模型,并需要各种因素的详细信息。这会使得采购工作的难度加大、效率降低,并且对于很多采购来说,全生命周期绿色评估是不可能完成的任务。因此,就产生了对行业专家及第三方认证机构辅助参与采购决策的需求。由第三方机构开发的标准、绿色认证或标签可以成为合同官的辅助工具,包括国际标准化组织的 ISO 14040 和 14044 等国际标准,② 或者美国启动的环境影响评价国家标准(SCS – 002)③,美国国家标准与技术研究所(NIST)的开发的环境和经济的可持续发展建筑(BEES)的工具④,雅典娜学院的环保计算器⑤等。从摇篮到坟

---

① Laurie Ramroth,"Comparison of life-cycle analyses of compact fluorescent and incandescent lamps based on rated life of compact fluorescent lamp",Report No. C08 – 12(Rocky Mountain Institute,February 2008),http://www. rmi. org/cms/Download. aspx? id = 1393&file = C08 – 02_CFL_LCA. pdf.

② International Standards Organization,"13. 020. 10:Environmental management",http://www. iso. org/iso/iso_ catalogue/catalogue _ ics/catalogue _ ics _ browse. htm? ICS1 = 13&ICS2 = 20&ICS3 = 10.

③ Leonardo Academy,"Development of the SCS – 002 Life-Cycle Impact Declarations Standard",10th December 2009,http://www. leonardoacademy. org/programs/standards/life-cycle/development. html.

④ National Institute of Standards and Technology,"BEES 4. 0",20th August 2007,http://www. bfrl. nist. gov/oae/ software/bees.

⑤ Athena Sustainable Materials Institute,"EcoCalculator",20th April 2009,http://www. athenasmi. org/tools/ecoCalculator/index. html.

墓的生命周期方法的扩展被称为从摇篮到摇篮。它被描述为试图用自然生物循环的原则，创造一个产品的生命周期的结束和开始之间的一个显式连接。① 可以预见，随着标准模型和技术应用的发展，未来的绿色采购评估工作应当会变得更加便利。

第五节　通过政府采购合同关系进行绿色治理的综合分析

合同官通过绿色采购实践与供应商签署了政府采购合同，并不意味着合同可以自动地、圆满地得到执行。要想真正地实现绿色采购的目标，需要把合同中的文字转化为供应商绿色的生产方式和生产结果。什么样的合同执行得好？什么样的合同执行时需要外部监督？这涉及到合同治理结构的设计。在美国联邦绿色采购中，治理结构涉及到采购方式的选择、合同条款的约定和合同争议解决方式的选择。不同的交易属性对治理结构有不同的需求。

市场上货物、服务、工程的种类是纷繁复杂的。美国联邦政府实施绿色采购的方式、程序及合同类型也是多样的。交易成本经济学认为，之所以会出现各种各样的合同，原因在于交易具有不同的属性。② 本节将各种交易的属性与各种治理结构加以综合比较分析，研究对于每种交易类型，如何让市场与政府分担治理结构的交易成本，使得治理效果最好的同时交易成本最低。

政府采购市场与一般的商业市场既有区别又有联系。对于有些产品

---

① MBDC, "Cradle to Cradle Certification Program", Version 2.1.1, September 2008, http://www.mbdc.com/docs/Outline_CertificationV2_1_1.pdf.
② ［美］奥利弗·E.威廉姆森著，段毅才、王伟译：《资本主义经济制度》，北京：商务印书馆，2002年6月第1版，第99页。

或服务，政府可以直接在商业市场上采购，如前文提到过的 2500 美元以内的小额采购，供应商为政府供货并不需要额外的技术、设备或人员。另外一些政府采购项目，特别是复杂设备、独特的服务或工程，在环境保护方面有特殊的技术规格或者技术工艺的要求，则是政府特有的，供应商为完成与政府签订的合同，需要在特定的场所、掌握专门的技术、购置专门的资产或者配置专门的人员，它们被统称为专用资产。使用专用资产所生产出来的货物、工程或服务无法在商业市场上销售，或者转化为商业生产的机会成本很低。在交易成本经济学中，这种为支撑某种特殊交易而进行的耐久性投资被称为资产专用性。[1] 就绿色产品和服务而言，如果商业市场的规模足够大，那么绿色产品和服务供应商在环境保护方面的投资可以收回。充分竞争的市场本身就是有效率的，采购人和供应商都可以自由地进出商业市场，完全可以使用市场的力量来约束供应商的行为。即市场可以承担绿色采购的治理结构。政府作为采购人无需建立特殊的治理结构。

如果政府采购的市场规模不够大，则供应商的专用投资成本很难收回。对于存在资产专用性的交易来说，买卖双方撤出合同的成本高昂，因此促使政府设计出一种治理结构，以保护交易的安全性。

为便于分析，首先需要把交易进行分类。按照政府采购频率的不同，把政府采购分为两类：偶然的采购和经常性的采购。按照资产专用性的不同，把绿色采购的标的也分为两类：市场可得的和政府专用的。

对于市场可得的采购来说，比如采购通用办公设备，无论是偶然还是经常的采购，市场治理是最有效的方式。对于绿色采购而言，无需为政府采购设计采用专门的政府采购程序、方式、合同及监督。普通的商业合同就已经规定了交易的实质性内容，并且也符合法律原则。市场的有效性就足以保护双方的利益。政府在推动绿色采购方面能做的，是建

---

[1] General Services Administration, "Environmental Products Overview", 第 83 页。

立政府采购和商业采购通行的绿色标准和规范、认证项目，如能源之星等。在争议解决方面，则可利用商业市场上现有的调解、仲裁、诉讼等民事争议解决程序。

对于偶然的政府专用的采购来说，如修建体育馆，则需要第三方的治理。在这种采购中，政府的采购需求是独特的，采购方式、合同内容也都是政府特有的。合同官一旦把政府专用的绿色采购的要求写入到合同中，合同执行过程中即便出现了事先没有预料到的情况，双方也不会轻易解除合同。这是因为对于供应商来说，专用性的投资很难改变用途。或者说改变用途的机会成本很低。对于采购人来说，更换供应商的成本也很高。因此对于这种政府特殊用途的采购来说，主要的治理原则就是维持合同关系。因为双方都无法自由退出市场，因此不宜采用市场的治理结构。又因为采购的频率不高，政府专用的采购建立治理结构，则存在交易成本过高的问题。因此通过立法规范采购程序、建立固定的合同范本，以及采用第三方建立的绿色标识、标签或认证以及专业性的第三方救济制度等方式，可以有效地降低治理成本。最重要的一点就是使得买卖双方达到持久合作的目的。

对于经常性的具有资产专用性的采购来说，如采购律师服务，交易的重复性为补偿专用治理结构的成本提供了条件。对于这类采购，最适宜的治理结构是双方治理，即双方自主行事。不确定交付不定数量合同为这类提供了最佳的双方治理的模式。在这种采购中，供应商的选择范围在上述两种情形之间，供应商与政府签署了长期的框架协议，GSA通过在这类框架协议的条款中加入强制性的环保要求，并公布各类产品环境因素方面的信息供合同官选择。合同官不是在每个具体的合同中通过变更合同条款的方式来约束、激励供应商，而是用增加绿色产品采购数量的方式来对供应商产生激励兼容的作用。这种通过合同双方治理的方式，实现对这类合同供应商的有效治理。

三种合同治理方式的汇总详见表4-2。

表 4-2　　　　　　　　　　不同合同治理方式汇总

		资产专用性	
		市场可得	政府专用
采购频率	偶然	市场治理 通用环境标识、标签及认证 民法中的争议解决机制	程序化的采购方式、固定的合同范本 第三方标识、标签和认证、争议解决机制
	经常		不确定交付不定数量框架协议 第三方标识、标签和认证、争议解决机制

第五章

美国联邦政府绿色采购监管体制

在对政府绿色采购的监管方面，美国联邦政府的三个分支各有其不同的分工。行政机构负责执行各项与采购相关的法律以及为采购中的拨款授权。同时，行政机构对各采购部门的项目及资金水平提出建议。① 立法分支主要通过法律、审批预算以及监督权影响政府绿色采购。② 司法分支调查及审查所有与政府绿色采购有关的法律案件，比如合同条款及条件以及其他行政机构解决不了的争议。③

第一节 行政机构监管

行政机构主要通过两种方式对政府绿色采购进行管理和监督：一是通过颁布规章制度；二是通过监察长（Inspectors General）。④

---

①②③ KRIST D. CARAVELLA ROBINSON. U. S. *Federal Government Procurement*: *Organizational Structure*, *Process*, *and Current Issues*, Khi V. Thai ed, International Handbook of Public Procurement. [S. l.]: [s. n.], 2009, P. 297.

④ JOHN CIBINIC & RALPH NASH, *Formation of Government Contract*, 3rd ed, Chicago, Illinois: Wolters Kluwer, 1998, P. 59.

一、行政机构通过规章制度进行管理

(一) 跨部门规章

跨部门规章包括总统签发的总统令、总统管理与预算办公室发出的通知以及联邦采购政策办公室发出的政策函。以上文件适用范围包括行政机构的所有部门。跨部门规章是政府绿色采购行动的制度依据,已在第四章中详述,这里不再赘述。

(二) 部门规章

部门规章依据法律或特定部门的政策或项目而制定。部门规章仅适用于一个或部分特定的部门。比如各部门制定的 FAR 实施细则就是典型的部门规章。

二、行政机构通过监察长进行监督

根据1978年颁布的《监察长法》[①]和2008年的《监察长改革法》[②],行政机构中的以下部门设有监察长:教育部、能源部、卫生部、农业部、房屋和城市发展部、劳动部、交通部、老兵部、国土安全部、国防部、国务院、商务部、内政部、司法部、财政部、国际开发总署、环保署、美国进出口银行、紧急措施署、GSA、NASA、核管理委员会、铁路退休委员会、人事管理办公室、小企业局及田纳西谷地管理局。另外,在以下联邦政府拥有的机构和企业也设有监察长:联邦存款保险公司、重组信托公司、中央情报局、社会保障管理局及邮政总局。

---

① The Inspector General Act of 1978, 5 U.S.C. App. §2.
② The Inspector Reform General Act of 2008, 110 Pub. L. 409; 122 Stat. 4302.

监察长拥有广泛的调查权,而且其权力不受所属部门的影响。① 监察长可以发传票要求所有信息、文件、报告、回复、记录、账目、纸张以及其他数据和文字证明。② 当监察长对于政府绿色采购的过程或结果有疑问时,可以开展调查。

第二节 立法分支监管

立法分支主要通过两种方式对政府绿色采购进行管理和监督:一是通过颁布法律;二是通过总审计长(Comptroller General)。③

一、立法分支通过立法进行管理和监督

国会用于管理绿色采购的法律包括与环境保护相关的法律和与政府采购相关的法律、授权法、拨款法以及其他法律,已在第二章中详述。其中,国会通过授权法控制资金的流向和规模,通过拨款法控制资金的使用方式。国会通过其下属的委员会对特定事项进行调查或举行听证会。其中对政府采购影响较大的委员会主要有:参议院政府事务委员会、众议院政府改革与监督委员会、参众两院都有的小企业委员会。另外,对于一些特定的采购或者部门,还有专门的委员会进行监督。例如,参议院的武器装备委员会以及众议院的国家安全委员会主要针对国防部门的采购,而两院的拨款委员会则经常对特定的采购政策进行审核。

---

① 5 U.S.C. App. §3 (a).
② 5 U.S.C. App. §4 (a) (4).
③ JOHN CIBINIC & RALPH NASH, *Formation of Government Contract*, 3rd ed, Chicago, Illinois: Wolters Kluwer, 1998, P.66.

二、通过总审计长进行监督

总审计长是 GAO 的最高首脑。根据 1921 年颁布的《预算和会计法》①，国会建立了 GAO 以审核政府的财务事项。

在建立之初，GAO 接管了一些原先由财政部承担的职能。随着时间的推移，国会一直在不断地赋予 GAO 更多的权利。目前，总审计长可以审计政府部门及承包商、处理授标争议以及其他与采购有关的争议、处理索赔、结算政府的财务账户以及指导行政机构的会计准则。

GAO 虽然不是法院，但它对绿色政府采购争议的解决却具有更大的影响力。GAO 的裁决支持了采购机构或采购人将环境指标纳入采购评价的方法。例如，在"阳光儿童服务公司"一案中，GAO 支持了采购人授予合同时部分基于供应商环境管理方面的考虑。② 在"未来的解决方案公司"案中，GAO 也支持了采购人类似的授予合同的理由：供应商碳粉和墨盒的厂商回收计划、使用绿色配送车辆以及实施环境管理系统。③ 事实上，行政机构的合同官在采购中选择评价因素时拥有很大的自由裁量权，只要对政府最有利，无论是否存在与采购需求相关的特定的评价指标还是评价方案都是可以接受的。④ 采购人必须保证这些指标对于满足采购人需求是重要的，并且可以用于区分供应商的报价书。⑤

GAO 对政府绿色采购的监管还体现为其出具的相关审计报告和研究报告，这些报告会对政府行政机构的行为方式以及国会议员对于政府

---

① The Budget and Accounting Act of 1921, Pub. L. 67 – 13, 42 Stat. 20.
② Sunshine Kids Service Supply Company 案，见 GAO 裁决书 B – 292141 (June 2, 2003)。
③ Future Solutions, Inc. 案，见 GAO 裁决书 B – 293194 (February 11, 2004)。
④ King Constr. Co., Inc 案，见 GAO 裁决书 B – 298276 (July 17, 2006)。
⑤ 48 C. F. R. § 15.304 (b).

绿色采购行动的评价产生重大影响，而后者又会直接影响到有关政府绿色采购的法律的建立、修改或废除。

第三节 司法分支监督

司法分支主要通过判例的形式对法律进行解释和细化。在美国这样的普通法国家，司法分支的判例所发挥的作用是巨大的。在政府采购领域，在1831年和1832年最高法院裁决支持法律不禁止美国政府签订采购合同，认为这是主权的一般权利。在环境保护领域，关于州政府与联邦政府的权力边界一直是司法裁决的重点。对于污染水体或空气行为的管辖权到底属于州政府还是联邦政府？这就形成了一个多层级治理问题，解决办法通常是依靠法院的裁定。例如，美国联邦最高法院裁定1990年《清洁空气法》赋予联邦政府的管理权凌驾于各州源于妨害原则的权力之上。①

第四节 其他监督

一、社会监督

在环境保护领域，如本书第一章所述，公众对于环境问题的关注以及环境利益的觉醒最初也往往来自媒体和环保组织的宣传和报道。而美

---

① ［美］奥兰·扬著，赵小凡、邬亮译：《直面环境挑战：治理的作用》，北京：经济科学出版社，2014年6月第1版，第111页。

国联邦政府采购也一直是新闻媒体和一些民间组织①关注的焦点。新闻媒体在政府采购中发挥着特殊的作用,它们经常以敏锐的嗅觉发现采购中的丑闻,从而引起国会的关注以及随后的立法活动。

二、举报人监督

(一) 美国的公益诉讼及举报人监督制度及其发展

公共政策对环境质量的改善效果不仅取决于法律法规的内容,更与这些法律法规是否得到了有力的贯彻有关。环境污染问题具有种类多、范围广、技术复杂、隐蔽性强等特点。由于行政资源和行政效率的限制,单靠政府部门执行法律法规并不能达到所期望的效果。

公益诉讼以及与之关系密切的举报人监督制度能对政府监督的真空起到很好的补充作用。公益诉讼起源于古罗马的法律制度,实质含义是,"原告代表社会集体利益而非个人利益而起诉"。一般认为,公益诉讼制度是指任何组织和个人都可以根据法律的授权,对违反法律、侵害国家利益和社会公共利益的行为,向法院提起诉讼,由法院追究违法者责任的活动。美国是现代公益诉讼制度的创始国,也是公益诉讼最为完善的国家。早在1799年,美国政府采购中就有了向举报人提供奖金的第一例立法。在《美国宪法》生效后,美国国会迅速通过了大约10部涉及公益诉讼的法律。原因在于在建国初期,美国政府规模和执法能力相当有限,执法部门组织不健全,于是赋予普通公民民事执法权乃至执行刑事执法权来补充政府执法力量上的不足。随着执行机构的逐步完善,政府逐步收回了所有的刑事执法权和大部分民事执法权。到目前为

---

① 其中最有名也最活跃的是一个名为"政府监督项目"的民间组织(Project On Government Oversight),该组织成立于1981年,因率先披露美国国防采购中的天价丑闻、引发里根总统组建蓝绶带授衔委员会,并最终导致了20世纪90年代的政府采购改革而闻名。参见 http://www.pogo.org/。

止，涉及公益诉讼的成文法中最重要的是《虚假申报法》（False Claim Act）。① 该法从建立到完善历经了三个阶段：

第一阶段。美国南北战争时期，政府采购中出现了大量欺骗政府、贪污腐败的行为，如军火商向军队供应劣质服装、过期食品和有缺陷的武器等欺诈行为。为打击及防范欺诈政府的行为，美国国会于1863年颁布了《虚假申报法》，其中含有沿用至今的"举报人条款"（Qui Tam）。该制度允许知情人直接对有不实请求的法人或个人进行告发起诉，用经济手段鼓励私人或团体对政府采购中的欺诈等不良行为进行监督。② 该法成为公民提起反欺骗政府诉讼的法律依据，规定个人被允许提起诉讼并且如果胜诉，则可以获得被告人返还的资金的一半作为个人提起反欺骗政府诉讼的酬金。而且，该法对原告资格没有做出任何限制，任何人都可以依据自己获得的内部证据或者已经公开了的证据对实施了欺骗行为的人提起公益诉讼。由于没有限制原告资格，一些人甚至利用已经公开的信息对过去已经处罚过的行为再次提起诉讼以获得酬金，到了第二次世界大战期间，出现了严重的滥诉现象。

第二阶段。滥诉现象严重直接导致了1943年《虚假申报法》的修订。开始禁止公民完全依靠政府已经掌握的信息提起公益诉讼，要求相关人向检察官提供的信息必须是政府尚未掌握的，同时将相关人分得罚款的比例从50%降低到25%。虽然此次修改成功阻止了滥诉现象的发生，但在实践中，检举人提交给检察官的信息也被当成政府已经掌握的信息，原告为此很难获得起诉资格，公益诉讼最后也就被搁置起来了。从1943~1986年国会再次修改《虚假申报法》为止，公益诉讼的数量锐减，该法的效力随之大大削减。在1986年《虚假申报法》修订之前，每年仅有6起左右举报人提起的诉讼。

---

① 赵勇：《虚假申报法中的经济学原理》，《中国政府采购报》2014年2月21日。
② 何红锋、焦洪宝：《美国政府采购中的公益代位诉讼制度及其启示》，《中国政府采购》2003年第4期，第64~68页。

第三阶段。随着美国联邦政府财政开支的不断增加，欺诈政府问题日益严重，《虚假申报法》的修改再一次被提上国会日程。1986年对该法的修改主要集中于废除对于个人原告所作的限制性规定，降低原告的举证责任，加大了对欺骗政府者的惩罚力度，同时提高了对原告的奖励和保护。这次修改使得该机制重新应用到监督工作中。而且，在联邦《虚假申报法》的影响下，大多数州也效仿制定类似的法律。在修订后的5年内，举报人提起了350起诉讼，为政府挽回了2.6亿美元的损失。1989年，产业构造（Industrial Tectonics）公司的前员工起诉该公司在与军队的轴承合同中多收了费用，从而成为第一位靠举报发家的百万富翁，而政府则获得了1430万美元的和解费。

经过了一百多年的演变，公益诉讼及举报人监督制度在美国已经发展得较为成熟，并且该制度的适用范围已经超越了传统的国防领域、医疗保险领域，甚至开始扩展到美国金融行业。公益诉讼因其独特及完善的制度设计，激励广发的民众成为"私人检察官"提起诉讼，从而弥补了传统刑法领域检察机关在发现和起诉此类腐败案件时的不足，成为预防、治理腐败和商业贿赂的有效监督机制。据统计，在过去的二十年里，该制度每年为美国政府挽回数亿美元的损失，并成功阻止了涉及数亿美元的欺诈政府的行为。

在环境保护领域，国会于20世纪70年代创立了公民诉讼（Citizen suits）制度，为官方纠正环境市场失灵增加了可供选择的私人执法方式。公民有权监督政府的行为，公民诉讼作为民间的代理机构，有权对违反排放标准的私人或公共的污染行为发起民事诉讼程序。公民可以进行控告，以获得强制令及罚金。80年代初，里根政府紧随英国撒切尔内阁掀起的新公共管理运动，对于政府部门进行大力精简。政府编制及预算大幅度削减、执法力度下降。此时公民诉讼起到了很好的补充作用。在《清洁水法》中，公民组织执行的所有活动一旦成功，全部律师费都应由被告负担。该规则大大降低了公民诉讼的成本，提升了公民组织参与执法过程的数量。将公民诉讼纳入执法范围,同时提高了排污企业被惩罚的概率和数额预期,从而降低了企业违规排放的动机。公民诉讼制度在《清洁水法》的实施中取得了成功。

(二)《虚假申报法》中涉及政府采购的主要内容

1. 适用范围

《虚假申报法》中列举了七种可以提起公益诉讼的情形。通过梳理美国联邦的司法案例,发现政府采购领域适用于《虚假申报法》的民事欺诈行为包括供应商以虚假资料参加投标、提供虚假的进度报告、交付不符合合同规格或要求的产品或服务或对之做虚假的描述、虚假的证书、付款请求、发票或账单等。所有与联邦政府预算支付的合同与计划有关的当事人,包括政府采购合同的供应商、补助计划的受补助人、保健计划的供应商、合作与委托计划的承做人、政府财产的监管人以及政府职员等,只要有欺诈的行为,都可能成为公益诉讼的被告人。

2. 原告资格

《虚假申报法》明确规定反欺骗政府案件的起诉原因是联邦政府资金被骗取,联邦政府是真正的受害者,相关人只是代表美国政府提起诉讼。因此,相关人并不需要证明自己受到了损害,而只要能证明联邦政府的资金被诈骗,就具有起诉的资格。也就是说,该法授权任何人甚至包括政府雇员只要知道相关信息,都可以提起诉讼。原告提供的证据可以是自己掌握的有关被告人欺骗政府的内部证据,也可以是联邦政府已经公开的信息。此外,该法还规定,私人不得再次提起政府已经基于同样诉讼请求或者交易提起的诉讼,以此来防止滥诉现象的发生。

3. 诉讼程序

《虚假申报法》规定的公益诉讼的诉讼程序,与传统私人之间的民事诉讼程序和政府作为原告对不法行为人提起的诉讼程序都有所区别。

第一,司法管辖权。原告可以向被告的住所或居所(包括营业所在地），或有违反《虚假申报法》所规范的行为发生地的联邦地方法院提起公益诉讼。

第二，诉状的送达方式。诉状要严格密封，同时要将诉状副本和具体揭发证据的书面材料递交给司法部的检察总长和地区法院的检察官。相关人的身份及诉讼相关材料在政府完成调查前应对被告保密，非经法院命令，不得送达被告。如果违反了关于起诉书密封的规定，相关人提起的公益诉讼将被驳回。

第三，司法部审查程序。诉讼提起后，诉讼资料将至少被保密60天，在此期间司法部将对此进行调查，来决定是否介入。司法部可以以正当理由向法院申请延长密封期，一般都要长达一年或者更长时间。完成调查后，司法部可以选择介入诉讼、申请撤诉或在正式调查进行前试行和解。司法部决定介入与否之后，诉状才可送达被告，相关人的身份也同时被公开，然后，诉讼就依法进入联邦民事诉讼程序。如果司法部拒绝介入，相关人可以单独进行诉讼，但司法部可以在诉讼进行过程中重新考虑介入。

第四，诉讼终结的方式。除了法院可以做出终审判决，司法部也被赋予了终结公益诉讼的权力。司法部经法院许可，可以不顾相关人的反对，和解或者撤销诉讼。诉讼的撤销需要法院与检察总长书面表示同意，并附带理由。

公益诉讼案件的和解有两种情况，即司法部提议的和解与相关人提议的和解。在司法部已经介入进行的诉讼中，如果司法部想与被告进行和解，必须向法院申请并经听证，给相关人对司法部所提议的诉讼和解条件提出反对意见的机会。如果经过法院认定司法部所提议的和解条件公平、适当且合理，则不论相关人反对与否，司法部都可以与被告进行和解。这项听证，如果有正当理由，应以秘密方式进行。在相关人提议和解的情况下，如果行政机关没有介入，相关人寻求与被告达成和解时应预先告知行政机关，行政机关可以向法院请求介入或者对和解表示异议。

4. 损害赔偿的计算规则

欺骗政府的被告人败诉后,既要向政府支付3倍的损害赔偿金,同时还要针对每次欺骗政府的行为支付5000~10000美元的罚款,这在对供应商欺诈行为的威慑效果上具有特殊的意义。民事罚金与3倍的损害赔偿责任,在性质上仍然属于救济,其目的在于补偿政府所受到的损失。只要其总数与政府实际损失相比仍处于一个合理的比率范围之内,美国法院一般认为就不存在过重处罚的问题。

另外,由于诉讼的受益人主要是联邦政府而不是提起诉讼的相关人,所以在律师费和其他诉讼费的支付上并不采用原告、被告各自承担自己律师费的规则,而是实行诉讼费用转移制度,即由败诉的被告人向原告支付合理的诉讼费和律师费。

5. 举报人受偿制度

举报人享有法定的政府受偿金分配权是公益诉讼的重要特点。美国普通公益诉讼的奖励只是涉及律师费和诉讼费的返还上,但公益诉讼还会给予原告一定的奖励,以此来激励举报人。对举报人的奖励也是公益诉讼行之有效非常重要的原因。

6. 对举报人的保护

提起公益诉讼的举报人大多是实施了欺骗政府行为企业的员工,因为往往只有公司内部的人才最有可能首先发现并掌握该公司欺骗联邦政府的证据。为了鼓励个人提起公益诉讼,1986年修改的美国《虚假申报法》增加了保护举报人免受雇主打击报复的条款。其保护对象包括举报人及其亲属、朋友、同事及其他协助相关人或政府进行诉讼的人,比如证人及任何的潜在证人。上述条款规定个人在调查、提起欺骗政府的诉讼时或者帮助政府调查欺骗政府的行为或者为政府作证时,受美国《虚假申报法》的保护。另外,即使在没有依据美国《虚假申报法》告发之前,同样也受该法案保护。"如果雇员在检举了雇主欺骗政府的行为后,雇主对雇员采取了辞退、歧视等打击报复手段,雇员可以对雇主的行为在5日内提起行政保护。行政法官做出决定后交由劳工秘书处作最后裁决。劳工秘书处可以确认,也可以推翻行政法官的决定。一旦劳工秘书处确认雇主因受到雇员的揭发而对雇员进行了打击报复,就会采取补救措施,如补发工资、奖金、恢复原来的岗位等并给予相应的赔偿。雇主如果对劳工秘书处的决定不服,也可以向联邦法院提起诉讼。"政府采购一般来说规模较大,涉及金额较多,因此,如果举报人能够在提起的公益诉讼中胜诉,得到的奖励金额将十分可观。即使面对如此大的诱惑,掌握公司欺骗联邦政府的员工们仍然要慎重做出是否做举报人的决定,因为举报自己的公司,就会面临失去工作、失去朋友的危险。《虚假申报法》提出了对相关人的保护政策,这实际上也是对"准举报人"们的激励政策。而准举报人们能否被完美保护,进而决定举报则是公益诉讼的关键所在。正是因为举报人权利保障制度发挥了较好的作用,其中保障举报人免受表面合法行为的打击报复、提供公民检举权获得救济的途径、设立专门救济因人事行为而受到侵害的举报人的机构、保障举报人的受奖励权等制度和做法,一系列强大的对举报人的保护政策,才使得公益诉讼能够发挥应有的作用。

美国法律中对于举报人的保护体系以三部法律为主,除《虚假申报法》之外,还有《公务员制度改革法》(1978)和《举报人保护法》(1989)。其中《举报人保护法》是美国专门针对保护举报人而制定的法律。通过分析,可以发现美国联邦政府保护举报人制度的三个特点:一是保障言论自由,即职员有不因发表对公司不利的言论而受到不公正待遇的权利;二是保护的对象是内部检举人,也就是对本公司的违法行为进行检举的职员;三是主要方式是禁止实施不当的人事行为,如辞退、降级等。

为了保障举报人的利益,民间组织也发挥了巨大的作用。政府责任项目（Government Accountability Project，简称 GAP）成立于 1977 年，其经费来自于一些独立的基金会。该项目重点关注政府和法人的责任问题，致力于保护公民的知情权，促进政府承担自身责任，其研究领域包括武器监督、环境保护、食品安全和国家安全等。近年来，GAP 主要从事以下三方面事务：第一，为那些因揭露政府强力部门以及大公司内部的阴暗面而受到不公正待遇的雇员们提供免费的法律帮助，帮助他们打赢"蚂蚁撼大象"的官司；第二，通过传媒将搜集到的关于腐败的资讯向全国公众传播，让腐败分子无处藏身；第三，向国会提出议案，促进法律法规的修改完善。虽然 GAP 只是一个小小的民间机构，但触动的却是高官显贵们的切身利益，因此他们也被称为"举报人"。

（三）对于举报人监督制度的经济学分析

1. 内化正外部性

从经济学的角度分析，如果没有举报人奖励制度，公益诉讼是具有正外部性的诉讼。公益诉讼的内容都是与多数人息息相关的事情，胜诉带给社会的利益要远大于提起诉讼的相关人的利益。例如，环境公益诉讼，环境污染往往对很多人造成损害，提起民事环境公益诉讼，尤其是要求停止污染，不仅对提起诉讼的相关人有好处，更对周围居民等更多的人有好处的。

在公益诉讼针对的环境污染企业或者欺骗联邦政府财政资金的政府采购供应商中，不管是中标企业内部员工还是被排除竞争之外的其他供应商，他们提起公益诉讼如果能够胜诉，将起到对违法企业监督和惩罚的作用，由此起到了保护环境或者公共资金不受侵害的作用，因此公益诉讼具有正外部性。

由于正外部性的存在，社会对公益诉讼的最佳需求量是大于市场自发调节所提起的公益诉讼量的。或者说，从有益于社会整体的角度出发，需要有更大的公益诉讼供给；而从私人经济理性出发而产生的公益诉讼供给，却低于最佳供给量。同样以环境污染为例，环境污染往往是由企业尤其是一些大企业造成的，与这些大企业打官司往往要耗费大量精力。对于社会来说，这种耗费是值得的，而对于私人来说，这种耗费常常是得不偿失。这些问题或现状都导致私人的诉讼成本和收益严重不对称，降低了私人提起公益诉讼的动力。

而举报人奖励制度则可以很好地解决上述问题。无论是环境污染案件还是政府采购项目，都具有规模大、涉及金额多的特点。如果举报人胜诉，将得到非常一笔可观的经济收入，这无疑对于掌握相关内部消息的员工是一种激励。使成本分担者与利益享有者更好地实现一体化，将外部性内化，即通过制度安排经济主体经济活动所产生的社会收益或社会成本，转为私人收益或私人成本，是技术上的外部性转为金钱上的外部性，在某种程度上强制实现原来并不存在的货币转让。这也是理论界解决外部性的有效手段。

综合以上分析，公益诉讼具备更强的正外部性。而且通过相关条款的设置，可以内化外部性，有效解决因为正外部性而导致的私人提起公益诉讼的动力不足的问题，使得私人成本等于私人收益，是更为完善的公益诉讼制度。当然，从美国联邦政府公益诉讼的发展历程上看，所需内化外部性的程度，是要根据社会发展的阶段、公民的成本、收益及风险偏好进行试验和调整的，以免出现诉讼缺乏和滥诉的两种极端情形。

2. 有效降低监督成本

古典经济学认为市场是完全竞争的、信息是完全对称的、交易是没有成本的、均衡价格是自动生成的。然而实践证明，多数市场并不符合上述严格假设。在现实世界中，采购人并非都是完全理性的、供应商是有不同策略的、获取交易信息是有成本的、防止欺诈是有成本的、决策和监督也是有成本的……新制度经济学认为由于有限理性、机会主义以及资产专用性等原因，采购合同的准备（搜寻和信息成本）、确定合同相对方（谈判和决策成本）以及合同签订之后（监督）都是有成本的。这就要求政策必须建立在不完全信息和不完全竞争所导致的交易成本的基础之上。好的政府采购制度设计应当能够有效降低上述成本。在监督成本方面，在市场主体存在道德风险、逆向选择等通过投机方式获取超额利润的情况下，发现违法行为、提高违法成本、通过严格的他律促进市场主体的自律是十分必要的。在不完全信息条件下，信息成本必须成为制订政策时的考虑因素，还要仔细权衡监督成本和所取得的收益。美国政府采购领域公益诉讼及举报人制度的实践证明：与政府部门的事前审批相比，通过信息的公开透明，实现采购人监督、社会监督、代理机构的相互监督，可以有效地降低监督成本、提高监督效果。

在绿色采购制度中引入公益诉讼的实质是扩大环境保护和政府采购中的监督队伍，将广大公众纳入到政府采购的监督机制中，是保护公共利益的一种方式。

公益诉讼及举报人举报制度中涉及两个制度设计：一是对于违法者的严厉惩罚；二是对于举报者的高额奖励。前者的意义在于威慑违法犯罪者，为国家挽回巨额的经济损失。后者的意义在于通过经济手段分化、瓦解违法犯罪分子，为政府提供了更多的帮手，增加违法犯罪案件得以查处的概率。通过增加监督人的数量和提升监督人的动机，可以有效降低公众的监督成本。更进一步，当意图投机取巧的承包商意识到自己的同行、内部员工乃至亲朋好友随时都有可能成为"业余检察官"的时候，其犯罪动机自然会减少。通过这样的制度设计，提高了违法犯罪的成本和被查处的概率、降低了预期收益，于是达到了有效监督、降低违法犯罪案件数量的效果。

第五节 争议解决

一、美国联邦政府采购中的争议类型

美国联邦采购中的争议可以分为三大类，对于每一类型的争议则对应不同的争议解决方式、程序和机构。而几乎这些所有争议解决的机构都是政府采购领域的专业机构或半专业机构，而不像处理普通合同争议那样，在一般的法庭解决。

最主要的两类是"投标抗议"（bid protests）[①]和"索赔"（claims）。前者是针对政府采购合同授予之前的程序，通常由没有获得合同的投标人或潜在投标人发起；后者则是合同执行过程中发生争议的解决方式。除了这两类合同争议外，还有其他与政府采购相关的诉讼。下面分类进行介绍。

二、投标抗议

投标抗议是指针对招标文件、招标过程、评标结果或授予合同等方面的抗议。目前，解决投标抗议有两个机构：联邦审计总署（GAO）和联邦索赔法院（US Court of Federal Claims）。

（一）联邦审计总署

GAO 成立于 1921 年，是美国国会的一个下属机关，直接对美国国

[①] 这里的"投标"来自英文的"bid"，其含义不仅限于密封招标中的投标，也包含竞争性谈判或其他采购方式中的报价。同样，"投标人"也包含"报价人"的含义，下同。

会负责。GAO 通过总审计署办公室执行对政府采购活动的监督。总审计署办公室有权力对行政机关的采购计划进行评估，可以接触所有的政府采购文件，为行政机关的采购计划提出建议，对政府采购项目进行审计。此外，GAO 还是受理供应商投诉的最具权威的机构，尽管 GAO 处理投标争议已经有超过半个世纪的历史。但真正将此权利以法律形式固定下来是 1984 年的《合同竞争法》。根据该法以及 FAR，GAO 有权且只能受理政府采购合同形成前（不适当限制竞争）和合同授予阶段（中标决定的合理性）的投诉，并作出建议性决定书。尽管 GAO 的决定不具有司法判决的强制性，但是通常都会得到严格执行。GAO 的独立、高效和权威，在美国政府采购救济机制中起了非常重要的作用。①

GAO 的独立性主要表现在：首先，美国实行的是三权分立制度，国会是最高的立法机构，而 GAO 从成立开始就直接对国会负责，不仅级别较高，而且与作为采购机关的行政机构没有行政隶属关系，独立性强。其次，人员的素质也直接影响了投诉受理和处理结果的独立与公正。GAO 一共有 28 名律师，他们都是资深的政府采购法律专家，素质高、专业性强。加上比较严格的任免制度，使得这些人员的独立性也很强。

在美国这样的普通法国家，GAO 对投诉的处理建议起着与法院判决类似的作用，成为其他投标抗议的处理依据。

投标人或潜在投标人可以向 GAO 提起投诉，说明采购中违反了哪些法律或法规。尽管法律中对投标抗议的要求②仅是"由于授予或没有授予合同导致投标人或潜在投标人的直接经济利益受到影响"，并没有要求抗议人证明如果不是由于被投诉的行为，自己能够获得合同，但最近的处理决定显示出抗议人提起的投诉事项至少能给抗议人带来相当大

---

① 参见王周欢、刘宇馨："GAO，美国供应商的首选——兼论美国政府采购救济程序"，《中国财经报》，2003-03-04（6）。
② 31 U.S.C. §3551（1），（2）。

的可能获得利润的机会。换句话说，目前 GAO 尚不接受与采购无关的第三人投诉。

如果投诉能够及时提出———一般指授予合同 10 天之内，该采购会被自动暂停，直到争议解决。法律同时给了行政机构最高行政长官推翻自动暂停、强制合同继续执行的权利①，但也给了抗议人在联邦索赔法院挑战最高行政长官决定的权利。

这个自动暂停机制以及 GAO 的独立性、高效性和权威性，使得 GAO 成为处理投标抗议的主要机构。

获胜的投诉者可以获得的救济包括：更改招标文件，重新采购；不更改招标文件，重新投标；重新评标；或者直接建议另一名中标人。投诉者不会获得货币补偿，除了律师费以及准备投标或投诉的费用。

（二）联邦索赔法院

联邦索赔法院成立于 19 世纪，原来叫"索赔法院"，原本只依据《塔克法》② 合同违约及其他针对联邦政府的索赔。在 1956 年，索赔法院在审理一起案件③中认为，采购部门没有公平地按照招标文件的要求评审投标文件，实际上违反了隐含合同。这样，索赔法院开始拥有了对投标抗议的管辖权。直到 1998 年，国会通过了《替代性争议解决法》④，对《塔克法》进行了修订，才正式承认了联邦索赔法院对投标抗议的管辖权，并扩大了其对抗议人的救济权。

目前，抗议人可以从联邦索赔法院获得的救济与 GAO 大同小异。有两个主要区别：一是联邦索赔法院的判决具有法律效力；二是联邦索

---

① 31 U. S. C. §3553（c）(1)，31 U. S. C. §3553（d）(3)，法律要求最高行政长官书面说明紧急而且有说服力的理由，并亲自对此背书。
② The Tucker Act, 28 U. S. C. §1491.
③ Heyer Products Co. v. United States, 140 F. Supp. 409（Ct. Cl. 1956）.
④ The Alternative Dispute Resolution Act of 1998, 28 U. S. C. §§651 – 658.

赔法院没有自动暂停机制。

从实际情况看，大部分抗议人选择了GAO。尽管从理论上说，被GAO否决的抗议仍可以继续到联邦索赔法院抗议，但实际上很难得到后者的支持。

三、索 赔

依据美国国会1978年制定的《合同争议法》，针对合同争议的索赔必须首先向合同官提出，这是承包商向其他争议解决机构提出索赔的前提条件。索赔时间为引起索赔的事件发生后6年之内。对于符合相关要求的索赔，合同官必须迅速做出书面裁定。

值得注意的是，合同官在对索赔进行裁定时。法律要求其作为一个公正的决策官，而不是作为政府代表的身份，给予承包商合理的阐述其证据和要求的机会，然后客观地裁定。为此，很多政府部门设有专门的索赔合同官。

如果合同官没有及时做出裁决，索赔人可以向合同申诉委员会（Board of Contract Appeals）或联邦索赔法院提出申请，要求他们给合同官下达必须发出裁决的命令，或者索赔人可以申请直接在合同申诉委员会或联邦索赔法院进行索赔。

如果选择了合同申诉委员会，索赔人需要在收到合同官裁决或合同申诉委员会的许可后90天内提出索赔。

历史上，大部分行政机构都有自己的合同申诉委员会。后经过改革、合并，目前只有两个合同申诉委员会，一个处理国防采购合同，另一个处理民用采购合同。虽然合同申诉委员会的名称里没有"法院"二字，但是负责裁决的都是法官，审理索赔的程序也和法院没有区别。该机构的特点是专门负责处理合同索赔，所以专业性很强。因而大多数索赔都是该机构受理的。

索赔人也可以选择联邦索赔法院,需要在收到合同官裁决或联邦索赔法院的许可后 12 个月内提出索赔。

索赔人在上述两个机构中只能任选其一,如对判决不服,可向联邦区巡回上诉法院上诉,联邦区巡回上诉法院对于申诉委员会的决定,除有重大错误或欠缺实体证据外,不得变更其决定。① 从理论上说,索赔人如对上诉的判决不满,可以到最高法院起诉。不过最高法院几十年来受理的政府采购合同案件屈指可数。

四、美国联邦政府采购中的其他争议

按照《行政程序法》②,关于对于承包商暂停或禁止的争议的管辖权在美国地区法院。有关《虚假申报法》中的 Qui Tam 程序的诉讼,其管辖权也在美国地区法院。

---

① 王学良、宋睿:"中美政府采购法律制度比较研究",《中北大学学报》,2005 年第 21 期,第 1 页。
② The Administrative Procedure Act, 5 U.S.C. §§701–706.

第六章

评价与启示

第一节 从美国联邦政府绿色采购制度看美国国家治理

窥一斑而略知全豹。通过前面章节中对于美国联邦绿色采购制度的分析,作者发现并总结出美国政府治理国家的如下手段、特点和规律。

一、美国联邦政府环境问题的传导机制

第一阶段:环境问题的公众关注。20世纪60年代兴起的环境运动有着深刻的政治经济背景。作为多年的经济高速发展的后果,人们的物质生活极大丰富、精神方面的需求逐步提升、生态环境遭到极大破坏。极端的环境事件此起彼伏,给美国人民的生活造成了巨大的影响。在这样的背景下,个人、企业、团体中很快形成了保护环境、提高生活品质的意识与理念,由少数个体观念逐步迅速扩展并上升为群体共识,这种环保意识的共识是环境问题传导机制的最初阶段和原始动力。

第二阶段:理性分析。在这一阶段,学者、研究者将人们头脑中分

散的、直觉性的对环境问题的关注升华为系统的理论形态而进行传播的存在形式，体现为系统的、群体的、具有较大话语权和社会影响力的行为。美国的社会和经济政策在很大程度上会受到学术界的影响。[①] 随着环境保护主义思想的成熟，为了使环境保护措施能够形成环境政策，环境保护主义者积极寻求和提供理论依据。具有代表性的理论有：公共产品理论、外部性理论、公共资源经济学理论、新福利经济学理论、环境优先新贸易保护论等。

第三阶段：利益诉求。公民通过选票表达自己对环境问题的利益诉求。利益集团以某种或某几种环境保护主义理论为指导，采取有明确目的的、能够直接影响决策的政治诉求行为。环保组织、环保企业等利益集团，通过政治市场向政府施加环境问题的压力。在各利益集团博弈的过程中，有系统的理论支撑的政策建议往往会在竞争中占据优势。[②]

第四阶段：环境政策输出。在这个阶段，美国总统和国会把公众的环境保护主义观念、学者环境保护主义理论、利益集团的环境保护主义诉求上升成为国家意志并最终形成一段时期内的国家环境政策，是环境保护主义的最高形式。随着时间的推移，美国联邦环境保护政策的客体、主体和措施，特别是其中蕴含的价值取向都发生了深刻的变化。

第五阶段：政策转化为法律。国会是将公众环境保护主义的理念和利益集团的诉求转化为法律的沟通行为体，也是利益诉求能否得到实际表达的关键场所。公民、环保组织、新兴产业、传统产业、政府的行政机构部门通过不同渠道，在立法的不同阶段发挥作用。国会的专门委员会和小组委员会把持环境问题的决策权。每名议员的回应态度与强度又与自身所处的党派、选区、产业等因素相关。通过充分的博弈，美国联邦政府有效地解决了立法资源稀缺性的问题，即立法总能反映当时社会

---

① ［美］保罗·克鲁格曼主编，海闻等译：《战略性贸易政策与新国际经济学》，北京：中信出版社，2010年5月第1版，导论第2页。

② 同①，导论第3页。

最突出的、最亟待解决的矛盾。环境立法体现出渐进式的改革路径和逐步市场化的治理规律。

第六阶段：法律落实为政府行政机构的行动。法律的抽象表述给行政机构预留了行动空间。由于巨大的采购规模、杠杆效应及政治阻力小等特性，使得政府的行政机构有选择性地将环境立法与采购立法结合起来落实为政府行政机构的绿色采购行动。这些行动不仅在政治上回应了公众对环境问题的关注，而且增加了行政机构的权力。

第七阶段：通过合同官的采购活动和合同实现对供应商的绿色治理。在合同官的采购实践中，不仅受到各种环境及采购方面的法律法规的约束，而且受到绿色采购行动的目标压力，迫使他们在采购中对于环保产品和服务采用绿色产品目录、技术规格、环保认证或标签等方式提出要求，并且在选择、评审供应商的过程中，对绿色产品或服务进行倾斜。作为采购最终成果的政府采购合同，对供应商的环境保护义务进行了规定，并根据采购合同属性的不同，采用了不同的治理方式。最终影响了供应商的生产方式，使得政府采购市场和商业市场上绿色产品和服务的比例越来越多。

总之，美国联邦政府建立了一系列的传导机制，来解决环境问题这种长期的、复杂的工业化社会的顽疾，如图 6-1 所示。

二、美国联邦政府的环境利益平衡机制

纵观美国绿色采购制度的发展历程，如何实现和维持公民个人利益、企业利益和社会公共利益三者之间的平衡，是制度不断追求的价值目标和选择。制度中的诸多原则和具体规则背后，都蕴涵了协调和解决各种利益冲突的思路。制度与利益的联系十分紧密。利益是推动制度形成与发展的内在驱动力，而制度则是对利益的确认、界定及分配。美国联邦绿色采购的政策、法律、行动通过调整环境保护责任的分配、协调

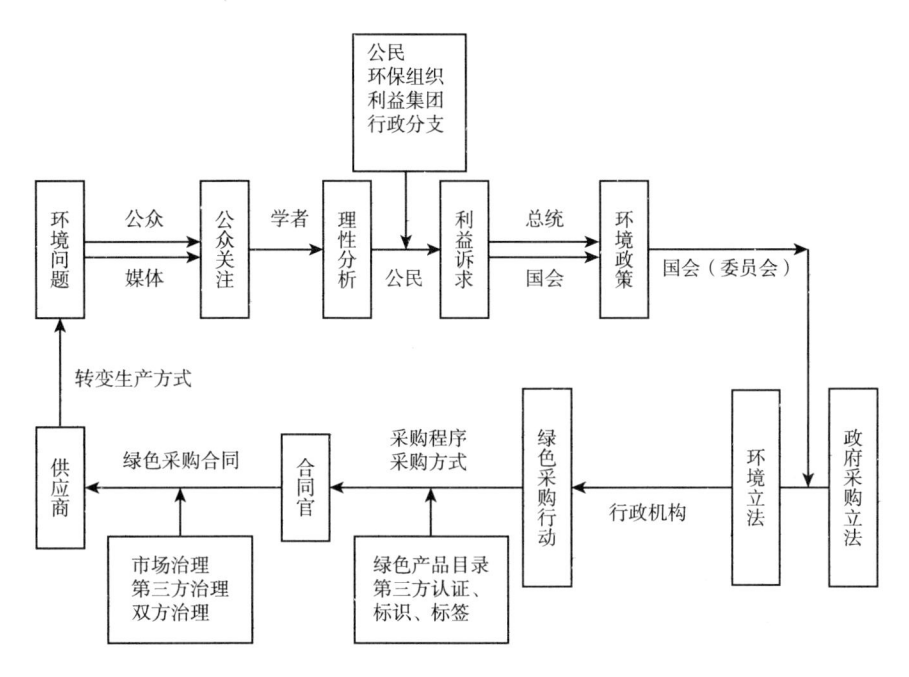

图 6-1 解决环境问题的传导机制示意图

各方在环境保护问题上的冲突,使各方的利益共存、相容,以达到平衡状态。从这个意义上说,美国的绿色采购制度的发展过程,是在人们中间,为了调和对环境问题不一致的意见、减少矛盾和调整各自环境利益的协商过程。

从利益平衡机制的一般原理分析,绿色采购制度目的是在促进经济发展和保护生态环境、保障当代人幸福生活和维持经济社会可持续发展之间取得平衡。一方面,经济发展需要企业的生产和创造,而企业要生存和发展,需要有合理、适当的激励机制和权利保障机制,充分保护供应商的合法权益,行使他们通过行使权利而收回成本并获得必要的报偿,从而达到激励生产和技术创新,最终促进经济发展。另一方面,绿色采购制度还担负着保护社会公众利益和可持续发展的重担,具有重要的社会利益价值目标。这构成了绿色采购制度的二元价值目标。

在美国社会，公众的利益诉求往往通过党派斗争来实现。党派斗争就是一些公民，不论是全体公民中的多数或少数团结在一起，被某种共同情感或利益所驱使，反对其他公民的权利。[①] 在环境问题上，美国的两大政党都有其广泛的民意基础。民主党主张遏制需求，共和党主张扩大市场；民主党推崇政府管制，共和党主张用市场化的办法解决环境问题；在经济发展与环境保护的关系上，民主党更倾向于"治理"，而共和党则更倾向于"发展"。

在利益集团方面，环保组织，尤其是一些极端的环保组织，主张不惜代价地保护环境，他们在某种程度上代表了子孙后代的利益，主张宁可不发展经济，也不能接受环境污染。而产业界，尤其是传统产业界，则代表了当代人的经济利益，主张为了享受一定水平的物质生活，一定程度的污染是可以接受的。最终绿色采购制度的实施程度取决于各方之间的动态博弈。

事实上，在产业界内部也存在分歧。工业企业由于所处产业的不同、所掌握技术种类和水平的差异，在环境标准等方面则开展了激烈的博弈。新兴环保产业主张严苛的环境标准，而传统产业支持宽松并逐步提高的环境标准。随着人们对环境问题的关注，"绿色"已经成为全世界公认的价值导向，博弈的重点不再是绿色与非绿色之争，而是各种认证、标准和标识的多样化和复杂化，它们的背后，依旧摆脱不了利益集团的影子。

在以政府为代表的采购人和与供应商的关系方面，博弈过程也贯穿了采购过程的始终。由于信息成本过高，政府无法得知可能市场上所有供应商的全部成本、质量及环境因素方面的信息。合同官实施竞争性的采购方式，构建自由竞争、分散决策的交易制度。只有最大限度地满足

[①] 严冬：《论〈联邦党人文集〉中的利益平衡机制》，《法学研究》2011年第3期，第5页。

采购要求的供应商才有可能获得政府的合同。参与竞争的供应商越多，竞争的意愿越强，越能够减少市场上由于信息不对称带来的负面效应，发现政府与供应商之间的利益均衡点，减少交易成本，并实现了社会资源的最优配置，即帕累托最优。到了政府采购合同的执行阶段，采购人与供应商之间的博弈由非合作博弈向合作博弈转化，尤其在存在资产专用性的绿色采购之中，此时采用第三方治理及双方治理的模式，有利于实现双方近期利益及长远利益的均衡。

总之，上述形形色色、错综复杂的博弈的过程，实质上是各方主体从利益冲突到利益平衡的过程。利益冲突不可避免，但可以通过制度的建立和实施来协调，在国会的立法博弈过程中、在法律转化为政府的行动和合同官的行为的过程中，每个政党、每个团体组织、每个企业和公民个人，其利益诉求都得到了某种程度的满足，但也没有全部满足。这个过程使利益分配一步步达到一种平衡的态势。

三、绿色采购与美国联邦政府权力结构的再造

权力建立在国家组织的基础上，具有权威性。美国宪法的制定者认为只有权力才能制约权力，因此设计了权力平衡的政府结构，主要体现为纵向分权和横向分权。纵向分权是从中央到地方的分权，表现为中央和州的关系为联邦制；横向分权则是三权分立，将联邦政府的权力分为立法权、行政权和司法权，并将它们授予三个不同的机关分别行使，相互独立与制衡。

然而，这种权力分配机制是否是一成不变的？在对诸如环境这样一类具体问题的处理上，政策、法律、法规、行动和决策过程对谁的权力最有影响？权力是建立在强制力量、市场成就和财富的基础上，还是建立在国家信奉一种意识形态、信仰体系或观念的基础上？作者在研究美国联邦政府权力重构的过程中，参照了苏珊·斯特兰奇在《国家与市

场》一书中建立起的系统模型。她认为，每个国家在不同的时期都会对财富、安全、自由和正义四种基本价值观念作出不同的排序。有的国家把财富放在第一位，优先安排生产；有的国家把安全放在第一位，优先安排安全与秩序。苏珊·斯特兰奇认为权力在决定政府和市场之间的关系方面发挥重要作用，继而把权力分为结构性权力和联系性权力。其中联系性权力是一方靠权力使另一方做其本来不愿意做的事的权力。结构性权力是形成和决定全球各种政治经济结构的权力，是决定办事方法的权力，即构造国与国、国家与企业、国家与人民之间关系框架的权力。在分析结构性权力的来源时，Susan Strange 认为结构性权力存在于四个相互联系的结构中。用图形解释的话，是一个四面体。

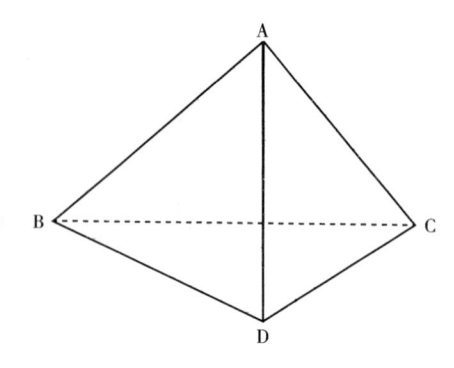

图 6-2　结构性权力示意图

构成结构性权力的四个面分别是安全结构（面 ABD）、生产结构（面 ADC）、金融结构（面 ABC）和知识结构（面 BDC），每一个面都与其他三个面相邻，受到其他三个面的支撑、参与和制约。结构性权力的来源包括四个方面，也可以说掌握在以下四类人或机构的手中：能够控制或保护人们的安全的人或机构，能够决定和支配商品和劳务生产的人或机构，能够控制信贷供应和分配的人或机构以及能够全部或局部地限制或决定获得知识的人或机构。

通过研究美国联邦绿色采购制度的演变过程，作者发现，从美国环境运动至今的 50 余年来，构成美国联邦政府结构性权力的四个面同时得到了提升。

（一）安全结构

在安全结构方面，第二次世界大战之后，美国凭借其强大的军事、经济实力，成为西方资本主义世界的独一霸主。但这时的美国的安全感反而降低。原因在于美国的安全观开始发生变化，传统的安全观已逐步抛弃，取而代之的是非传统安全观。① 美国民众的传统安全观已逐步日益严峻的环境问题引发和加剧了公众的不安全感。不仅是感官范围内的垃圾、雾霾、污水影响了人们的心情，各类疾病发病率的上升以及可以预期的寿命的缩短更会增强人民的恐惧，使得公众愿意为此放弃财富、自由等价值追求，而将更多的权力交给政府。

美国环境治理的历史继而使得公众发现，能源、资源、空气、水等环境问题是具有跨地域性质的，仅将权力交给地方政府并不足以解决环境问题。事实证明，地方政府为了自身经济发展而采取的阳奉阴违、各自为政、涸泽而渔的治理措施并不能避免"公地悲剧"的发生。美国历史上很多民众曾持反对大政府的看法，但从 20 世纪 30 年代开始，美国联邦政府逐步在环境保护领域获得了越来越多的权力。简单梳理环境立法中的对联邦政府授权的不断增加即可明显地看出这个过程：1938 年《天然气法》授权联邦动力委员会控制电力价格，并有权限制新管线进入市场；1948 年《水污染控制法》尝试由联邦政府对过去由州政府和地方政府管辖的职能施加直接影响；1955 年，通过《空气污染控制法》联邦政府借此首次进入空气污染控制领域；1965 年《联邦水质法》通过建立跨州的水域环境质量标准以及要求地方政府提交执行计划的方法强化水质管理。同时成立水资源利用委员会，负责制定统一的

---

① 高少林："美国非传统安全观浅析"，《消费导刊》2007 年第 11 期，第 32 页。

水政策，全面协调联邦政府、州政府、地方政府、私人企业的水资源保护工作；1969年《国家环境政策法》设立了环境质量委员会以监督该法的实施，并就环境问题向总统提出建议。环境质量委员会隶属于行政机构，到1993年升格为白宫环境政策办公室，扩大了协调国家环境政策的权力；1972年《水污染控制法修正案》通过后，联邦政府真正在制定和指导水污染控制计划中担任关键角色；1976年《能源政策和保护法》要求总统指令或协调政府部门开发关于节约能源和提高能效的强制性标准；1978年《国家能源保护法》要求联邦政府能源部建立强制性的最低能效标准，还负责建立地方监管当局提交、批准、执行和监督居民能源保护计划的程序。

总之，美国社会公众安全观的变化，使得环境问题导致的不安全感成为美国联邦政府从州政府及美国公众获得安全结构性权力的重要来源。

（二）金融结构

在资本主义经济制度中，金融或者资金支持发挥了非常重要的作用，它也是地方政府、企业和个人都难以抗拒的一种力量。尤其是在美国地方政府和公众对联邦政府心怀敌意和抗拒的阶段，对环保项目提供金融或资金支持，无疑是美国联邦政府获得并扩大权力的捷径。例如，1948年《水污染控制法》是美国历史上第一个规定向州和地方政府提供财政资助以解决水污染问题的法律。联邦政府可贷款给地方政府建设污水处理厂以生产清洁水源；1956年《水污染控制法修正案》授权联邦政府可直接向地方政府拨款以分担建设污水处理厂的总建造成本55%的补贴，该法使用"执行管制会议"的机制对垃圾排放进行直接的联邦管制；1965年《固体废弃物处置法》授权联邦政府对各州和地方政府的城镇固体废弃物处理示范项目进行小规模技术和资金援助；1978年《国家能源保护法》给学校、医院、政府设施和公共房屋赠款以使用节能技术。美国国会在 1978 财政年度共为这类项目拨款 1 亿美元；1986 年《超级基金修正与重新授权法》允许联邦政府对危险废弃物的不正确处置做出直接反应，并授权环保署管理一项几十亿美元的基金，以支持清理活动；1987 年《水质法》要求在 1991 年以前逐渐淘汰联邦建设拨款计划，由联邦政府提供的各州管理的周转型水污染控制基金来取代。

能够直观地体现美国联邦政府金融结构性权力不断上升的突出例证就是其逐年上升的财政收入和财政支出，详见前文表 1-3、表 1-5 及表 3-1。

（三）生产结构

生产结构是指谁决定生产什么，由谁进行生产，使用什么方式进行生产，以及参与生产的各方主体如何分配利益等。通过本书第五、六章的分析可以发现，美国联邦政府利用自身巨大的采购市场，合理合法地决定采购什么样的产品和服务被定义为绿色产品和服务，哪些供应商有资格和机会来提供绿色产品和服务，绿色产品和服务的供应商用什么方式生产以及可以获得多少利润，并以杠杆效应撬动商业市场。换句话说，政府作为最大的消费者，利用市场这只"看不见的手"大大增加了其生产结构性权力。详细分析见本书第三章。

（四）知识结构

环境政策的制定对专业知识技术的要求很高，不仅涉及到物理学、化学、环境学等自然科学，还涉及到经济、管理、法律等社会学，同时还涉及经济利益以及思想观念。所以，制定环境政策是在环境价值、技术可行性、经济增长以及涉及该政策的公民满意程度的一种平衡。

保护环境的大目标相对容易制定，真正的困难在于将目标转化为可操作的标准。法律并不会对什么是绿色产品以及什么是合理的技术等问题进行明确的定义。因此有必要将标准转化为针对工业污染排放源而言可执行的细则。通过前面一章的分析我们可以发现，标准的建立面临以下挑战：一个产品或服务的全面评估包括在该产品或服务的生命周期的几个因素综合评价；可能会有不同的绿色因素和生命周期阶段，需要在评估时考虑这些因素之间的相互作用和取舍；许多有关因素的信息可能很难准确评估。

所以，绿色产品或服务的评估过程是非常复杂的。在这个过程中，专业知识的拥有者具有了话语权，由他们来告诉消费者和合同官：什么是绿色。在各类官方、半官方和纯粹私人开发的各类绿色认证、标签、标识项目的竞争中，政府无疑扮演了最重要的角色，原因有三个：首先，政府可以为研究某些环境问题提供资助，从而获得专业知识以及专家的支持，如1963年《空气清洁法》为联邦政府从事空气污染方面的科学研究提供了资金支持；其次，政府可以为认证、标签或标识项目提供资金支持，如前文提到过的 EPEAT 产品推广行动；最后，美国联邦政府以国家的政府采购市场、公信力和强制力为支撑，使得它的绿色认证、标签、标识项目比私人项目更具权威性。

此外，技术的复杂性也使得环境政策及治理措施的评价非常困难。最常用的政策分析工具是成本—效益分析。通过把政策的效果进行经济量化，然后用这一标准来比较可供选择的政策。但由于以下原因：（1）绿色采购制度的所涉及问题的技术专业性——往往针对特定的环境因素，如回收的成分、能源效率、用水量或水足迹、危险化学品等；（2）信息不对称性——作全生命周期评价所需的各类信息很难获得；以及（3）政策成本难以评估——绿色采购政策涉及政府与市场之间、政府不同分支之间以及行政机构各部门之间的大量沟通、协调及互动，使得政策成本难以计算，使得政府主导了绿色采购政策评估的话语权。

可见，正是由于环境问题的技术性和绿色采购制度的复杂性使得美国联邦政府的知识结构性权力大为增加。

综合以上，美国联邦政府通过绿色采购制度的建立，逐步扩大了权力范围。美国政府已经从古典经济学家所倡导的仅提供国防、警察和基本教育功能的"守夜人"政府变成了拥有87700个不同类型的政府机关、执行多项公共事务的巨大的组织和结构网络。① 与此同时，美国政府的权力结构得到了再造。结构性权力已经成为美国联邦政府的主要权力来源，并在近50年来呈现上升趋势。当结构性权力足够大时，美国联邦政府不再需要通过联系性权力——即使用武力维护其对地方政府和社会公众的统治。

第二节 美国联邦政府绿色采购制度的国际化

冷战结束后，美国成为当今世界上经济、政治和军事等方面最强大的国家，也是苏联解体后唯一的超级大国。从老布什到奥巴马，美国国家安全战略理论和实践经历了从领导世界到支配世界的调整变化。但无论是调整前还是调整后，建立一超独大的世界霸权无疑是美国的国家安全目标。②

一、美国政府在国际上扩大权力的实力基础

通过上一节的分析可以知道，美国联邦政府通过环境问题的应对，在美国国内增加了其安全结构、金融结构、生产结构和知识结构四个方面的结构性权力来源，从而扩张了联邦政府的权力，有效地实现了国家

---

① [美]盖伊·彼得斯著，顾丽梅、姚建华等译：《美国的公共政策——承诺与执行（第六版）》，上海：复旦大学出版社，2008年5月第1版，第478~479页。
② 廖生智：《中美国家安全观主要差异比较——以中国总体国家安全观与冷战后美国安全观为视角》，《怀化学院学报》2015年2月，第33页。

治理。值得警惕的是，这四方面的权力来源并不局限于美国国内。美国政府有向国际社会延伸并扩张其权力的实力基础。

在安全结构方面，和平与发展成为世界政治经济的主旋律，非传统安全观得到了世界各国的普遍认同。在环境领域，从气候变化到生物多样性，从南极臭氧层空洞到清洁发展机制，以美国为首的西方发达国家一直主导着环境议题的设置。最为明显的例证是美国对于二氧化碳态度上的180度转弯：在《京都议定书》的发展过程中，美国曾经是最消极的一员，也是唯一没有在该协定上签字的发达国家。布什政府拒绝批准该协定的三个理由是：第一，过多的环境保护可能抑制经济增长，让500万美国人丢掉饭碗；第二，《京都议定书》对发展中国家的减排、限排义务规定过少；第三，温室气体导致全球气候变暖的说法尚无科学依据。时过境迁，当美国部分完成了国内产业结构的升级之后，反而在哥本哈根气候大会等国际场合变得积极起来。可见，国际环境问题和诸多其他问题一样，是美国维护其国家利益、在全球扩张其安全结构的手段之一。

在金融结构方面，美国的经济总量居世界首位，而且主导了世界银行、国际货币基金组织等国际金融机构，从而超越国界，担任了全球金融管理者的角色。国际金融组织通过对全球发展中国家的贷款和危机救助等金融活动，对发展中国家的经济增长和经济转型造成深远的影响。国际金融组织贷款条件中暗含的政策导向性和经济哲学也深深地渗透进发展中国家的政府决策。① 在环境领域，成立于1990年的全球环境基金（GEF）是目前已发挥作用的规模最大的资金机制，其资金量高达100亿美元，是气候变化、生物多样性、持久性有机污染物等多个国际公约的资金机制。以美国为首的发达国家作为出资方事实上掌控了资金

---

① 王曙光：《国际金融组织对发展中国家金融自由化的影响》，《财经科学》2004年第4期，第77页。

的主导权。①

对于生产结构,可以从供给和需求两个方面进行分析。在需求方面,美国联邦政府每年5000亿美元的采购规模使其成为世界上最大的单一市场。能够进入这个市场,对于世界各国,尤其是GPA参加方的企业来说无疑具有巨大的吸引力,但是进入的前提则是按照符合美国绿色采购制度的方式来组织生产和供应。在供给方面,经过了50余年的环保运动,在相对苛刻的环境标准之下生存和发展的美国企业无疑比发展中国家掌握着更多的绿色生产技术、工艺和专利。在国际领域,国际环境标准、认证和标识的制定权也主要掌握在美国和欧盟手中。它们可以娴熟地运用苛刻的技术标准、环境标准、安全标准等削弱发展中国家的产品竞争力,影响其他国家企业的生产方式。

在知识结构方面,美国是全球第一号技术大国、教育大国和人才大国。它可以借着保护环境的合法理由,通过世界级的研究机构、诺贝尔奖获得者、环境组织、国际知名媒体建立、引导符合美国利益的绿色价值观,干预别国的经济政策与社会政策,力以维护美国的利益。

二、美国政府在国际上扩大权力的手段

具备了扩大权力的能力,美国政府仍需要通过一定的手段巩固、扩大其在国际上的权力。可能采取的手段是多样的,本书仅对其中与环境及政府采购领域与我国当前形势密切相关的手段进行简要分析。

(一) GPA 谈判

《政府采购协议》(GPA)是WTO管辖下的诸边协议,目前共有43

---

① 潘寻、张雯、朱留财:《中国在气候变化谈判资金机制演变进程中的挑战及应对》,《中国人口资源与环境》2013年第23卷(第10期),第68页。

个 WTO 成员签署了 GPA。准备加入 GPA 的国家或地区需要与 GPA 所有参加方以谈判的形式达成双边协议，才能加入 GPA。① 2007 年 12 月，我国政府正式递交了加入 GPA 的申请书，启动了加入 GPA 谈判。美国作为 GPA 的创始参加方，急切地希望我国加入 GPA，既有扩大美国企业海外市场的考虑，② 同时又对我国政府采购制度提出了以下要求③：

1. 整合政府采购法律框架

美国认为中国政府采购市场的范围不仅涵盖由《政府采购法》规范的政府实体和其他公共实体的货物和服务采购，还应包括由《招标投标法》规范的国有企业涉及公共利益或使用公共资金的工程采购。

2. 取消政策功能的规定

美国认为，目前中国中央政府及各级地方政府按照《政府采购法》规定，在所有采购活动中优先考虑本国货物、工程和服务的权利。加入 GPA 就应当取消采用相关规定。

3. 提高采购程序的透明度

美国要求中国建立一个高透明度、非歧视、鼓励竞争和技术中性的采购体系。

通过前文的分析可以看出，美国联邦政府有一套严密、完整、复杂的政府采购法律体系，美国国内的产业具有很强的竞争力，具有丰富的政府采购经验和国际事务谈判经验，能够保障其经济和制度不受我国加入 GPA 的冲击。美国在 GPA 谈判中对我国采取咄咄逼人的态度，谋求一石二鸟的效果：一是可以让更多的美国产品和服务通过顺利进入我国政府采购市场，获取更多的经济利益；二是利用 GPA 这一发达国家建立的国际规则，将美国联邦政府采购的价值目标、采购规则向海外

---

① 参见 The procedure for acceding to the GPA in document GPA/1，Annex 2.
② 参见赵勇、史丁莎：《我国加入 GPA 的机遇与挑战》，《国际商务》（对外经济贸易大学学报）2014 年第 6 期。
③ 主要参见中美商会发布的《美国企业在中国 2012 白皮书》。

（二）气候变化谈判

气候变化问题进入国际公共视野源自1979年举行的第一届世界气候大会。气候变化问题从此逐渐受到国际社会的重视。① 此后全球气候谈判形成了发达国家和发展中国家两大阵营，在《联合国气候变化框架公约》和《京都议定书》中确立的发达国家与发展中国家承担"共同但有区别的责任"这一谈判原则在2005年蒙特利尔会议、2007年的巴厘岛会议、2009年哥本哈根会议及2010年坎昆会议中都得到了两大阵营的遵循。但2011年年底德班会议之后，美国的态度发生了变化。② 美国认为过去按照穷国和富国来划分减排责任的方式应逐渐被排放大国和排放小国的区分法所取代。③ 这一变化的直接后果是：我国作为世界上最大的发展中国家和重要的新兴经济体，所承担国际量化减排义务国际压力将大大增加。有学者通过对（老）布什总统至今四任美国总统对于气候变化政策的研究发现，美国气候变化政策已经从一般性程度上升到了战略性高度。奥巴马在国际上积极推进气候变化的多边及双边合作，发挥美国的全球领导作用，同时在各种场合要求我国承担"大国责任"，力图将我国纳入与发达国家相同的减排体系，承担相同的减排义务。④

---

① 张海滨："中国与国际气候变化谈判"，《国际政治研究》2007年第1期，第23页。
② 于宏源："试析全球气候变化谈判格局的新变化"，《现在国际关系》2012年第6期，第9~11页。
③ "Climate-change Summit: A deal in Durban", *The Economist*, 19th December 2011.
④ 张莉："美国气候变化政策演变特征和奥巴马政府气候变化政策走向"，《国际展望》2011年第1期，第75~93页。

第三节 美国联邦政府绿色采购制度对我国的启示

一、建立完善环境问题传导机制

当前,我国民众对于环境问题日益关切。在公民意见的搜集和利益表达方面,并不缺乏制度化的通道,主要包括:政党利益表达制度。包括执政党和各民主党派的利益表达制度;信访制度;人民代表大会制度;政治协商制度;社会团体利益表达制度;大众传媒利益表达制度;社会协商对话制度;行政领导接待制度,如市长接待日、书记信箱等。① 在环境立法过程中,开始注重公众的作用和诉求,保证环境立法的民主性和科学性。例如,在起草自然保护区法的草案时十分注重公众参与,特别强调自然保护区管理机构要与保护区内的原住民建立伙伴关系,而不是简单地把保护区内的原住民赶出自然保护区。② 在政府的绿色采购行动方面,财政部和国家发展改革委于2004年12月发布了《节能产品政府采购实施意见》,财政部和国家环保总局于2006年10月发布了《关于环境标志产品政府采购实施的意见》,分别确定了以"节能产品政府采购清单"和"环境标志产品政府采购清单"的形式推动绿色采购的措施。

但总的来说,我国的立法但仍存在民意信息供给不足、民众的利益诉求没有全部纳入环境政策议程、立法的民主性和科学性有待提升、绿色采购行动涉及面窄、绿色采购的措施单一、采购人员的能力不足、供

---

① 王立新:《试论中国社会分层中人民利益表达制度的建构》,《社会科学》2003年第10期,第47页。
② 孙佑海:《改革开放以来我国环境立法的基本经验和存在的问题》,《中国地质大学学报》2008年第7期,第48页。

应商恶意履约等问题。这些问题的存在，阻塞、扭曲了我国环境问题的传导机制，使得公众的环境诉求无法得到合理满足，积累了社会矛盾，也动摇了政府的公信力。

为此，应当拓宽和改善搜集民意和利益表达通道，充分利用、合理引导互联网等新兴通道，继续完善原有的制度化通道；提升立法的民主化和科学化水平；深入研究绿色采购行动的合理性和可行性；完善政府采购制度；提升采购人员能力；通过加强合同管理、诚信体系建设等方式，净化、完善政府采购市场，以便为其承担更多的社会经济政策建立基础。

二、建立均衡的利益分配机制

30多年来，我国对外开放、对内改革、经济高速发展、社会处于转型期，利益格局发生了根本性的变化，利益主体日趋多元化、利益需求日益多样化、利益关系日呈复杂化。在环境保护领域，社会公众、生产企业、政府部门对于环保义务、成本和利润等承担有着各自不同的利益诉求。

法律制度作为具有强制力和普遍性的社会规范能够起到调适利益冲突的作用。在我国当前，随着社会利益结构的变迁，多元利益主体有着争夺稀缺制度资源的现实需求，制度的调控功能日显重要。

治理体系的建设包含利益识别、利益冲突、利益选择、利益协调、利益整合及利益表达的交涉过程。各方主体应以求得共识、达成合意和作出决定为目的。国家治理应当以满足人们最大的利益要求为目标。如庞德所云"国家根本上必须在合作本能与利己本能之间维持均衡。社会控制的任务就在于使我们有可能建立和保持这种平衡，而在一个发达社会中法就是社会控制的最终有效的工具。"①

这对于我国的立法部门提出了较高的标准,就要求立法者善于对待、协调各方利益,优选出最佳的利益分配与调整方案,以消除利益冲突与矛盾,达到立法与社会的和谐发展之目的。

在利益识别方面,应健全公众参与机制,建立有效的利益表达机制,广泛采取社会调查法、历史考察法、比较法及逻辑分析法,力求客观揭示社会利益结构的真面目,做到价值中立。在利益选择方面,应当完善听证制度。创造条件,让受到影响的利益相关方都能在制度建设中得到充分表达和竞争并最终达成妥协、形成共识,保证社会对立法结果的认同和支持。需要立法者进行利益权衡,筛选出重要的、值得保护的利益,并将其予以排序,寻找出不同利益主体之间的价值共识,提出最佳的利益选择方案。在利益表达环节,立法者将利益选择结果进一步表达为以权利和义务为主要特征的制度规范。

此外,还应关注弱势群体的利益保护,并不断提高立法者构建和谐社会的能力。最终,通过利益兼顾、统筹协调好各方面的关系,维护最广大人民群众的根本利益,使民众能够共享经济可持续发展的成果。

三、谨慎推进绿色采购行动

通过本书前面章节的分析可以看出,美国联邦政府将环境保护法律与采购法律捆绑并形成绿色采购行动,有其特定的历史渊源和政治背景,也有其发挥作用的制度、人员能力和文化支撑。从某种意义上说,绿色采购行动本是美国联邦政府在缺乏足够的税收及补贴等其他财政工具支持下,迫不得已地对环保危机进行回应的无奈之举,同时又因其可

---

① [美]罗斯科·庞德著,沈宗灵、董世忠译:《通过法律的社会控制——法律的任务》,北京:商务印书馆,1984年4月第1版,第89页。

以扩张政府权力而不断推动。在这种情况下，绿色采购制度由于其收益大于成本而得以在美国建立和发展，并在美国和欧盟的推动下成为GPA、联合国国际贸易法委员会《公共采购示范》中认可的内容。反观我国，在权力结构、政府与市场的关系、历史文化传统、政府采购制度的成熟程度、环境问题的主要矛盾等方面与美国即便不是截然相反，也可以说是大相径庭。第一，我国的权力结构以及长期以来老百姓对大政府的高度信任，并不存在扩张中央政府权力的压力与动力。第二，在治理环境问题方面，我国除了政府采购之外，有更多的财政工具供政府选择。第三，环境问题十分复杂。美国是在大规模的环境立法几十年后才逐步将环保政策纳入采购政策的。我国对于环境问题的重视才刚刚开始，哪些环境问题是最突出的问题？哪些技术和产品应该在政府采购中得到扶持？回答这些问题不是一朝一夕的事情。第四，我国的政府采购制度建立时间不长，在法律法规、市场成熟程度、采购人员素质等方面尚有很大提升空间，此时如果在采购制度中加入环保政策，会增加采购制度的复杂程度、降低采购的透明度，使得绿色采购的目标与时间、质量、价格等采购的基本目标，以及与反腐败、保护国货、扶持中小企业等采购的政策目标之间的关系更加难以权衡。总之，制度的变迁是一个复杂而昂贵的过程，而绿色采购制度的成本不应被忽视。就我国的绿色采购制度而言，其成本主要包含以下几个方面的成本：

站在国家的角度，绿色采购行动是有成本的，主要包含以下方面：

立法成本。维持一个庞大而又运转良好的立法机关的正常运转，需要财政的支出。制定一部符合社会发展规律，符合经济发展要求，符合民众愿望和利益的法律，从立法宗旨、指导思想、基本原则正确定位，再到具体条文比较精良的设计、表述，都要支付巨大的成本。首先，一个立法项目的提出，有关部门通常要根据经济、社会和文化发展的需要，对相关问题进行广泛而深入的调查研究。在这个过程中，大量人力、物力、财力的投入，构成一定的成本。其次，法律草案列入立法规划和立法计划之后，进入法定的立法程序进行审议、讨论、修改，往往需要数易其稿。其间的会议、材料等方面的成本支出也是巨大的。

绿色采购中的价格成本：由于保护环境的需要，排斥了一部分供应商，削弱了竞争。供应商数量减少以后，原有的市场均衡被打破。对于一些产品和服务来说，可能使得完全竞争市场变为寡头垄断或垄断市场。少数供应商为实现更多利润势必抬高价格，从而造成采购成本上升。

委托代理成本：针对国家整体而言的成本，对于一些具体单位则可能意味着利润。政策制定机构追求的成本的最小化，而具体执行单位追求自己的工资津贴收入、闲暇时间和权利最大化。这必然导致两者的利益冲突，即经济学上的委托—代理关系。在不确定的环境中，委托人不能直接观察到代理人的具体操作行为，同时代理人不能完全控制选择行为后的最终结果，在没有有效的制度安排下代理人的行为很可能为追求自身利益而与委托人的利益相违背，从而造成委托代理成本。

当前的绿色采购制度执行状况如何？作者认为相关制度的制定和颁布时机略显超前、内容有些理想化，与当前采购人的普遍需求和市场的实际供应状况存在一定差距。仅从市场的选择来看：每一个从事经济活动的人所采取的经济行为都是力图以自己最小经济代价去获取自己的最大经济利益。制度的供需同样具有成本和收益，一种制度的供给和需求有一个均衡点，均衡点上的制度收益和制度成本是相等的，它是在市场的供求力量的自发调解下形成的。在均衡点，制度的供给者可以获得最大收益或付出最小成本使制度得以实现。当通过行政力量使制度的成本高于收益时即偏离了均衡点，采购人执行制度的积极性下降，从而导致制度无法得到实质性响应。

然而，市场也不是万能的。由于政府采购程序的专业性，各单位从事业务工作的人员对于绿色采购中的重要性和必要性的认识不足。采购人在采购实践中往往忽略了一个重要变量，即对于环境保护缺乏重视。

这在一定程度上造成了市场失灵。但是如何解决这种市场失灵？政府本能的反应往往是直接介入，但作者认为政府的介入往往只能是权宜之计。长期而有效的解决办法应当是提升采购人的认识、增强采购人的能力，充分发挥市场的决定性力量。

四、关注美国政府绿色采购政策的国际化

通过前面的分析可以看出，美国政府环境政策和采购政策的国际化，会在 GPA 谈判和气候变化谈判中与我国的内政外交形成"交集"。在这种背景下，作者认为应当坚持"以我为主"，即从我国的实际情况出发的方针应对：积极主动地参与 GPA 谈判；审慎稳妥地应对气候变化谈判。具体分析如下。

（一）GPA 谈判

从 2008 年国际金融危机之后，发达国家在国际舞台上的影响力随着下滑的经济表现而衰退。而中国等新兴经济体则正好相反。于是，诸如八国集团（G8）、经济合作与发展组织（Organization For Economic Cooperation And Development）及 GPA（Government Procurement Association）等"富国俱乐部"的合法性和对世界经济的影响力受到了质疑。此时美国等发达国家迫切地希望中国加入 GPA，固然是从其本国利益出发，包括延续和扩大本国供应商在日益增长的中国政府采购市场的份额，以及利用国际规则延伸其权力，但总体而言，作者认为加入 GPA 是符合我国利益的。原因有三：

第一，加入 GPA 有助于提升我国企业的竞争力、扩大中国企业的国际市场份额。一方面，外国企业进入我国的政府采购市场，意味着国内供应商之间的竞争向国内外供应商间的竞争转变，这一过程有利于促进国内供应商提升产品质量、改进技术、降低成本，政府部门将能够得

到物美价廉的供应。政府采购市场主体的优胜劣汰，将有利于推动市场科学、持续发展。另一方面，加入 GPA 后，我国企业能够根据参加方在 GPA 中的承诺，有保证地进入其他 GPA 参加方的政府采购市场。① 我国的企业和产品将在这些国家和地区享受国民待遇，平等地参与竞争。这有助于我国的企业实现"走出去"的战略方针、消化国内的过剩产能、培育大型的跨国公司。

第二，加入 GPA 有助于整合国内的政府采购市场。我国最早在 2007 年提出的第一份出价清单，被谈判过程中其他谈判对手认为"非常有限"和"非常失望"，② 并敦促我国开放更大的采购市场。截至 2014 年年底，我国在第一份出价的基础上，先后又递交了 5 次出价，所涵盖的主体、客体范围逐步扩大。可以看出，外部力量的推动将有利于加快我国政府采购市场的一体化进程。目前国内政府采购制度对货物和工程的不统一管理，有望在 GPA 的框架下得以协调一致。

第三，我国进入到国际组织中，才能适应并有可能改变国际规则。中国以及后续的其他发展中国家和经济转型国家加入 GPA，有可能改变所谓的发达国家俱乐部，使之转变为一个以发展中国家和转型经济体成员为重要组成部分的准多边协议。③

第四，GPA 的原则与我国当前政府采购改革的需求是一致的。加入 GPA 能够促进我国在政府采购领域进行改革，从而提升政府采购领域的竞争度、透明度和一体化程度。④ 一是国内政府采购制度体系与国

---

①③ Robert D. Anderson and Kodjo Osei-Lah, "Forging A More Global Procurement Market: Issues Concerning Accessions to the Agreement on Government Procurement, in Materials for Symposium on the WTO Agreement on Government Procurement: Developmental Significance, Changing Context and Future Prospects", WTO Secretariat, Intellectual Division ed, 11th – 12th Feb. 2010.

② Ping Wang, "China's Accession to the WTO Government Procurement Agreement — Challenges and the Way Forward", 12 J. Int'l Econ. L. 663 – 64 (2009).

④ Robert D. Anderson, *Renewing the WTO Agreement on Government Procurement: Progress to Date and Ongoing Negotiation*, PUB. Procurement L. Rev. (2007).

际规范的统一与衔接。当前国内政府采购制度在管理和实施上的非统一性有望在 GPA 的框架下得以协调一致,改善目前国内采购市场相互割裂、相对封闭的局面;二是推动完善国内投诉机制,加强监管力度。加入 GPA 后,限额以上政府采购的全过程都将处于国际监督之下。此外 GPA 要求每一个成员在国内建立一个覆盖范围内的采购投诉机制。这在任何国家在采购体系中都是不可或缺的,[1] 我国的政府采购领域同样急需这样的投诉机制,有利于消除采购过程中的腐败现象,实现优质、高效的财政制度。

总之,我国政府采购领域存在的问题为我国不断完善自身建设、推动国内政府采购制度与 GPA 规则接轨提供了空间。因此,加入 GPA 为我国经济社会发展带来了难得的机遇,促进中国政府采购市场的迅速发育,进一步健全和规范政府采购市场,建立公开、公平、公正的公共市场体系,为市场参与者提供均等的商业机会,为企业发展提供良好的市场环境,从而为中国和 GPA 现有参加方带来双赢的结果。[2]

(二) 气候变化谈判

在环境政策和绿色采购方面,作者认为要从长远和近期两方面进行分析。

从长远上看,我国的工业化的发展和污染问题的出现,都在美国之后。美国的环境政策中所倡导的人与自然和谐相处、代际公平、可持续发展等理念,是人类文明的共同成果,值得我国学习。美国应对气候变化问题的过程中,对内调整产业结构、对外通过双边和多边谈判进行政

---

[1] Daniel I. Gordon, "Constructing a Bid Protest Process: *The Choices That Every Procurement Challenge System Must Make*, *in* Materials for Symposium on the WTO Agreement on Government Procurement: Developmental Significance, Changing Context and Future Prospects", WTO Secretariat, Intellectual Division ed, 11th – 12th Feb. 2010.

[2] 参见赵勇、史丁莎:《我国加入 GPA 的机遇与挑战》,《国际商务》(对外经济贸易大学学报) 2014 年第 6 期。

策输出的经验也值得我国借鉴。从这个角度看,美国为解决全球环境问题提供了绿色采购制度这一全球公共产品。我国未来逐步接受这一制度,可以降低建立和维护制度的成本,享受制度的收益。

然而从近期看,我国政府必须在国际环境领域的博弈中保持清醒的头脑,认识到气候变化谈判问题的表面是环境问题,其背后的发展空间、产业竞争力、国际政治领导权等利益问题涉及到各国经济发展的根本利益。因此,气候谈判问题归根结底是经济发展问题。[1] 按照美国学者德特勒夫·斯普林茨(Detlef Sprinz)和塔帕尼·瓦托伦塔(Tapani Vaahtoranta)提出的"以利益为基础"的分析模式,生态脆弱性和减缓成本是决定国家在国际环境谈判中的立场和政策的两个关键因素。一个国家如果受到环境问题的影响越大,它就越愿意参与该问题的国际谈判;一个国家如果在解决该环境问题时付出的成本越高,它就越不愿意参加该问题的国际谈判。[2] 以此框架分析我国在气候变化中所应采取的策略。在各类环境污染的影响程度方面,我国当前面临的最紧迫问题是土壤、水体和空气污染而不是气候变化问题。而在付出的成本方面,美国等发达国家却要求我国承担越来越多的减排温室气体的义务,这将限制我国的经济发展和腾飞。

总之,我国在经济发展水平、制度环境、历史和文化背景、技术成熟程度、政府行为方式等方面存在着诸多差异,在气候变化谈判中必须根据我国的实际情况,作出最符合我国国家利益的明智选择。事实证明,不顾各国差异性而试图将某些一劳永逸的政策标准盲目套用在全体发展中国家身上的做法是没有效率的。

---

[1] 曾贤刚、吴雅玲、朱留财:《气候谈判国际阵营变化的经济学分析》,《环境经济》2011年第1期,第12~14页。

[2] Detlef Sprinz, Tapani Vaahtoranta, "The Interest-Based Explanation of International Environmental Policy, International Organization", Vol. 148, No. 11 (Winter, 1994), pp. 77 – 105.

参考书目和文献

一、中文著作

1）刘慧主编：《国家安全战略思考》，北京：时事出版社，2012年12月第1版；

2）蓝志勇、孙春霞主编：《实践中的美国公共政策》，北京：中国人民大学出版社，2007年10月第1版；

3）郭宇立著：《美国的大国成长道路——制度治理与战略选择》，北京：北京大学出版社，2011年7月第1版；

4）刘慧著：《世界贸易组织〈政府采购协议〉导论》，北京：中国社会科学出版社，2003年3月第1版；

5）高培勇、杨志勇、杨立刚、夏杰长编著：《公共经济学》，北京：中国社会科学出版社，2007年6月第1版；

6）罗卫东主编：《经济学基础文献选读》，杭州：浙江大学出版社，2001年11月第1版；

7）夏艳清著：《中国环境与经济增长的定量研究》，大连：东北财经大学出版社，2011年12月第1版；

8）姚文胜著：《政府采购法律制度研究》，北京：法律出版社，2008年8月第1版；

9）肖北庚著：《政府采购之国际规制》，北京：法律出版社，2005年4月第1版；

10）宋雅琴著：《中国加入 WTO〈政府采购协议〉问题研究》，北京：经济科学出版社，2011 年 7 月第 1 版；

11）张照东著：《政府采购制度比较研究》，南昌：江西人民出版社，2007 年 5 月第 1 版；

12）孟晔编著：《公共采购法律导论》，北京：中国经济出版社，2013 年 3 月第 1 版；

13）任东来、陈伟、白雪峰等著：《美国宪政历程：影响美国的 25 个司法大案》，北京：中国法制出版社，2013 年 1 月第 3 版；

14）李红梅主编：《国际经济组织》，北京：机械工业出版社，2007 年 5 月第 1 版；

15）周世厚著：《利益集团与美国高等教育治理——联邦决策中的利益表达与整合》，北京：中央编译出版社，2012 年 5 月第 1 版；

16）徐再荣等著：《20 世纪美国环保运动与环境政策研究》，北京：中国社会科学出版社，2013 年 10 月第 1 版；

17）高国荣著：《美国环境史学研究》，北京：中国社会科学出版社，2014 年 4 月第 1 版；

18）鞠晔主编：《合同法案例评析》，北京：对外经济贸易大学出版社，2009 年 10 月第 1 版；

19）陶坚、林宏宇主编：《中国崛起与全球治理》，北京：世界知识出版社，2014 年 6 月第 1 版；

20）赵宝云著：《西方五国宪法通论》，北京：中国人民公安大学出版社，1994 年 12 月第 1 版；

21）王曦著：《美国环境法概论》，武汉：武汉大学出版社，1992 年 9 月第 1 版。

二、中文译著

1）[美]奥兰·扬著：《直面环境挑战：治理的作用》，赵小凡、邬亮译，北京：经济科学出版社，2014年6月第1版；

2）［美］英吉·考尔等编：《全球化之道——全球公共产品的提供与管理》，张春波、高静译，北京：人民出版社，2006年11月第1版；

3）［美］詹姆斯·M.莫里斯著：《美国海军史》，靳绮雯、蔡晓惠译，长沙：湖南人民出版社，2010年7月第1版；

4）［美］杰伊·沙夫里茨、卡伦·莱恩、克里斯托弗·博里克编：《公共政策经典》，彭云望译，北京：北京大学出版社，2008年7月第1版；

5）［美］乔纳森·休斯、路易斯·P.凯恩著：《美国经济史（第7版）》，邸晓燕、邢露等译，北京：北京大学出版社，2011年1月第1版；

6）［英］苏珊·斯特兰奇著：《国家与市场》，杨宇光等译，上海：上海人民出版社，2012年1月第2版；

7）［美］盖伊·彼得斯著：《美国的公共政策——承诺与执行（第六版）》，顾丽梅、姚建华等译，上海：复旦大学出版社，2008年5月第1版；

8）［美］查尔斯·A.比尔德著：《美国宪法的经济观》，何希齐译，北京：商务印书馆，2010年11月第1版；

9）［美］奥利弗·E.威廉姆森著：《资本主义经济制度》，段毅才、王伟译，北京：商务印书馆，2002年6月第1版；

10）［美］保罗·克鲁格曼主编：《战略性贸易政策与新国际经济学》，海闻等译，北京：中信出版社，2010年5月第1版；

11）［英］彼得·贝利、大卫·法摩尔、大卫·琼斯、巴里·克洛克、大卫·杰塞著：《采购原理与管理》（第10版），王增东、李梦瑶等译，北京：电子工业出版社，2011年12月版；

12）［美］约瑟夫·E.斯蒂格利茨著：《公共部门经济学（第三版）》，郭庆旺、杨志勇、刘晓路、张德勇译，北京：中国人民大学出版社，2005 年 5 月第 1 版；

13）［美］彼得·S. 温茨著：《环境正义论》，朱丹琼、宋玉波译，上海：上海人民出版社，2007 年 6 月第 1 版；

14）［美］杰里米·里夫金著：《第三次工业革命——新经济模式如何改变世界》，张体伟、孙豫宁译，北京：中信出版社，2003 年 10 月第 1 版；

15）［美］蒂莫西·耶格尔著：《制度、转型与经济发展》，陈宇峰、曲亮译，北京：华夏出版社，2010 年 1 月第 1 版；

16）［美］约翰·R. 康芒斯著：《资本主义的法律基础》，戴昕等译，北京：华夏出版社，2009 年 5 月第 1 版；

17）［美］约翰·肯尼斯·加尔布雷斯著：《经济学与公共目标》，于海生、赵刚等译，北京：知识产权出版社，2008 年版；

18）［美］罗伯特·吉尔平著：《全球政治经济学——解读国际经济秩序》，杨宇光、杨炯译，上海：上海世纪出版集团，2006 年 1 月第 1 版；

19）［美］斯蒂文·G. 米德玛编：《科斯经济学—法与经济学和新制度经济学》，罗君丽、李井奎、茹玉骢译，上海：格致出版社，2010 年 12 月第 1 版；

20）［美］威廉·鲍莫尔、罗伯特·利坦、卡尔·施拉姆著：《好的资本主义坏的资本主义——以及增长与繁荣的经济学》，刘卫、张春霖译，北京：中信出版社，2008 年 12 月第 1 版；

21）［美］汤姆·蒂滕伯格著：《环境与自然资源经济学（第七版）》，金志农等译，北京：中国人民大学出版社，2011 年 12 月第 1 版；

22）［美］兹比格纽·布热津斯基著：《大棋局：美国的首要地位及其地缘战略》，中国国际问题研究所译，上海：上海世纪出版集团，2007 年 1 月第 1 版；

23）[法] 让·雅克·拉丰、让·梯若尔著：《政府采购与规制中的激励理论》，石磊、王永钦译，上海：上海三联书店，2004年3月第1版；

24）[美] 戴维·伊斯顿著：《政治体系》，马清槐译，北京：商务印书馆，1993年5月第1版；

25）[美] 道格拉斯·诺斯著：《理解经济变迁过程》，钟正生等译，北京：中国人民大学出版社，2013年1月第1版；

26）[英] 保罗·肯尼迪著：《大国的兴衰》，王保存等译，北京：中信出版社，2013年1月第1版；

27）[美] 美国环境质量委员会著：《公元2000年的地球》，郭忠兰译，北京：科学技术文献出版社，1981年版；

28）[美] 比尔·克林顿著：《希望与历史之间：迎接21世纪对美国的挑战》，金灿荣等译，海南：海南出版社，1997年1月版；

29）[美] 蕾切尔·卡逊著：《寂静的春天》，吕瑞兰译，北京：科学出版社，1979年6月第1版；

30）[美] 詹母斯·A.菲茨西蒙斯著：《服务管理：运作、战略与信息技术（原书第7版）》，张金成、杨坤译，北京：机械工业出版社，2003年3月第1版；

31）[英] 哈特著：《法律的概念》，张文显等译，北京：中国大百科全书出版社，1996年1月第1版；

32）[美] 伍德罗·威尔逊著：《国会政体：美国政治研究》，希龄、吕德本译，北京：商务印书馆，1986年3月第1版；

33）[美] 托马斯·R.戴伊著：《自上而下的政策制定》，鞠方安、吴忧译，北京：中国人民大学出版社，2002年8月第1版；

34）[美] 达尔著：《谁统治——一个美国城市的民主和权力》，范春辉等译，江苏：江苏人民出版社，2011年12月第1版；

35）[美] 斯蒂芬·李柏、格伦·斯特拉西著：《即将来临的经济

崩溃》,刘伟译,北京:东方出版社,2008年1月第1版;

36)[美]罗斯科·庞德著:《通过法律的社会控制——法律的任务》,沈宗灵、董世忠译,北京:商务印书馆,1984年4月第1版。

三、英文原著

1) John Cibinic, Ralph Nash, *Formation of Government Contract*, 3rd ed. Chicago, Illinois: Wolters Kluwer, 1998;

2) John Cibinic, Ralph Nash, James F. Nagle, *Administration of Government Contract*, 4th ed. Chicago, Illinois: Wolters Kluwer, 2006;

3) James F. Nagle, *A History of Government Contracting*, Washington D. C.: George Washington Univ. Press, 1999;

4) William Sims Curry, *Government Contracting, Promises and Perils*, CRC Press, 2010;

5) Christopher McCrudden, *Buying Social Justice*, Oxford: Oxford University Press, 2007;

6) Christopher J. Bosso, *Environmental Policy in the 1990s*, 3rd ed, Washington D. C.: CQ Press, 1997;

7) Walter J. Oleszek, *Congressional Procedures and the Poliy Process*, Washington D. C.: CQ Press, 1988;

8) Khi V. Thai, Gustavo Piga, *Advancing Public Procurement: Practices, Innovation and knowledge sharing*, Florida: PR Academics Press, 2007;

9) Magali A. Delmas, Oran R. Young, *Governance for the Environments: New Perspectives*, Cambrifge: Cambrige University Press, 2009.

四、文献资料

1) Kate M. Manuel, *Environmental Considerations in Federal Procure-*

ment: *An Overview of the Legal Authorities and Their Implementation*, CRS Report for Congress, January 3, 2011;

2) The White House Council on Environmental Quality, *Progress Report of the Integragency Climate Change Adaptation Task Force: Recommended Actions in Support of a National Climate Change Adaptation Strategy*, October 5, 2010;

3) Eric A. Fischer, *Green Procurement: Overview and Issues for Congress*, CRS Report for Congress, April 20, 2010;

4) Office of Federal Procurement Policy Office of Management and Budget, *Report to Congress on Implementation of the Resource Conservation and Recovery Act (RCRA), Farm Security and Rural Investment Act of* 2002 *and the Food, Conservation, and Energy Act of* 2008, November 2011;

5) Brent D. Yacobucci, *Alternative Fuels and Advanced Technology Vehicles: Issues in Congress*, CRS Report for Congress, September 22, 2010;

6) Government Accountability Office, *Green Information Technology: Agencies Have Taken Steps to Implement Requirements, but Additional Guidance on Measuring Performance Needed*, Report to Congressional Requesters, July 2011;

7) Harro van Asselt, *Green government procurement and the WTO*, IVM Report, March 2006;

8) Dr. Jacques S. Gansler, *Urgent Reform Required*, Report of the Commission on Army Acquisition and Program Management in Expeditionary Operations, October 31, 2007;

9) 刘慧主编:《国家安全蓝皮书:中国国家安全研究报告(2014)》,北京:社会科学文献出版社,2014年5月第1版;

10) 中国信息安全测评中心:《2013年度国家信息安全态势评估》,北京:时事出版社,2014年6月第1版。

附录一 英文缩写对照表

缩写	英文全名	中文全名
FAR	Federal Acquisition Regulation	联邦采购条例
FBS	Federal Building Service	联邦建筑服务局
FPDS	Federal Procurement Data System	联邦采购数据系统
GAO	Government Accountability Office	联邦审计总署
GSA	The General Services Administration	联邦服务总署
IDIQ	Indefinite delivery indefinite quantity	不确定交付不定数量
NASA	National Aeronautics and Space Administration	航空航天局
OFPP	Office of Federal Procurement Policy	联邦采购政策办公室
OMB	The Office of Management and Budget	预算管理办公室
USTR	United States Trade Representative	美国贸易代表
WTO	World Trade Organization	世界贸易组织

附录二 美国联邦政府采购相关法律名称中英文对照表

序号	英　　文	中　　文	颁布及修订时间	在本书中的位置
1	Fair Labor Standards Act	《公平劳动标准法》	1938 年颁布	第二章第二节
2	Federal Tort Claims Act	《联邦民事侵权赔偿法》	1946 年颁布	第二章第二节
3	The Administrative Dispute Resolution Act	《行政争议解决法》	1990 年颁布	第二章第二节
4	The Administrative Procedure Act	《行政程序法》	1966 年颁布	第二章第二节；第五章第五节
5	The Age Discrimination in Employment Act	《雇佣年龄歧视法》	1967 年颁布	第二章第二节
6	The Alternative Dispute Resolution Act of 1998	《替代性争议解决法》	1998 年颁布	第五章第五节
7	The American Recovery and Reinvestment Act of 2009	《2009 年美国复苏与再投资法》	2009 年颁布	第二章第二节
8	The Americans with Disabilities Act of 1990	《美国残疾人法》	1990 年颁布	第二章第二节
9	The Anti-deficiency Act	《反赤字法》	1982 年颁布	第二章第二节
10	The Anti-kick Act of 1986	《1986 年反回扣法》	1986 年颁布	第二章第二节
11	The Armed Services Procurement Act	《武器装备采购法》	1947 年颁布，1984 年、1994 年重大修订	第二章第二节
12	The Arms Export Control Act	《武器装备出口管制法》	1976 年颁布	第二章第二节

续表

序号	英　文	中　文	颁布及修订时间	在本书中的位置
13	The Berry Amendment	《贝瑞修正案》	1941 年颁布	第二章第二节
14	The Brooks Act	《布鲁克斯法》	1972 年颁布	第四章第二节
15	The Budget and Accounting Act of 1921	《预算和会计法》	1921 年颁布	第五章第二节
16	The Budget Enforcement Act of 1990	《1990 年预算执行法》	1990 年颁布	第二章第二节
17	The Business Opportunity Development Reform Act	《商业机会发展改革法》	1988 年颁布	第二章第二节
18	The Buy American Act	《购买美国货法》	1933 年颁布	第一章第三节；第二章第二节
19	The Civil Rights Act of 1964	《1964 年民权法》	1964 年颁布	第二章第二节
20	The Clean Air Amendments of 1970	《清洁空气修订》	1970 年颁布	第二章第二节
21	The Clinger-Cohen Act	《克林格—卡亨法》	1996 年颁布	第二章第二节；第四章第二节
22	The Competition in Contracting Act	《合同竞争法》	1984 年颁布	第一章第三节；第二章第二节；第四章第二节
23	The Contract Work Hours and Safety Standards Act	《合同工作时间与安全标准法》	1962 年颁布	第二章第二节
24	The Copeland Anti-Kickback Act	《反回扣法》	1986 年颁布	第二章第二节
25	The Copeland Anti-kickback Act	《科普兰法》	1934 年颁布	第二章第二节

附录二 美国联邦政府采购相关法律名称中英文对照表

续表

序号	英　文	中　文	颁布及修订时间	在本书中的位置
26	The Critical Infrastructure Information Act of 2002	《2002年重大公共建设信息法》	2002年颁布	第二章第二节
27	The Davis-Bacon Act	《戴维斯—佩根法》	1931年颁布	第二章第二节
28	The Debt Collection Improvement Act of 1996	《1996年债务催收改进法》	1996年颁布	第二章第二节
29	The Defense Acquisition Workforce Improvement Act	《增强国防采购人员能力法》	1990年颁布	第一章第三节；第二章第二节
30	The E-Government Act of 2002	《2002年电子政务法》	2002年颁布	第二章第二节
31	The Energy Policy and Conservation Act	《能源政策与节约法》	1975年颁布	第二章第一节，第二节
32	The Equal Access to Justice Act	《司法平等使用法》	1980年颁布	第二章第二节
33	The Equal Employment Opportunity Act of 1972	《平等就业机会法》	1972年颁布	第二章第二节
34	The False Claims Act	《虚假申报法》	1863年颁布，1943年、1986年修订	第二章第二节；第四章第二节；第五章第四节，第五节
35	The Federal Acquisition Reform Act	《联邦采购改革法》	1996年颁布	第一章第三节；第二章第二节
36	The Federal Acquisition Streamlining Act	《联邦采购优化法》	1994年颁布	第一章第三节；第二章第二节；第四章第二节

243

续表

序号	英文	中文	颁布及修订时间	在本书中的位置
37	The Federal Activities Inventory Reform Act	《联邦活动清单改革法》	1998 年颁布	第二章第二节
38	The Federal Courts Administration Act of 1992	《1992 年联邦法院管理法》	1992 年颁布	第二章第二节
39	The Federal Courts Improvement Act	《联邦法院改进法》	1982 年颁布	第二章第二节
40	The Federal Emergency Relief Act of 1933	《联邦紧急救济法》	1933 年颁布	第二章第二节
41	The Federal Funding Accountability and Transparency Act	《使用联邦资金责任及透明法》	2006 年颁布	第二章第二节
42	The Federal Property and Administrative Services Act	《联邦财产与行政服务法》	1949 年颁布，1984 年、1994 年修订	第一章第三节；第二章第二节；第四章第二节
43	The Fiscal Year 1996 Defense Authorization Act	《1996 财年国防授权法》	1996 年颁布	第二章第二节
44	The Foreign Corrupt Practices Act	《反海外腐败法》	1977 年颁布	第二章第二节
45	The Freedom Of Information Act	《信息自由法》	1966 年颁布	第二章第二节
46	The Government Performance and Results Act	《政府绩效与结果法》	1993 年颁布	第二章第二节
47	The Information Technology Management Reform Act	《信息技术管理改革法》	年度性临时法案《国防授权法》的一部分	第二章第二节
48	The Inspector General Act of 1978	《监察长法》	1978 年颁布	第五章第一节
49	The Inspector Reform General Act of 2008	《监察长改革法》	2008 年颁布	第五章第一节
50	The Intermodal Surface Transportation Efficiency Act of 1991	《道路运输效率法》	1991 年颁布	第二章第二节

续表

序号	英　文	中　文	颁布及修订时间	在本书中的位置
51	The Javits-Wagner-O'Day Act	《贾维茨—瓦格纳—奥迪法》	1971年颁布	第二章第二节
52	The Migrant and Seasonal Agricultural Worker Protection Act	《流动季节农业工人保护法》	1992年颁布	第二章第二节
53	The Miller Act	《米勒法》	1935年颁布	第二章第二节
54	The National Defense Appropriations Act	《国防拨款法》	年度性临时法案	第二章第二节
55	The National Defense Authorization Act	《国防授权法》	年度性临时法案	第一章第三节；第二章第二节
56	The National Environmental Policy Act	《国家环境政策法》	1969年颁布	第一章第二节；第二章第一节，第二节；第六章第一节
57	The Noise Control Act of 1972	《噪音控制法》	1972年颁布	第二章第一节，第二节
58	The Occupational Safety and Health Act	《职业安全与健康法》	1970年颁布	第二章第二节
59	The Office of Federal Procurement Policy Act	《联邦采购政策办公室法》	1974年颁布，1988年修订	第一章第三节；第二章第二节
60	The Pregnancy Discrimination Act of 1978	《怀孕歧视法》	1978年颁布	第二章第二节
61	The Procurement Integrity Act	《采购诚信法》	1988年颁布	第二章第二节
62	The Prompt Payment Act	《及时付款法》	1931年颁布	第二章第二节

续表

序号	英文	中文	颁布及修订时间	在本书中的位置
63	The Racketeer Influenced and Corrupt Organizations Act	《反诈骗腐败组织集团犯罪法》	1970 年颁布	第二章第二节
64	The Resource Conservation and Energy Act of 1976	《资源节约和能源法》	1976 年颁布	第二章第一节，第二节
65	The Resource Conservation and Recovery Act	《资源保护和恢复法》	1976 年颁布	第二章第一节，第二节
66	The Services Acquisition Reform Act of 2003	《2003 年服务采购改革法》	2003 年颁布	第二章第二节
67	The Services Contract Act of 1965	《1965 年服务合同法》	1965 年颁布	第二章第二节
68	The Small Business Act	《小企业法》	1963 年颁布，1978 年修订	第二章第二节
69	The Small Business Regulatory Enforcement Fairness Act	《小企业管制实施公平法》	1996 年颁布	第二章第二节
70	The Solid Waste Disposal Act	《固体废弃物处置法》	1965 年颁布	第二章第一节，第二节；第六章第一节
71	The Support Anti-Terrorism by Fostering Effective Technologies Act of 2000	《2000 年通过有效提升技术支持反恐法》	2000 年颁布	第二章第二节
72	The Trade Agreement Act of 1979	《贸易协定法》	1979 年颁布	第二章第二节
73	The Trade Secrets Act	《商业秘密法》	1948 年颁布	第二章第二节
74	The Transportation Infrastructure Finance and Innovation Act of 1998	《交通基础设施融资及创新法》	1998 年颁布	第二章第二节

附录二 美国联邦政府采购相关法律名称中英文对照表

续表

序号	英　文	中　文	颁布及修订时间	在本书中的位置
75	The Truth in Negotiation Act	《诚实谈判法》	1962年颁布	第一章第三节；第二章第二节；第四章第二节
76	The Tucker Act	《塔克法》	1887年颁布，1998年修订	第五章第五节
77	The United States Constitution	《美利坚合众国宪法》	1787年颁布	第二章第二节
78	The Walsh-Healey Public Contract Act	《沃尔什—希利法》	1936年颁布	第二章第二节
79	The Water Pollution Control Act Amendments of 1972	《控制水污染法修订》	1972年颁布	第二章第一节，第二节
80	The Workers Adjustment and Retraining Notification Act	《工人调整与再培训通知法》	1989年颁布	第二章第二节

247

后　　记

　　历经七个寒暑，这本书从仅有一个朦胧的想法，到最终印成了铅字，见证了我在政府采购学术研究领域的成长之路，也得益于我周围众多师长和亲友的培养教育和悉心呵护。

　　首先要感谢的是我的博士生导师，国际关系学院的刘慧教授。第一次见到她是2008年，在国际关系学院的食堂。作为我国政府采购领域的泰斗级人物，她却是那么平易近人。这次见面之后，她引领我进入政府采购教学和研究这座神圣的殿堂，也完全改变了我的人生道路。当我在事业上、生活上遇到挫折时，她淡雅的笑容令我如沐春风；当本书写作遇到瓶颈时，她高屋建瓴的点拨让我茅塞顿开。刘慧老师对我的影响不仅在学术方面，她认真做事的方法和诚恳待人的态度，一直是我学习的榜样。

　　横看成岭侧成峰。美国政府采购的体系庞大而复杂，无论局内人还是局外人试图了解它时都会感到迷雾重重。2008年参加联合国贸法会政府采购工作组会议期间，我结识了美国乔治·华盛顿大学法学院的Christopher Yukins教授。他诚挚的邀请和帮助，促成了我2010~2011年在美国乔治·华盛顿大学法学院整整一年的交流访问。在那里，有全世界最齐全的政府采购书籍、数据库和顶尖的政府采购交流平台。在Joshua Schwartz教授、Steven Schooner教授和Christopher Yukins教授等国际政府采购领域知名学者的指引下，我抽丝剥茧地摸清了美国政府采购体系的脉络。在美国期间，我还荣幸地几次得到了美国政府采购教学

后　记

研究领域的创始人 Ralph C. Nash Jr. 教授和联合国采购示范法的开创者 Don Wallace Jr. 的亲自指导。他们的学识是那么渊博，他们的笑容是那么和蔼可亲。从这两位政府采购老前辈的身上，我不仅体会到学海无涯的道理，目睹了人格的伟大和人性的光辉，而且深切地感受到了他们对于后辈的殷切期望。十分难得的是，我还与为整个联邦政府系统的采购政策、规则和程序提供总体指导的美国联邦采购政策办公室主任 Daniel Gordon 先生有了定期交流的机会。后来担任美国乔治·华盛顿大学法学院副院长的 Daniel Gordon 先生不仅是一位优秀的学者，也是一位杰出的政治家。他入木三分地分析了冷冰冰的法条背后各种政治力量的博弈与平衡，这成为贯穿这本书的主线之一。

研究美国政府的绿色采购和国家治理像是走入了一条充满坎坷的道路，总会有各种峭壁、险滩和荆棘令我望而却步。好在这一路上，有众多的师长们总能在各个阶段，为我送上登山杖、助推器和路线图。清华大学的于安教授是行政法领域的权威，南开大学的何红锋教授是建设法、合同法领域的名师，他们分别帮我打开了法律殿堂中公法和私法两扇大门。国际关系学院的张士铨教授、中国现代国际关系研究院的陈凤英研究员和中国国际经济交流中心的王宪磊研究员循循善诱地启发了我如何从经济学的角度看待制度和治理。法律和经济的关系构成了这本书的另一条主线。此外，中央财经大学的马海涛教授、徐焕东教授、北京物资学院的倪东升教授、对外经济贸易大学的屠新泉教授、清华大学的朱洪亮教授、中国现代国际关系研究院的傅梦孜研究员也分别从财政学、公共管理、供应链管理、全球经济治理、建筑法、中美关系等不同领域给了我很大的启发。如果没有他们无私的帮助，我将只能在黑暗中踽踽独行。

七年的时间如此漫长，但对于研究美国的政府采购制度来说仅仅是一个开端。我要特别感谢我的家人。我的父亲赵梦熊和母亲国英华，感谢你们把老一代知识分子的基因和血液植入我的身体，让我在中央企业工作15年后，却能有机会享受学术研究的快乐。感谢我的妻子史小利，是你的无私奉献让我每周比别的学者多了两个工作日、每天比别的丈夫多了几个小时的读书时间。感谢我可爱的女儿赵天时，是你让我明白了作为父亲的责任。家人的幸福和快乐，是我在学术领域刻苦钻研的持续动力。

赵　勇

2015年秋于国际关系学院